163

新知
文库

XINZHI

Le Rire des Femmes:
Une Histoire de Pouvoir

女人的笑

一段征服的历史

[法] 萨宾娜·梅尔基奥尔－博奈 著

陈静 译

生活·讀書·新知 三联书店

图书在版编目（CIP）数据

女人的笑：一段征服的历史 /（法）萨宾娜·梅尔
基奥尔-博奈著；陈静译. —北京：生活·读书·新知
三联书店，2023.9
（新知文库）
ISBN 978-7-108-07623-6

Ⅰ.①女…　Ⅱ.①萨…②陈…　Ⅲ.①女性主义－研
究－法国　Ⅳ.① D756.586.8

中国国家版本馆 CIP 数据核字 (2023) 第 056989 号

责任编辑　崔　萌
装帧设计　陆智昌　康　健
责任校对　张　睿
责任印制　卢　岳
出版发行　生活·讀書·新知 三联书店
　　　　　（北京市东城区美术馆东街22号　100010）
网　　址　www.sdxjpc.com
图　　字　01-2021-3224
经　　销　新华书店
印　　刷　河北松源印刷有限公司
版　　次　2023 年 9 月北京第 1 版
　　　　　2023 年 9 月北京第 1 次印刷
开　　本　635 毫米 × 965 毫米　1/16　印张 22.75
字　　数　258 千字
印　　数　0,001 - 6,000 册
定　　价　58.00 元
（印装查询：01064002715；邮购查询：01084010542）

新知文库

出版说明

在今天三联书店的前身——生活书店、读书出版社和新知书店的出版史上，介绍新知识和新观念的图书曾占有很大比重。熟悉三联的读者也都会记得，20世纪80年代后期，我们曾以"新知文库"的名义，出版过一批译介西方现代人文社会科学知识的图书。今年是生活·读书·新知三联书店恢复独立建制20周年，我们再次推出"新知文库"，正是为了接续这一传统。

近半个世纪以来，无论在自然科学方面，还是在人文社会科学方面，知识都在以前所未有的速度更新。涉及自然环境、社会文化等领域的新发现、新探索和新成果层出不穷，并以同样前所未有的深度和广度影响人类的社会和生活。了解这种知识成果的内容，思考其与我们生活的关系，固然是明了社会变迁趋势的必需，但更为重要的，乃是通过知识演进的背景和过程，领悟和体会隐藏其中的理性精神和科学规律。

"新知文库"拟选编一些介绍人文社会科学和自然科学新知识及其如何被发现和传播的图书，陆续出版。希望读者能在愉悦的阅读中获取新知，开阔视野，启迪思维，激发好奇心和想象力。

生活·讀書·新知 三联书店
2006 年 3 月

目 录

女人的笑：一段征服的历史

引言　笑的性别

大自然将笑与美分开。笑是脸部的抽搐、变形和小型地震，它让人五官扭曲、身体发颤、尊严尽失。有失礼仪的笑发自腹部。古希腊人称之为"摇晃器"。从亚里士多德到文艺复兴时期的医生、启蒙时期的哲学家，再到柏格森，都认为"丑陋、难看和失礼的言行"[1]引人发笑，或按照霍布斯的说法，人们因"突然发现自己高人一等"而笑。

笑与谦卑、腼腆的女性形象相背离。习俗早已断言：男人的笑是消遣，能驱散忧伤，而欢笑的女人却常被看成是无耻、淫荡和歇斯底里的，毫无美感可言，与假小子无二。咯咯地笑、扑哧一笑、放声大笑、笑得前仰后合，笑的语言已经在某种程度上被性别化、粗俗化，优雅尽失。几百年里，女人的笑始终处于受监视的状态，且只能藏于扇后。

将女人的笑作为历史研究的对象意味着存在许多风险，其中包括过时。笑属于日常文化，它脆弱而短暂：今天我们嘲笑的事情跟昨天的不尽相同，我们亦并非总能分清哪些在过去是滑稽可笑的，哪些又不是。消逝的嗓音的重音，笑声的厚度、长度和频率均无从考究，除非某个才华横溢的叙述者，能像娜塔莉·萨洛特那样，捕捉其细微差异，并做如下区分：一种是"沉重的、打滚的、无处不去的且又厚实的"喉咙里的笑，另一种是"勉强发出的、打着颤音的"笑，其"音调冰冷坚硬，如雹子落下时的咚咚声"[2]。

女人的笑与情感相连，在不经意间溜进最严肃的读物中，如暗笑、轻笑、柔笑，有时则是带泪的笑。1857年，波德莱尔在一篇题为《论笑的本质》的艺术评论中指出："滑稽之事、笑的力量，在于笑者，而非笑的对象"，应该找出笑声背后的发笑者。

对笑的征服是被长期剥夺受教育权、话语权和写作权的女性的复仇，它使女性拥有了一方自由之地，在这块土地上，她们宣称自己身体健康，并用犀利的目光审视社会及其自身。这是一条漫漫长路。并不是说过去的女人不苟言笑，但道德和礼仪却认为笑有损女性气质。以批判思维著称的出版商和书商阿德里安娜·莫尼耶（《纪事》，1925～1945）认为："滑稽剧和闹剧是最不适合女人的。"笑包含一种颠覆的力量，社会始终都在提防笑的女人。

明证之一：直到最近，让人发笑始终都是男性的特权。需要威信和强势意志，甚至是某种程度的专横，才能使对话者或听众放下矜持，不再严肃。反过来，笑意味着将自己交付出去，放弃对自身的控制。直到不久前，都看不到女职业逗笑者，没有或很少有女小丑，也没有女漫画家，戏剧舞台上看不到靠做鬼脸和滑稽动作来让人笑出眼泪的女喜剧演员：喋喋不休的可笑的老女人，如佩尔内[1]和艾斯喀尔巴雅斯伯爵夫人[2]等角色，都由男演员反串。淘气可爱的高隆比娜[3]不愿丧失丝毫魅力，每当想搞恶作剧时，她都会让阿

1　莫里哀的作品《伪君子》中的人物。——译者注；以下若无特殊说明，均为译者注。
2　莫里哀同名喜剧中的人物。
3　意大利喜剧中聪明伶俐的侍女。

尔列金[1]替她说粗话和打趣。女作家中见不到一个喜剧作者。我们只能感慨拉伯雷没有妹妹，就像弗吉尼亚·伍尔夫感慨莎士比亚没有妹妹那样（《一间自己的屋子》）。

明证之二：笑有构建关系的功能。笑是社交的一部分，有其感染力。悲伤的女人"令人不快"，快乐的女人可增添会面的乐趣。然而，笑必须受到严格控制。几个世纪里，人们制定越来越苛刻的礼仪规则来保护男人，后者自古以来都害怕听到从女人那奇怪的、令人不安的身体深处冒出的充满活力的笑声。二者的角色不可调换：男人负责挑话头，低声说大胆的玩笑话，女人则用小面罩挡住自己的笑，害羞地品尝话中滋味。

作为宫廷和沙龙生活的文化内核，愉快的谈话将好坏之笑做了区分。男士可以毫无障碍地越过礼仪之墙，"贵妇"则必须保持克制。她不能有身体，借用巴赫金在研究拉伯雷和民间文化时所用的表达：她不能有"下半身"，她甚至必须忘掉相关的表达，因为她的思想不应比身体更开放。纯洁的心灵和沉默的身体，这便是女人的使命。

明证之三：心不与滑稽可笑为伍。贝尔纳诺斯[2]在小说《乌义纳先生》中写道："小男孩和女人绝不应发笑。笑里藏着恶念，是毒品。"它是恶念，是纯洁的丧失，是失常，会玷污以母亲照顾孩子时脸上浮现出的典型微笑为代表的温柔女人形象。处于情感和社会关系中心的女人有义务显得幸福。这一要求符合道德向善的思想，该思想希望道德有快乐相伴。而这一使命由代表仁慈和善良的女人的微笑来完成。

1　意大利喜剧中的丑角。
2　乔治·贝尔纳诺斯是一位法国作家，曾经参与第一次世界大战。他有罗马天主教和君主主义倾向，批评资产阶级。

笑在女性解放中占据一席之地，但是否存在一种女性的幽默？女性并未介入所有的审美活动，按照她们对自己的评价，有些审美领域对她们来说是陌生的，特别是喜剧、诙谐文学、漫画、色情文学和亵渎神明的笑，而有些对于这些社会喜剧的完美观察者而言则会相对熟悉些。弗吉尼亚·伍尔夫年少时便感兴趣于女人的笑，以至为她的小说呼吁颠倒世界秩序的权利，以"赋予人们眼中毫无价值的事物以严肃性，贬低看似重要的事物的价值"。

　　从这种价值的颠倒中萌生出某种喜剧的力量，使得严肃性不再是到达真理的唯一途径。伍尔夫出色地刻画了自己的母亲，一位社会地位低下的妇女的形象，阐明了其关于女性思想和心理的看法。虽饱经沧桑，母亲却总能在时间的流逝中发现滑稽可笑的时刻，就像一位帕耳开女神，"能赋予日常生活以无法模拟的华丽感，仿佛她的生活里满是疯子、小丑、尊贵的皇后和向着死亡前进的人流"（《存在的瞬间》）。女人的笑是克制的笑，在面对生活中的失礼言行时爆发。

　　职业女逗笑者在20世纪最后二十五年的强势登场具有革命性意义。她们要求一切形式的笑，拒绝所有与女人形象相连的禁忌。她们的身影出现在公共舞台上，进入了以往被男人占据的领地：戏剧、电影、夜总会、漫画、小品。她们用新颖而极具批判力的视角，为所有受父权制奴役的女性复仇。对笑的征服是权力的获得，是无关乎任何方法的身体的解放和愉悦。不论是兴高采烈的，还是荒诞离奇的；不论是尖酸刻薄的，还是幡然醒悟的，笑都将其前进路上的所有障碍扫荡一空，有时就像火山上的舞蹈。除非相反，变得普通和政治正确的笑，犹如调味品，因无节制的添加而失去味道。

眉开眼笑、恣意大笑，四个笑女形象

　　这些汩汩声，这种不由自主地从口腔里倾泻而出的不连贯的微小的声音，经慢速录音后，听起来像极了哭声，或哭泣时的哽咽声——也许，它们是在克制着不让眼泪掉下来。它们有时像瀑布喷涌而出，有时像暗流嘘嘘作响，不断涌现，势不可当，且一声比一声传得远，一声比一声更有力，更洪亮。这便是充满了神秘韵律的笑，无所顾忌的得意的笑、破坏的笑。它来自何处，是好是坏，是出自上帝还是巫婆，都不重要。

　　笑是纯粹的愉悦，无须对象，自给自足："我们的笑声不绝于耳……"从这种快乐的迷醉中释放出了某种东西，激进的女性主义者们希望从中发现永恒的女性本质和性欲，一种与男性短暂的、充满攻击性和暴力的勃起相对的松弛。"我常跟妹妹说，她也常跟我说：我们一起来玩笑的游戏吧！我们并排躺在床上开始笑。当然是假装的。勉强的笑。可笑的笑。笑得那么好笑，以至于把我们自己逗笑了。于是，真正的、彻底的笑爆发了，且一发不可收。爆笑，止不住的笑，狂乱的笑，恣意的笑，美丽的、奢华的、疯狂的笑……"[1]对于安妮·勒克莱尔[1]以及20世纪70年代的女性主义姐妹们心目中的自由女性而言，生活是女人，笑则像快乐的乳汁尽情流淌。

一些源自《圣经》、神话或民间故事的非常古老的笑女形象，在西方文化里经久不衰，她们与女性气质的关系并非偶然。"女性气质"代表了集体想象物所构建的某些象征价值，如与自然及其周期性的关系，与生殖、哺乳及孕育的关系，与同情心及情感的关系等，这些价值受制于一种同样被不断重复的，将女性气质定义为缺失和身体上的不完整的诅咒。女性之笑的独特性源自一对矛盾，即下述二者之间张力的释放：一边是女性在赋予生命时的胜利喜悦，另一边是女性在面对男性及其生殖器的权威时采取的一种自卫、忍耐甚至自我解嘲的立场。

四个母亲、姐妹或妻子的原型，即亚伯拉罕年迈的妻子撒拉、希腊大地女神得墨忒耳、欧洲民间故事人物"从不发笑的公主"和但丁的心上人贝阿特丽切，是自由之笑的代言人。她们在所有生灵面前展露信心。她们洋溢的热情足以驱走麻烦制造者，她们狂喜的心情足以为摆脱了束缚和压抑的内心冲动欢庆胜利。然而相应地，欢笑的女人也会因过分听从本能而轻易地沦为别人的笑料，父权社会将其视为可笑的、疯狂的、放荡的、不贞的和邪恶的女子典型，滑稽剧里历来都少不了这类角色：荡妇、泼妇、悍妇、蠢妇。

这两种表现对应着笑的两个时刻：表达与压抑、违抗与惩罚，其组合很早便为戏剧创作提供了灵感。阿里斯托芬是率先在喜剧中表现两性敌对和对抗的剧作家之一（《阿卡奈人》），其中（恣意）大笑的女子形象是对逻各斯价值的质疑和对夫权的反抗。在男

1　法国女文学家（1940～2006），教师，因其女权主义活动而闻名。

人无法介入但又心向往之的秘密崇拜仪式中，女人们恣意欢笑，尽情地表达对肉欲的喜好。在喜剧艺术和古希腊宗教仪式这两大文化时期，笑的不可预测性集中体现在女人身上：它既非不信教的德谟克利特在看到世界之疯狂时发出的幻灭之笑，也非《尼各马可伦理学》[1]所定义的对答如流或文明之笑（一种"受过教育的暴力行为"），而是类似于生命力和创造性的笑。

笑，母亲的语言？

笑在成为有关世界的超然看法或有趣评论的结果，即喜剧的表现形式之前，是愉悦的表现。它并非如亚里士多德所说为人类所特有，而是属于动物行为固有的一部分。源于某种进化[2]的笑为所有人类文化所共有，并被不同程度地规范化和礼仪化。生态学家通过考察灵长类动物行为的演变指出，其龇牙咧嘴的表情表明其压力在减轻，不再有撕咬的企图，是一种安全的信号。对其他动物的研究则表明，笑类似于在对手被击败或后退时发出的胜利的叫喊，这一旨在吓退或嘲弄对手的信号或可增强团队的凝聚力。

而"微笑"与大笑的进化情形完全不同，它更多地表示因害怕而提议讲和，是一种投降的信号，或是一种示爱行为。大部分研究人员都强调，在年幼的灵长类动物之间存在着嬉戏和竞争行为，它们喊叫着互相打闹，你推我搡，假装攻击对方，脸上露出友好的表情，并发出孩子般本能的滑稽的笑声。笑可能是一种先于言语的交际行为，产生于社交游戏中，表明自信和开放。

---

1 《尼各马可伦理学》是古希腊哲学家亚里士多德创作的伦理学著作，约公元前330年成书。全书共10卷，132章，探讨了道德行为发展的各个环节和道德关系的各种规定等问题。

婴儿从最初的几个月起，通过观察妈妈脸部的喜悦表情，对其眼睛和嘴巴的动作做出反应，表现出幸福感，而这可能是基于胎儿期的记忆。母亲的微笑很可能是对他人生第一次分离的补偿，不管怎样，这都给他提供了第一个游戏空间：他开始了与周遭的交流，并对每一张亲切的脸庞回以温柔的表情。至于伴随有横膈膜痉挛性收缩的笑，则出现得更晚些。哭泣需要通过吸气来完成，而与呼气和排气相连的笑则可舒缓压力。

　　达尔文认为，笑是真正意义上的快乐或幸福最原始的表达，正如我们能清楚看到的那样，孩子们玩耍时几乎总是在笑。[3] 作为与生俱来的、无须习得的行为，笑在母亲的刺激下会逐渐变得主动，三个月大时，笑会变得更加兴奋。随着时间的推移，笑的起因也越来越多样化，心理学家们注意到如下因素：游戏、某些声响、挠痒痒、惊奇效果、假装的恐惧和重新找到的安全感交替出现、哄骗等带来的互动，以及再后来对可笑言行的觉察。[4] 半岁大时，随着认知水平的提高，孩子拥有了对更为复杂的情况发笑的能力。母婴之间因开心或互相吸引而笑，这是一种幸福而默契的关系，在人生旅途之始便已确立，远早于意味着分离和压抑过程之开端的言语习得，远早于象征性禁忌的形成，也远早于希望适应社会的压力。这是一种以分享快乐为唯一目的的关系，无须第三者做媒介，类似于维吉尔在《牧歌》中称颂的母亲的语言。这一语言启发了他之后的无数以圣母圣子为题材进行创作的艺术家、诗人、画家和雕刻家：

> 小孩，开始通过笑来认你的生母吧。
> 你的母亲在十个月的时间里已经受了太多的苦。
> 开始吧，小孩。从未得到过父母笑容的人，

是不配与天神同桌就餐，与神女同床共寝的。

巴尔扎克、维克多·雨果等许多作家都颂扬过这种幸福感。母亲的脸庞和美貌只是外表，她的嗓音和笑声才发自内心。"她是爱。她是生活。她是快乐[5]……"马塞尔·普鲁斯特年幼时曾享受过与天神同餐的快乐，在他看来，妈妈的微笑犹如亲吻[6]，是无限柔情的承诺。托尔斯泰成年后，每当遇到困难，都会怀念妈妈给予的类似于抚慰剂的纯洁的抚爱："当母亲微笑时，她本就美丽的脸庞会变得更加美丽，简直无与伦比，似乎到处都充满了欢乐。假如在我痛苦时能再见到母亲的微笑，哪怕只是一刹那，我将不再感到痛苦。"[7]

孩子的这种欢乐及与之相伴的开心无须证明：它的天真无邪直接源自令人放心的母子关系，这种关系融合得足够亲密，以至在藏猫猫或变戏法时，母亲脸庞的短暂消失丝毫不会引起孩子的焦虑。波德莱尔在《论笑的本质》一文中，将孩子的笑和成年人的笑区开来，认为前者具有一种绝对的喜剧性，不在乎社会面具，也不懂夸张讽刺，与动植物的幸福和满足感相似："孩子的笑犹如花儿绽放，是吸收的快乐，是呼吸的快乐，是盛开的快乐，是沉思的快乐，生活和成长的快乐，是植物的快乐。"

最新的研究表明，尽管婴儿很早就发展出笑的游戏来掩饰其欲望，尽管笑已成为他"与其他事物保持距离"的手段，但对世界进行批判或讽刺的想法于他依然是陌生的。

任何笑都多少表达了这种原始的快乐，是心理压力的释放，代表着向与母亲保护相关的婴儿期、家庭及家庭生活的回归。成年男女所享有的，正是其对快乐的权利，但这一权利随着年岁的增长经常被放弃。这是一种与冲动世界相关、从社会秩序中退出的权利。

儿子发出的得意扬扬的笑是"藏在神圣的裙子后面，对着敌人做鬼脸的孩子的笑"[8]。笑依然与父母形象，尤其与占主要地位的神圣的母亲形象紧密相连。

亚伯拉罕与撒拉

第一位赫赫有名的发笑的母亲——撒拉——的故事出自《圣经》，其模棱两可的笑已被大书特书过。《创世记》记载了喜悦的亚伯拉罕和撒拉的故事，说耶和华借天使之口向他们宣布，虽然他们年事已高，但仍将生育一个将给他们带来无数后代的儿子。上帝不是在开玩笑吧？谁会相信这样一个荒诞不经的消息呢？

亚伯拉罕在上帝的无所不能面前感到又惊又喜，他俯伏在地笑了，"心想，一百岁的人还能得孩子吗？撒拉已经九十岁了，还能生养吗？"（《创世记》第17章，第17节）。这个不太适宜的承诺令他十分困惑，甚至倍感讽刺，但他的狂喜同时又是充满自信的，饱含着对上帝之爱的神圣敬意。

几章之后（第21章，第6至7节），故事在讲到同样充满快乐和解放意味的笑声从撒拉口中发出后便结束了："神让我欢笑，不论谁听到后也会和我一起欢笑的。谁能告诉亚伯拉罕说撒拉要乳养婴孩呢？"仿佛是为了使这对高龄父母的喜悦神圣化，上帝还亲自给他们未来的儿子起了一个谜一般的名字：以撒（意为"让上帝微笑"或"上帝笑了，并表示赞成"。第17章，第19节），同时开启了极乐之笑、灵魂之笑的希望之门。

但文中在讲述父亲之笑和母亲之笑这两个差不多同样愉悦的故事之间，还插进了第三种笑，像是从女性角度讲述的第三个故事（第18章，第12节）：年老的撒拉在帐篷口听到来访的天使对亚伯拉罕所说的话，马上便联想到了这一诺言所包含的肉欲意味。满脸皱纹、干枯无华，且不再有生育能力的她，早就不和丈夫同床了，也早就没有"女人们通常会有的那种东西了"。于是，她以经验和常识的名义，嘲笑了这件不可想象的事情：

> "我如今已老，还会有这种乐趣吗？我的丈夫也已老迈！"
> 但耶和华对亚伯拉罕说："撒拉为什么暗笑，还说：'像我这样年老，还能生育孩子吗？'耶和华有做得不好的事吗？"撒拉不承认，说："我没有笑。"因为她害怕了，但他反驳道："不，你笑了。"

但凡撒拉对上帝承诺的理解还停留在生理层面，喜欢嘲笑的她都会在这一难以置信的情形面前发笑，但很可能她在很大程度上是在嘲笑自己，年老色衰、饱受生活之苦的她，曾不无痛苦地将自己的女仆夏甲送入亚伯拉罕的怀抱，只为替他生个孩子。不过，这个颇似玩笑的消息也让她觉得好笑。女性的自我解嘲在此找到了其最早的文化表达。

但当撒拉意识到来访者的身份后，便由嘲笑转为恐惧。也就在那时，原本在亚伯拉罕的喜笑面前沉默不语的上帝，对她的不敬之笑进行了严厉谴责。他谴责撒拉不信神，包括抵制他说的话，以及自我封闭和退缩。因为笑总是一种双重语言，能够动摇圣言的权威。

对于那些早就对笑做出好坏之分的评论者来说，这是一种令人尴尬的笑。十分自然、本能的撒拉的笑不同于亚伯拉罕的笑，尽管二者充满喜悦的笑在理智的支配下，受到了同样的怀疑色彩的玷污。可能撒拉是将潜藏于亚伯拉罕信仰中的疑虑外化了出来。

男性族长的笑是可以被接受的，但出自女人之口的笑则有可能是苦涩的，且令人怀疑。撒拉的"我没有笑"，表明了这是一种无法言说的、不能公开的笑。这种笑还被众多怀疑女性的神学家说成是女人最擅长的武器。对于中世纪《圣经》的注解者，如神学家阿奎那和《旧约的秘密》的作者[1]来讲，亚伯拉罕的笑是满怀深情和喜悦的，撒拉的笑则是嘲讽式的，带有自嘲的意味，是一种能引起上帝强烈不悦的魔鬼之笑。

然而，与狡黠的笑或以不可避免的生物现实的名义阻断任何超越之可能性的会心的笑不同的是，撒拉的笑仍然对另一种逻辑开放。她的激动表明，她的内心有一种合理的东西被触动了，她开始重新审视自己。作为不安之标志的无法解释的疯狂之笑激发了其欲望的活力。

上帝谴责的不是她的笑，而是她的恐惧。在看到生育的自然秩序为她打乱后，她想躲避。自从犯了原罪以来，女人始终犹豫不决、郁郁寡欢，在被上帝赋予信心和希望后，她大笑起来。

《圣经》中没有太多明确的女性之笑。另一位母亲安娜，得知自己虽然无法生育，却仍将生出儿子撒母耳；在用禁食和流泪为这一超自然的生育做好准备之后，她的狂喜化作了一段预示着圣母赞歌的祈祷："我的心因耶和华快乐。我的角因耶和华高举。我的口向仇敌张开。我因耶和华的救恩欢欣。"[2]（《撒母耳记》上，第2章，第1节）张开的口既可表示因感恩而祈祷，也可表示因开心而欢笑。圣母玛丽面临与撒拉相似的处境，因为天使加布里埃尔向她保证说，她将无玷始胎，但她并未发笑。

1　可能是让·莫里奈（1435～1507），法国宫廷诗人，编年史家和作曲家。
2　此处译文参考了吕振中的译本。

然而，她向天使问出的这句"这怎么可能"并不缺乏怀疑色彩，或至少是模棱两可的。但她很快便深信不疑，赞歌从其唇间涌出[9]（《吕克》，第1章，第34节）。简单的表示惊讶的问句"这怎么可能"是片刻的悬念，其中蕴含着幽默的种子，有些人从中看到了与撒拉之笑直接的承袭关系。《圣经》里的欢乐大多通过流泪来表达——喜悦的泪水既表示希冀灵魂得救，也表示世人所受的苦——轻笑的主题和讽刺则零星地出现在《旧约》的精神世界中，这是一种神圣策略的结果，它不顾世人的骄傲，利用微笑的教育功能使他们理解事物的不确定性及自身的脆弱：犹太教教士文学中的笑和散居各地的犹太人的幽默将在这块沃土上生根发芽。[10]

因此，在描写人与上帝关系的《圣经·旧约》中，智慧书将微妙的笑合法化，使之成为信仰的标志。当有魔鬼介入时，笑很难被解读，但却为上帝与子民之间无穷尽的对话定下了情感基调。《新约》中的玛丽便是子民的代表。另外，基督教伪经设计了另一种解决办法，以恢复处于宗教核心的笑的声誉。在《使徒书信》中，当天使加布里埃尔向玛丽宣布那个奇怪的消息时，她欣喜地笑了。[11]《书信》又说，是耶稣自己化身为天使加布里埃尔向其母玛丽宣布自己的到来的："她的心迎接了我，她相信了，她笑了。我，圣子，进入其体内，变成了肉身。"

面对救世主降临的诺言，玛丽报以欣喜一笑，很可能是为满足大众的感性需求，而并非寻求教义上的严谨。这声笑，救赎了撒拉幻灭的笑，玛丽成为基督徒心目中贞洁母亲的典范、快乐自信和信教的象征。在其他基督教伪经书，如阿拉伯文的《耶稣一生》中，圣洁的妇女看到空空的墓穴后，"开心地笑了"[12]：妇女的笑既表达惊奇，也表达欣喜之情。

包玻的快乐科学

希腊神话中也有与笑相关的女性形象。这是一位与厄琉息斯圣地的神秘色彩和古代崇拜俄耳甫斯神秘教理的仪式有关的谜一般的女性。她并非主要人物，但却为古代作家们所熟知，且被一心想灭奥林匹斯山诸神威信、贬低粗俗之笑的基督教神学家们打造成典型代代相传。关于她的故事不止一个，对其的评论也很多，拉伯雷、歌德、尼采、萨洛蒙·雷纳克、弗洛伊德，乃至当代一些精神分析学家都曾有所提及。

我们在其他神话故事中能找到与此相像，但却不无差别的女性形象。如古埃及神话中的哈索尔女神曾裸露身体以逗父亲发笑，日本神话里的快乐之神天钿女命则在众神面前宽衣解带以博一笑。古代诸神在某些必要时刻会忘掉尊严，肆意嘲笑。一向比人高贵的他们也可变得比人粗俗。作为宗教的一种话语表达，笑已渗透进各类宗教仪式中。来古格士[1]曾让人竖过一座笑的雕像。荷马也曾设问：人间的所有创作难道不都是因诸神的忍俊不禁而引发的笑话吗？

该神话故事是这样讲述的：大地之神得墨忒耳十分依恋自己的女儿珀耳塞福涅。冥神哈德斯在宙斯的默许下趁着黑夜过来抢亲。得墨忒耳听到了女儿被抢时的叫声，悲痛欲绝的她离开了奥林匹斯山。为找女儿，她穿得像一名老妪，外裹一层丧服，连续九天九夜穿梭于乡间，不吃不喝。筋疲力尽的她来到厄琉息斯圣地，得到王后墨塔涅拉的接待，她向后者表示可以帮其照顾幼子。王后看出她身份高贵，请她坐上座，给她吃的和喝的。又饿又累的得墨忒耳拒

---

1 古希腊的一位政治人物，为斯巴达的王族，活动于公元前7世纪前后，传说中斯巴达政治改革、斯巴达教育制度以及军事培训的创始人。

女人的笑：一段征服的历史

绝了，她没说一句话，也没露一个微笑，显然她仍痛心不已。

就在这时，为她准备座椅的女仆伊阿巴在她面前做起了各种滑稽动作，同时还对她说俏皮话，开低俗的玩笑。得墨忒耳开始面露微笑，继而大笑起来，于是不再禁食。她喝了墨塔涅拉为她准备的吉肯酒，一种用面粉、水和除跳蚤的薄荷做成的饮料。伊阿巴的成功并不限于一时。"后来，她的性格依然很讨得墨忒耳的喜欢。"于是，重新找回快乐的得墨忒耳确定了自己的崇拜仪式。但她依然拒绝还大地以富饶，直到宙斯出面同意她与女儿相见。该故事以双方的妥协结束：每年春天，珀耳塞福涅（或称"科瑞"，即少女）都将逃离哈德斯将其扣留的地狱，返回奥林匹斯山。

这是关于该故事最古老的版本，出自公元前6世纪的《荷马为得墨忒耳写的赞歌》。另有一个版本，被称作古代崇拜俄耳甫斯神秘教理的仪式版。该版本以一些杂乱的诗歌片段为蓝本，经重新编排后记于纸莎草纸上，主要经后世一些基督教作家识别而得，但不知荷马版和俄耳甫斯版哪个在前，哪个在后。

根据诸如亚历山大的革利免[1]、凯撒利亚的优西比乌[2]及亚挪比乌[3]等神学家的意见，[13] 得墨忒耳在厄琉息斯圣地见到的不是墨塔涅拉，而是一个名叫包玻的客栈女老板及其丈夫底骚勒斯。毫无食欲、披着丧衣的女神仍然固执地拒喝为她熬的汤。包玻见言语无法说服她，感觉受到了"蔑视"。她突然撩起自己的内衣，露出身上的隐秘部位。其动作可能不乏侮辱性。得墨忒耳见状愁眉顿舒，开始进食。

---

1 基督教神学家，基督教早期教父，亚历山大学派的代表人物（150~约215）。
2 早期基督教神学家，教会史家（约260~340）。曾就学于该撒利亚教理学校，后任该撒利亚主教。
3 基督教护教者（约卒于330年），享盛名于古罗马戴克里先统治时期（284~305）。

据某些评论家分析，包玻跳的可能是一种肚皮舞。她的皮肤褶皱能奇怪地呈现一张孩子的脸。俄耳甫斯版本上称这个孩子叫伊阿克斯，每一个舞蹈动作都使他看上去在笑："在包玻的裙子底下，有个叫伊阿克斯的小孩一直在笑。"得墨忒耳被眼前的景象迷住了，她端起了杯子。亚历山大的革利免以说教者的口吻总结道："如此精彩的表演，太合女神口味了！"

亚历山大的革利免在其他地方却对笑予以了全盘否定，并对其造成的可耻后果进行了严厉批判。他的观点与基督教传统教义相一致：表达可笑东西的玩笑话不堪入耳，因为它会导向可耻的行为，且总意味着某种放纵："放松脸部肌肉，致使脸部和谐遭到破坏，如果这发生在女人身上，就叫浪笑，是妓女的笑。"

亚挪比乌同样以厄琉息斯圣地为背景，生动刻画了一个与亚历山大的革利免笔下的包玻大致相同的女性形象，只是在情节上增加了一些细节：包玻做了精心准备，让其肚皮显得干净而光滑——很可能还刮了毛——目的是通过扭动身体，将皮肤弄皱，使肚皮呈现出一张"光滑的婴孩"的脸。"她回到一脸严肃的得墨忒耳面前，从通常用来驱除忧伤的做法中选择了暴露自己的身体。随着性器官的暴露，她展示了自身所有隐秘的部位。"得墨忒耳见状感到轻松而振奋，她微笑着喝起了汤。

"暴露的性器官"是指外阴部及Vultus（拉丁语中指脸部）。[14]亚挪比乌和亚历山大的革利免一样难以理解包玻做的粗俗动作："请问，在包玻的身体部位和表演中，究竟是什么打动了有着相同女性特征的女神？是什么让她觉得好笑？"

包玻的名字早在恩培多克勒[1]的残稿中便已出现，可能指乳房

1　公元前5世纪的希腊哲学家。

或女人的肚子。在莫里斯·奥伦德[1]所做的关于年代、文本和人类学问题的研究中，包玻的形象占据着谜一般的中心位置。[15]1898年，人们从位于萨摩斯岛对面的普里耶涅的得墨忒耳神庙遗迹中，找到了一堆刻于公元前4世纪的奇形怪状的小雕像，将其认作包玻像。这些小雕像的头部安在裙子解开后暴露的双腿上，双眼对应双乳，耻骨的裂口对应下巴上的小窝，双臂上举托着茂密的头发。

这些怪物样的小雕像用猥亵的表达手法将女人的性器官和脸部叠放。它们的手中或拎有果篮，或举着火把，或抱着竖琴。古希腊研究学者赫尔曼·亚历山大·迪尔斯在第一时间便将其与俄耳甫斯版本联系起来。他还发现了另一种联系，这次是词源上的。他把指称女性生殖器的包玻一词与赫罗达斯[2]创作的第六部摹拟剧中的"包邦"一词相关联。该词是剧中两位闺蜜在讲黄段子时使用的，表示一种皮制的男性生殖器模型。从这组阴阳性名词的组合中人们猜测，包玻是长着阴茎的女妖，其外表无异于掀开自己裙子的阴阳人。正是在看到这一点后，得墨忒耳才化愁为喜的。[16]

更早的一份研究也指出，在希腊的某些地区，民间用变形自包玻一词的"巴巴"指称啰唆的老妇人。最后，整个19世纪，包玻一词都意指劈开双腿坐在得墨忒耳圣猪上的妓女。这一说法后来在经亚挪比乌修改并誊写的文本中，在希腊人用青铜或陶土制作的骑猪女雕像上都得到了解释。可见存在着许多版本和可能的形象。

包玻的来源地问题本身也曾引发争议：作家们认为她或来自克里特岛，或来自色雷斯，或来自埃及，最后定居在厄琉息斯圣地，那里的妇女参加夜间狂欢节、跳肚皮舞，以纪念女神阿耳忒弥斯。

---

1 法国历史学家，巴黎高等社会科学研究院教授。
2 古希腊喜剧作家。

无论如何，得墨忒耳的笑都为希腊世界打开了一个空间，与以庆祝思想、逻各斯和凝视为中心的空间截然不同。

这三个文本尽管各有差异，却也不乏共同点。三者都认为是猥亵的言行驱走了得墨忒耳的忧伤，令其喜笑颜开的。猥亵之言出自饶舌而轻浮的伊阿巴之口，她是爱可和潘神[17]的女儿，其名应与专用于表达讽刺和快乐节奏的抑扬格诗有关联。猥亵之行则在援引俄耳甫斯版本片段的革利兔和亚挪比乌的文本中都有描述。究竟哪个版本更早？是否像多米尼克·阿诺德[1]所认为的那样，经过文化长河的缓慢洗涤，猥亵之言盖过了更为古老和原始的猥亵之行了呢？[18]

猥亵之笑

评论家们注意到猥亵之笑有与宗教崇拜相关的仪式性一面，人们对其进行了夸张的展示，女神阴部具有神圣的特征，特别是詹姆斯·乔治·弗雷泽[2]和萨洛蒙·莱纳赫[3]两人，他们发现这类仪式具有驱邪功能[19]：包玻的行为打破了人类社会赖以存在的、旨在抑制人们性欲的禁忌中的一条，赶走了恶魔。在一场今天已失传的神奇仪式中，得墨忒耳笑着喝下圣水，同意人类做被禁之事，为他们将来举行崇拜自己的秘密祭礼定下了基调，而这是大地盛产的先决条件。

让一个不管是叫包玻还是伊阿巴的女人，通过猥亵的言行来违反社会准则，且这种违反还与多产相关，这一点并非毫无意义。举

1　巴黎四大教授，著有《希腊文学中的笑与泪》。
2　英国社会人类学家，神话学和比较宗教学的先驱（1854～1941）。
3　法国考古学家，宗教史学家（1858～1932）。

行典礼和设立节日的目的是加强社会规范，缓解紧张关系。而这基于一种信念，即认为无序、狂欢和猥亵的言行是不可或缺的一极，是秩序和创造的重要动力。这一极主要通过女性庆祝两个背景迥异乃至相对立的节日来体现：酒神节和农神节。

酒神节纪念的是被一群披头散发、半裸的女祭司簇拥着的酒神狄俄尼索斯。节日那天，女人的队伍可以由一名男子带领，但她们更经常的做法是请一名儿童或双性人带队，超越性别的界限，并鼓励大家效仿。[20]在酒神威力的作用下，她们的神情开始恍惚，像中了邪似的发起狂来，最后变得粗俗不堪。

相反，在农神节上，为纪念得墨忒耳，人们以禁食来庆祝女人的贞洁和生育能力——前者指女儿珀耳塞福涅的贞洁，后者指母亲得墨忒耳的生育能力，母女二人被哈德斯拆散。但从第二天起，这些妇女，即雅典人的妻子，便从斋戒中放松下来，互相嘲讽、淫笑和做猥亵的动作，说"淫荡的话"[1]（违抗礼仪的可耻之事）。在狄俄尼索斯和得墨忒耳的庇护下，两大节日在城邦中心构筑起一个空间，为女性所专属；并通过疏导、隔绝及仪式化，对女人的笑和疯狂进行规范，而在现实社会中，女人除了哭泣之外，没有任何权利和地位。

下流的玩笑、仪式性的打趣，这些都能在各种纪念得墨忒耳的仪式中得到古老和广泛的验证。如在阿里斯托芬的喜剧《蛙》中，那段祈求酒神节队列中的天才小孩伊阿科斯保佑的齐诵便是一例。其他神秘祭礼另有故事版本，如希罗多德笔下的埃及的阿耳忒弥斯·巴斯特节，便与琉善[2]笔下的厄琉息斯圣地的哈洛亚节和得墨

1　此处用的是希腊文aischrologia，所以作者在后面的括号中做了解释。
2　罗马帝国时代以希腊语创作的讽刺作家，以游历月球的奇幻短篇《信史》及一系列对话集闻名。

忒耳祭礼很相似（《对话的意义》）。参加者互相说下流的话；酒桌上，人们边大口喝酒，边轮流吃着代表男性生殖器的大饼。

可见，这些节日已超出阿提克城[1]之外，一直到西西里岛都有其变体。西西里岛的迪奥多鲁斯曾讲过伊阿巴的故事，并提到节日仪式上的低俗玩笑。西西里的节日持续十天十夜，女人们互相打趣，骂淫秽的脏话。类似的庆典和放荡式的女子集会也出现在其他庆祝生产或生育的仪式上。

包玻的后代

客栈女老板包玻、保姆或接生婆包玻、淫荡的包玻、不正经的饶舌农妇包玻、媒婆包玻、年轻的或年老的包玻……虽然存在多种诠释，文化背景也各不相同，但包玻的名字却始终与性的象征有关。在感到自己"被蔑视"（这是亚历山大的革利免的用词）之后，为回敬女神，包玻用滑稽的方式展示了自身的隐秘部位。这个挑战旨在使女神集中注意力，将其从哀伤中解放出来，迫使其重新负起大地女神的责任。包玻说的大不敬的玩笑话和做的低俗下流的动作，打破了一个禁忌，该禁忌认为看女性的裸体是危险的。

精神分析研究对这些神话也不无兴趣，并给出了它们自己的诠释。处于哀伤中的得墨忒耳，在突然看到包玻那光滑而特意有所准备的肚子时，是否联想到了生育功能？包玻的快活模样及其所说的充满色情意味的下流话，是否起到了镜子、替身或同谋的作用，能将现实中并未得到满足的欲望，即因珀耳塞福涅被抢导致母女无法厮守这一点，用动态呈现小孩伊阿克斯的表演来替代呢？或相反，

1　指现在的雅典。

从年老色衰、已丧失生育能力，却还在暴露自己阴部的令人恶心的女诱惑者包玻身上，女神看到了一个可怕的、怪异无比的禁欲者形象，于是便以笑来抗拒？

古代作品中不乏这类满脸皱纹、令人厌恶的老女仆形象，接生婆形象即来源于此。奥维德在《变形记》（第5卷，第423—461行）中有相关描写：一位年老的旅店女老板接待了色列斯（得墨忒耳），给她汤喝，助她恢复。然后是宣泄式的大笑。在所有情况下，哀伤都会消除，笑都会使焦虑的情形不再。人们还将包玻及普里耶涅的小雕像与蛇发女妖美杜莎那可怕而蓬乱的头部相联系，表明女性性器官（这里指女人的肚子）的可怕，制造被阉割的幻象。但包玻能逗人发笑，重新唤起欲望或生育能力，而美杜莎则使人石化。

包玻的故事由于不够正经而被渊博精深的文化遮蔽了，但正如丹尼尔·梅纳热[1]所指出的[21]，它可能通过节日和狂欢活动的形式在民间文化中保留了下来。节日里，人们将女人滑稽的大笑与生命的力量相结合，以消除不幸。拉伯雷在《第三部书》第十七章中对此做了回忆：巴汝奇希望找到他究竟该不该结婚这一问题的答案，于是便去庞祖斯特的女占卜者居住的乡间茅舍请教。这是一位"掉光了牙、眼角堆着眼屎、驼背且鲁莽的"老妇人，与厄琉息斯圣地那位矫健的客栈女老板无太大关系。她正在熬一种神奇的用卷心菜和猪油做的汤。她边打手势，边含糊不清地说了几个字，然后突然当着巴汝奇的面关上房门，"将自己的长裙、上衣和内衣撩到腋窝，露出了屁股"。

被"女占卜者的洞眼"之表演吓坏了的巴汝奇不但没觉得好笑，反而撒腿就跑。因为他见到了地狱之洞、耻骨处的裂缝、令人

1　评论家，散文家，法国文学教授，文艺复兴时期专家（1936～2020）。

恐怖的能吞没男人的"下半身"！这一新版包玻神话使人想起某些希腊和拉丁喜剧中的人物：令人不安的淫妇维图拉和梅里特利克斯用不雅的动作在年轻人面前进行试探，产生了确实可靠的滑稽效果（琉善：《对话的意义》）。显然，在这个将女人沦为性器官的庸俗玩笑下，隐藏着不可公开的惧怕之情。

该主题在拉伯雷的作品中多次出现。一头可怜的狮子及一位"年事已高的妇人"交上了朋友，二者的"双腿之间"都受伤了，很是"不雅"。一阵风吹过，把老妇人的"长袍、裙子和衬衣刮到了肩部以上"，露出了"伤口"，"从屁股到肚脐足有四五拃那么大"，大到需要用大量的泡沫才能为其"驱赶苍蝇"。后由路过的狐狸用其长尾巴堵住了伤口。

在另一则受普鲁塔克[1]启发的故事中，拉伯雷描写了一名来自被诅咒的教皇无花果之国[22]的老妇人，她裸露全身以驱魔。一位斯巴达女人及一些波斯妇女都曾在怯懦的儿子面前做过这种嘲弄人的动作。这些胆小鬼想逃避战争，母亲们拦住了他们的去路，撩起自己的衬衣威胁说，如果他们当逃兵，就把他们收回肚子里去。听到这番充满讽刺意味的谴责，他们停止了逃跑，返回了战场。

女人的子宫，她那不可言说的性器官，"女性生殖器"，有时被说成是避难所，表明人们对无底之洞和死亡的惧怕，而这种心理只能通过滑稽的笑才能克服。和身材高大、精力充沛、精通床笫之术的嘉佳美丽夫人[2]一样，男人气的季戈涅妈妈，或称"季戈涅夫人"，是17世纪欢乐或恐怖的生殖力之流行的、狂欢式的化身，能

1　生活于罗马时代的希腊作家，以《对比列传》一书留名后世。
2　《巨人传》中卡冈都亚的母亲。

"同时带来一千种快乐"。她们有着强烈的本能，并能发出具有疗愈作用的笑声。

于1602年被"无忧儿童"艺术社搬上舞台的这一滑稽而高大的大妈形象，始终都由男人扮演，或者用巨大而畸形的人体模型来替代。这些假人衣着华丽，佩戴着可笑的饰物，如香炉、小药瓶、镜子等。她的分娩过程贯穿演出的始终，因为她总共要生十六个孩子。这十六个孩子将从事四类职业：江湖医生、星相学者、画家和老到的扒手。名为"圣日耳曼庙会上的分娩"的季戈涅夫人芭蕾剧，曾在玛丽·德·美第奇王后面前表演过。随着文明程度的提高，这一越来越显得低俗的角色于1669年从勃艮第府剧院的舞台上消失，而只限于木偶剧院的舞台，后于1710年在威尼斯节的芭蕾表演中再次出现，她站在普尔奇内拉[1]和哈里昆[2]之间，模样滑稽，人见人笑。这些不知羞耻的大妈诙谐滑稽、令人生畏，她们通过自己的生育权，嘲弄充满既定秩序和权威的世界。

正如萨洛蒙·莱纳赫所言，笑总是令人费解和具有双重性的。它让人放心，但却与恐惧和眼泪共存。因此，歌德笔下的包玻就是一位淫荡好色的巫婆和滑稽躁动的母亲，她与墨菲斯托结盟："老包玻来了，给猪让路！给母亲让路！"[23]她在前面带路，后面是为经典的巫魔夜会而聚集的嬉笑的巫婆合唱团。她代表原始力量中的邪恶面，是创造性冲动和胜利狂欢的承载者。

在1916年的一篇文章中，弗洛伊德只是简单地影射了得墨忒耳神话。他将包玻的神秘形象与一位病人的梦联系起来，在她身上看到了一幅女人的漫画：在"贬低意图"下，女人被认定是单一的

1　意大利那不勒斯地方戏剧中的一个喜剧角色。
2　意大利喜剧中著名的丑角。

器官，她的子宫。弗洛伊德过于依赖其对女性特征的看法和俄狄浦斯情结说，以至于无法从得墨忒耳与包玻这一组合，即从做鬼脸的滑稽女仆与开怀大笑的母亲女神的组合中，发现更多有益的东西。在弗洛伊德的想象中，母亲是一个不可触及的形象，母子关系是人类所有关系中最无矛盾性的模式；而且，母亲形象是不可以被喜剧化的，她甚至远比父亲形象更令人生畏。

这种神圣化使得弗洛伊德被毁灭者母亲的形象所吸引。包玻被视作美杜莎，[24] 是无所不能的母亲之可怕而隐蔽的复制品，是被阉割的象征，而非怪诞的玩笑话。母亲的笑是危险的，它激起了根深蒂固的恐惧，因而必须避免。事实上，在文学和集体想象物中，很少有母亲爆发大笑的例子，这"可能是因为人们无法克服弑母的犯罪心理，也可能是因为人们因此而过分远离了幻想必须得到投射这一社会现实"[25]。而父子间的情形，如金发男人勾引少女或愚弄老头，则被塑造成多个喜剧人物形象。不要脸的老女人、可笑的后母、阿里斯托芬笔下的泼妇或恶毒女人，无论她们有多滑稽，却依然是一个可怕的、通常是胜利的母神形象。

悲痛欲绝的得墨忒耳重新找回了生存的意义。包玻将自己的性器官变成脸的模样，驳回诅咒，重新激起生育的欲望。尼采把使人石化的美杜莎与令人快慰的包玻对立起来，他在后者身上看到了一个懂得"快乐的科学"的人，一个永不枯竭的生命再生者。[26] 仪式性的笑、淫秽的笑、孕育和分娩的笑，笑的含义十分丰富，这使包玻成为相互矛盾的幻想的根源；厌恶、鬼脸和诱惑相邻，欲望和恶心相邻，乐趣与羞愧相邻，对身体的焦虑与放松的喜悦相邻。但最终，与年老的撒拉一样，包玻滑稽的肚子因得墨忒耳的笑而被归入生育范畴。

全都粘在一起

尽管女人的笑在民间故事中不常被谈及，但在民间想象中仍有笑女的原型。她是题为《全都粘在一起》的故事的女主角。该故事在欧洲有500多个版本，主要流传在斯堪的纳维亚国家、德国和爱尔兰，在法国则至少有15个版本。[27]

这则故事也传到了南北美洲和中东，讲述了一个从未笑过、有着无法治愈的忧伤的年轻公主的蜕变过程。公主的父亲、气急败坏的国王公开宣称，谁若能让公主发笑，便可迎娶公主。好几个雄心勃勃的年轻人都跃跃欲试，但都失败了，因为他们忽视了在考验期间应当显得礼貌和殷勤。最后是那个最憨厚，年龄最小，且最不善言辞的年轻人，在一位魔术师的帮助下牵到了公主的手。

事实是，这位英雄在去王宫冒险的路上，遇到了一位年老的巫婆并帮她摆脱了困境。后者为了答谢他，送了他一只鸽子作护符，叫他无论如何都不要放走它，还教会了他一句咒语："柴！"男孩抱着鸽子，继续朝王宫的方向赶路。在第一个歇脚处，根据不同版本，可能是一家旅店或是在神甫的女管家家里，他表示要和鸽子一起睡。好奇无比的女店主在夜里溜进他的房间，把手指伸到鸽子的屁股处想抓住它。被惊醒的年轻人立即喊道："柴！"女店主再也没能抽出她的手指。

第二天一早，年轻人决定带上鸽子继续赶路，穿着睡衣的女主人因与鸽子粘在一起，不管愿不愿意，也只得跟在后面。途中遇见了一名泥瓦工，后者想开个玩笑，将铲子里的砂浆朝女店主的背上扔去。瞬间，铲子和砂浆粘在了一起，砂浆跟睡衣粘在了一起，泥瓦工的手跟所有这些东西粘在了一起。泥瓦工穿的是一条破了洞的短裤，一只虫子从裤洞里钻了出来，一直垂挂到地面。因天色尚早，一只母鸡隐约看见了虫子，便想抓住它。年轻的英雄又喊了一声："柴！"接着，一只公鸡看到了母鸡，想跟它打斗，就这样也加入了队伍。后来，一只黄鼠狼跳到了公鸡身上，一只狐狸跳到了黄鼠狼身上，一匹狼跳到了狐狸身上。它们或吼叫，或叽喳，或喊叫，一路陪着年轻人来到了公主的宫殿。已经起床的公主变得越来越伤心，在听到狂欢节般的嘈杂声后，她走到窗边，发现了一支怪诞的法兰多拉舞的队伍：出于偶然、好奇心或对猎物的垂涎，男孩、鸽子、半裸的女店主、铁铲、穿着破裤子的好色的泥瓦工、地上的虫子、母鸡、公鸡、黄鼠狼和狐狸等粘在一起，你碰我，我撞你，不时摔个跟头，埋怨一番。于是，公主开始疯狂大笑起来，是那种由纯粹的快乐引发的笑。她不停地笑，就像疯了一般。笑将她治愈了，她成了最有魅力的姑娘，并在几天后举行了婚礼。

受父亲宠爱的公主过得很不开心，难道还有她得不到的东西吗？旧时的医生会说她得了眩晕症或歇斯底里症，现在的医生可能会说她压抑或抑郁。年轻的姑娘将身心关闭，与人隔绝，无所欲念。让她开心的不是俏皮话，不是玩笑，也不是滑稽故事，而是一种离奇的场景。该场景跟变戏法似的，能从帽子里变出一堆表面看来毫无干系的东西，我们可在拉伯雷笔下的法官奇卡努斯所做的有趣的文字发明中，找到其语言上的对应物，如把新娘的"隐秘之处""上上下下里里外外彻彻底底打了个遍"，同时享受其文字的音质美：所有人都笑了，包括那个"似笑非笑、似哭非哭"的新娘。

在不同的故事版本中，文字和怪诞人物之间的联系显然都具有性欲的性质。该故事构建了一个滑稽而反常的现实，其象征性建议没有编码，类似于梦境中的不连贯景象，而梦是压抑心理的释放，这种冲击能唤醒沉睡的想象力，因为人若想生存，就必须接受非理性的东西，打破条条框框的限制。正如贝尔纳代特·布里固[1]在故事的引言中一针见血地指出的那样：促使故事发展的主动力是女店主的好奇心，她通过不正当方式进入房间，只为窥探一个秘密。

接着，故事巧妙地将人物通过相同的垂涎心理（性欲性质的或捕食性质的）一个接一个地串联了起来：男人与女人、人与动物、有生命之物与无活力的工具等。这些个体因通常被社会压制或掩盖的低俗的"下半身"需求粘在了一起，从而构成了一幅有失体面、重复冗长的画面。

故事展示的难道不是婚姻配对现象吗？恣意大笑的公主同意成为女人。看到这支表面纯洁无辜，其实令人羞愧、教人堕落的队伍，她是那么开心。这种快乐对她有治愈作用，同时也使她得到了宽恕，它与在快乐的民间婚俗中已经被仪式化了的大笑、聚会和玩笑一样，具有解放和愉悦的功能，当然，条件是要对这些笑加以引导。故事《全都粘在一起》在结尾处点明：在其未婚夫的要求下，公主顺从地停止了疯狂的笑……

那不勒斯一则古老的故事也包含了相似的寓意。该故事经斯特拉帕罗拉[2]的传人、博学的文人巴西尔[3]的改编而拥有了完全不同的背景。它集精美的文学形式、通俗的话语和滑稽的气氛于一身，其灵感来自作者家乡的一则民间故事。《五日谈》发表于作者死后，即1634至1636年间，从一位年轻公主的故事开始讲起。佐扎是林谷国王的女儿，她从未笑过。父亲为使她不再忧伤，把各地的年轻人都召进宫，让他们逗女儿开心。未果。

一天，一位老农妇拿着一个瓶子来到王宫前，到公主窗外的一

1　巴黎狄德罗大学口头文学教授。
2　意大利诗人，童话收藏家，作家（1480？～1558）。
3　意大利诗人，朝臣，童话收藏家（1566～1632）。

个泉眼处接从里面流出的油。就在这时，一个心怀恶意的仆人朝她扔了个石子，把她的瓶子砸得稀巴烂。于是，双方开始脏话连篇地对骂。可以猜想他们的谩骂有多下流，年轻的公主听后大笑起来。就这样，佐扎通过自己的笑重获新生。

但故事并未到此结束。气急败坏的老农妇对她发了个毒咒："你要得不到罗唐多的王子，就一辈子也别想嫁人！"然而，可怜的王子因命运不济，已经躺在了墓穴里，要想让他苏醒和重获自由，就需要用一个女人的眼泪装满一只吊在其墓穴不远处的水罐。公主万念俱灰地来到墓地，对着水罐哭了两天两夜。水罐快满的时候，她睡着了。在大团圆结局前还有很多曲折，因为以该故事为基础的不同版本共有50个，但所有故事的结局都是佐扎与其未婚夫的重逢。

故事的寓意

该故事的寓意之一便是公主应该学会笑，学会哭，学会抗争，学会遐想，以获得爱和生育孩子的权利。是笑最终挫败了居心不良的巫婆的诅咒。围绕发笑的公主这一主题产生了许多故事版本，且一个比一个更完善。最后一个版本出自18世纪的卡佐特[1]之手。他编写的《一千零一句无聊话》的女主角名叫笑女，因为她一出生便放声大笑。笑女一生都露着"机智而不带恶意的微笑"，她的好心情帮她屡屡渡过难关。

无论故事背景如何千差万别，我们都能发现一个反复出现的共同的价值。基于清晰的语言优先权、逻辑和有效的理性之上的人类

1　法国作家（1719～1792）。

学的核心是眼泪和欢笑提供情感性语言，战胜惧怕心理。极度悲伤的女神和患有性冷淡症的公主郁郁寡欢、不思茶食，但在看似非理性的荒诞、低俗的场景面前，却都放声大笑起来。她们的情感使得情节重组。淫荡之笑使人恢复活力和自由，并告诉我们，人不仅仅是理性的动物。一个问题悬而未决：性和交配滑稽可笑吗？是永恒的笑料吗？

让我们回忆一下堪称巴洛克式拉伯雷故事的《魂断日内瓦》[1]中的简短一幕吧：索拉尔在与阿丽亚娜度过一夜良宵之后，把她推下了床，"她摔到地上，坐姿十分滑稽，裙摆大开，露出两瓣屁股"[28]。想让女人发笑的阿尔伯特·科恩，是否对这一广泛流传的厌女症形式感到自满呢？他通过对虚幻的、理想化的男女关系进行略带残酷的讽刺，将读者拉回了现实。意外暴露的滑稽的性器官引人发笑，笑是对抗恐惧的最佳武器。情欲使受冲动支配的女人变成了动物——诱惑接近于排斥——她被自己的可笑形象丑化了，"狒狒"幻灭的浪漫变成了嘲笑。笑总是接近于它旨在摆脱的悲剧。

灵魂之笑

天堂里禁止笑吗？但笑却是通往天国的路。但丁心爱的女人贝阿特丽切这一形象虽然属于学术文化界及文学界，但也是整个人类遗产的一部分。《神曲》的诗作者大胆创新，描绘了一群在圣母和教会圣师旁哈哈大笑的真福男女。肉体的、爱冲动的女人变成了纯洁的、精神至上的灵修的女人，二者之间几乎完美对称。因为贝阿

---

1 瑞士法语作家阿尔伯特·科恩于1968年出版的一部小说。

特丽切不满足于只露出动人的、宽容的和优雅的微笑，即那种为优雅女性所独有的微笑，她还有一个在场的身体，会哈哈大笑。研究语言单位出现频率和韵律的译者及评论者，对诗人在"微笑和大笑"[29]两个词上的拿捏做了许多评论。他们发现，笑在地狱中被禁止，在炼狱中则被遮盖，很少被提及，在天堂里却大获全胜。

面露"神圣微笑"的贝阿特丽切（《炼狱篇》，第32章，第5节）、大笑的贝阿特丽切（《天堂篇》，第25章，第28节），这个真实的、充满活力的女人是地上乐园和天堂的中介，她给朝圣者以勇气，并在其探索之路上始终予以陪伴。她是精神的标志，是天堂的欢乐的表达。跟大部分赞美微笑的神学家相反，诗人果断地让圣母及选民们露出神圣的神秘微笑（《天堂篇》，第3章，第42节和第31章，第133节）。作为大笑之面具的微笑只提供了一丝幸福感，而自由的灵魂却可以在天堂里尽情欢笑。

正是到了天堂，贝阿特丽切才表现出欢乐，到达其名字所隐含的"至福"境界。她的笑是慢慢显露的，犹如一种循序渐进的教学法，引导诗人缓慢地踏进极乐世界。她自己曾在第21章第4节中解释道："如果我向你微笑，她开始跟我说，你就会像塞墨勒[1]那样，立刻化为灰烬。"她的微笑是过渡性的，因为至福之笑的美应逐级显露，以免使其光辉击中朝圣者。然后，但丁像孩童般被带进第七层天堂，土星的天堂，即使在这里，其挚爱的女人仍然为其谨慎态度做着解释（第22章，第11节）：歌声和我的笑容在你身上引起了怎样的变化，你现在应该知道了。

终于在到达倒数第三层，即第八层至福天堂之后，笑才被

1　宙斯的凡人情妇之一，也是酒神狄俄尼索斯的母亲。宙斯的妻子赫拉因为嫉妒，唆使塞墨勒要求宙斯以神的面目出现。塞墨勒受到蛊惑提出了这一要求，但最终在见到宙斯真面目的那一刻，因为无法承受伴随主神出现的雷火而被烧死。

　　　女人的笑：一段征服的历史

允许，诗人才像享有神的显现那样享有整个世界（第27章，第4节）："我所看到的像是整个宇宙的笑容，我的视觉和听觉都使我沉醉——啊，快乐！啊，不能言传的喜悦……"在第十层天堂，所有一切都被上帝的光辉所笼罩。但丁最后瞥见的贝阿特丽切正坐在远处的一张宝座上。这次的她"面带微笑"，因为她已完成使命，重新回到了天堂玫瑰园。经玛丽说情，牧师圣贝纳特同意让诗人的眼光升到天国的最边缘，来到欢庆的天使中间（第31章，第133节）："我从那里，看到一位美丽的王后，向他们的欢悦，向他们的歌唱微笑，她使一切其他圣者的眼中露出喜悦。"[1]

笑的胜利是感谢主恩，是欢快的灵魂的胜利。对但丁来讲，贝阿特丽切既代表了童年时代那个给了他灵感，使他写出了讲述自己个人生活的诗集《新生》的光芒四射的年轻姑娘，也代表了能使他获得智慧新生的静修的目标。诗人的爱情与哲学之爱合二为一，正如贝阿特丽切面庞的外表美也能反映其内心的光芒一样。女人的笑向他揭示了某种难以捉摸的东西，一种说不清道不明的精神性，有点像"玻璃后面的颜色"。

受马丁·德·布拉加的作品《主教四德》的启发，但丁在《宴会》[30]的密集段落中，明确阐述了女人之笑的微妙品质，"欢愉的灵魂的灿烂光芒"像通过口腔由内而外呼出的气息那样显露，与淫秽之笑毫无关系："灵魂也在口中显现。"女士，在这里比喻智慧，不应像母鸡咯咯地笑，而应温柔而有节制地默默地笑，尽力保持脸部的和谐。贝阿特丽切这位性感的女人和精神上的妻子之笑便是如此："啊！我夫人那令人赞叹的笑，我要说，不是被耳朵听到的，而是用眼睛看到的！"记忆中活生生的、炽热的贝阿特丽切，通过

1　此处译文参考了朱维基的《神曲》译本，上海译文出版社，2011年，第683页。

让其眼睛和耳朵感受难以言状的欢乐，赋予他作诗的才华。

贝阿特丽切的笑不仅是一个男人的诗性想象物，还与放弃人间而聚集到上帝周围的圣徒们的狂喜之笑相似，是快乐神学的一部分。在东方基督教的灵性中，灵魂的欢笑来自谦逊、忏悔和希望的快乐。约翰·克利马科斯在《神圣攀登的天梯》中多次提及这一具有安慰作用的内心之笑："人若在婚礼上披着蒙福的、充满恩典的哀恸作为外衣，就像穿着结婚礼服一样，他就能知晓灵魂那属灵的欢笑。"[1]（第7阶，第44节）

在西方，神秘的"疯狂"在整个中世纪回荡着快乐的笑声，打破了事物的逻辑秩序。阿西西的方济各[2]向其教会弟兄大肆宣扬笑的好处，以至于牛津的方济各会组织了名副其实的疯笑表演。真福的乐趣无法言说，于是便唱歌、跳舞，用奇妙的笑声表达狂喜，打破身体与精神的二元对立，使高低融合。

真福之笑

然而，在西方，尽管教会给世俗之笑留了位置——根据《诗篇》[3]的记载，人们用音乐和舞蹈来赞美上帝——"宗教极端主义者"的笑却有着某种奇怪的腔调，长久以来被禁止的女人的神秘之笑更是如此。狂喜之笑与无法控制的激动相似，里面包含太多激情，以至于如果发自女人之口，则必然值得怀疑，因为沉默是女人的尊

---

1 此处译文参考了许列民的译本，香港道风书社，2012年，第124页。
2 简称方济各、方济，新教又译为圣法兰西斯，是动物、天主教运动、美国旧金山以及自然环境的守护圣人，也是方济各会的创办者，知名的苦行僧。
3 古代以色列人记录的诗歌集，包括一百五十首可用音乐伴唱的神圣诗歌，供人在耶路撒冷的圣殿中对主做公开敬拜时唱咏之用。

严。[31] 从此，绘画和诗歌更倾向于用静止的脸部的安详表情来描绘至臻的幸福，而把咧嘴大笑的怪样和因舞蹈而扭曲的身体留给魔鬼。

但许多艺术家都还保留着真福之笑的痕迹。彼特拉克笔下温柔的劳拉在打开天堂之门时脸上浮现出甜美的微笑（*dolce riso*[1]）。莱昂纳多·达·芬奇在创作题为《贝诺阿圣母》的圣母与圣子像时（圣彼得堡冬宫博物馆），刻画了一位面带优雅微笑的圣母。她露着小珍珠般洁白的牙齿，坐于其腿上的圣子耶稣正玩着一朵象征十字架上的钉子的四叶花。在韦罗基奥[2]的工作室里，艺术家已经雕刻了好几尊女人的笑脸像。

玛格丽特·德·纳瓦尔[3]则更为大胆，她采用狂欢节[32]假面舞会的形式，提供了无拘无束的灵魂之笑的最后几个表现之一（1548）。年轻的牧羊女得罪了她的三名同伴——世俗女、智慧女和迷信女，因为她说她再也不怕死亡，还任意嘲笑它。"以爱为乐"的她任凭自己无拘无束地找乐子，对耶稣基督以外的一切东西都不以为然："[……]歌唱和欢笑便是我的生活，/当我的朋友在我的身边时……"她被看成是疯子或傻子，而这不无道理："我太傻了，傻得弄不懂/为何自己不愿做也不愿说/任何不能让我笑的事。"她只知道一件事，去爱，而联合起来反对她的三名同伴，即爱争辩且傲气十足的智慧女、愚蠢而偏执的迷信女和只爱自己身体的世俗女，则都离开了她。

1　此处为作者引用的彼特拉克的表达，是意大利文，意为"甜美的微笑"。
2　意大利画家和雕塑家（1435～1488），达·芬奇和波提切利等著名画家都是他的学生，他对米开朗基罗也有很大的影响。
3　法国女作家（1492～1549）。国王弗朗索瓦一世的姐姐，新教徒和人文主义者的保护人。主要作品有《七日谈》（1559）。

对笑的不信任，也即对压抑着快感的身体的不信任，在古典主义时期的灵性中渐渐占了上风。欢乐将只能是悄无声息的。"欢乐吧，但请保持安静！"亚维拉的德兰[1]对其姐妹们曾如此要求过，让娜·德·尚塔尔[2]对圣母往见会的修女们也曾如此交代过。在想表达幸福的永恒之源时，唯有眼睛及其光芒可以带笑或哭泣。在所有未来的诗歌文学中，能改变脸部轮廓的含笑的目光，将被用于表现无法窥探的深处的存在。

撒拉、得墨忒耳、忧郁的公主和贝阿特丽切的笑虽源自共同的文化遗产，却特色鲜明、性质迥异，后续的发展也各不相同。她们的经历极其多样，且大多具有不为我们所知的意义，相关的探索仍在继续。这些女人的笑都与肉体的或想象的怀孕及象征性的生育能力有关。

使她们发笑的滑稽场景都与性欲有关，但笑的对象本身却消失了。它不再是一个笑的女人、一个目击者和一件笑料，而是一群不知自己因何而笑、处于激动之中的女人。我们知道，滑稽与短暂的发疯相似，且疯狂传统上都通过女人来表现。但自古以来，疯狂都被看成才华的显露。伊拉斯谟笔下的"愚夫人"[33]是普路托斯[3]和青春女神的女儿，其父母的婚礼是由名叫"遗忘"的仆人操办的。愚夫人出生于"福岛，那里的人们无须播种和劳作便可收获"。愚夫人是种子和生命之源，她能刺激创造，给大地带来欢乐。

女人的笑是转瞬即逝的降福，但却与性、生命、出生、丰产及母性紧密相关。笑本身是对自己的犒劳，能缓解压力，且这种犒劳

1　又称耶稣的德兰（1515～1582），是16世纪的西班牙天主教神秘主义者、加尔默罗会修女、反宗教改革作家，同时为天主教会圣人，通过默祷过沉思生活的神学家。

2　一位法国天主教寡妇和修女（1572～1641），1751年被祝圣，1767年被封为圣徒。

3　古希腊神话中的财神。

绝非幻觉，它能在扭转困境的同时，结束无法生育、悲伤、焦虑和忧郁的状态。撒拉在荒诞面前发出的内心之笑打开了她的心扉，并使其为皈依和诺言实现的欢欣做好了准备。得墨忒耳让大地重新变绿，并再次见到了女儿。庞祖斯特的女占卜者撩起自己的裙子，显示了一切事物的来源和去向。忧伤的公主将生育许多孩子。光彩照人的贝阿特丽切在完成了生殖或授意的使命后欣喜若狂。

女人的笑也许是起源及满足的母性的另一种声音。它平行于严肃的活动，将知识、诽谤或嘲弄抛开，承担了本能、干扰和疯狂的部分，必须压制这些才能使自己成为社会的人。笑不与哲学家的从容为伍，也不给人任何知识，但却揭示了欢乐，并给生活带来了额外的动力。

笑和礼仪

奥维德是爱情策略大师。在教给男人引诱女人的法宝之后，他给女人提供了赢得爱的技巧，他教她们这样笑：

> 不要把嘴张得太大，也不要翘唇，那样会让人看到你的牙齿；不要让你的肚子因为长时间的笑而感到疲惫：笑声应该很轻，很有女人味。有些女人的笑将她们的嘴扭曲成令人不快的怪样。在大笑的时候，她们似乎在哭。有些女人的笑声嘶哑难听，就像老母驴拉动粗糙的磨盘时发出的叫声。（奥维德，《爱的艺术》，第3卷）

几个世纪里，拉丁诗人的这几句诗都是礼仪教科书及有关美的论著的灵感来源。禁止女人尽情大笑的理由很充分：无法控制的冲动能让人看到口腔中颤动着的、肥厚而鲜红的舌头。笑是"开放的身体"，发自心灵的微笑则是关闭的身体，二者截然相反。蒙娜丽莎轻柔的、双唇闭合的微笑尽管神秘，却是内心和谐的最完美体现。

正派的女人会被其笑声背叛，太多的笑会让人怀疑她是否仍有理智。无知被讽喻地定义为是一个又愚蠢又爱笑的姑娘，她能在"装模作样地读祈祷书"时突然哈哈大笑[1]。最后，笑是身体的剧烈释放，它使额头起皱，双颊鼓起，脸部变形。同时也是诗人的莱莫恩神父，曾饶有兴趣地以基督教礼仪的名义，对笑的可怕后果做了细致描绘：笑使得"嘴巴比例失调，双颊不自然地突起，血管膨胀青筋暴突，双眼紧闭，眼泪汪汪，脸上布满皱纹，露出一副着了魔似的怪相，跟犯癫痫似的不停地抽搐"[2]（1663）。像母驴或"像鬣狗"一样笑，这些常见的形象表明了笼罩在女人笑声之上的愚蠢、不雅和野蛮。

大笑之粗俗和微笑之克制。女性之笑的历史是按照古老的女性气质原型，以美丽、温柔和礼貌的名义，为控制女性的身体语言而进行的细致入微的工作的历史。如果不进行持续的控制，笑的女人总有被看成疯子或失去魅力的风险。

为何女人比男人笑得多

按照一种古老的说法，女人天性中的易感性使得她们经常发笑。她们不仅比男人笑得多，还能直接从笑到哭，由喜转悲。自古以来始终在讨论突然发笑原因的医生们认为，这是情绪和器官的问题。笑的复杂性源自其双重特性，它处于物质和精神、身体和灵魂的交界处。直至17世纪都被看成医学界宗师的希腊的盖伦认为，"灵魂的道德是身体气质的结果"。

快乐是一种情绪，多血质和湿性气质的人爱笑，冷淡及干性气质的人易忧。性情是冷热混合的结果。温度平衡则身体健康，温度失衡则会导致情绪变化。男性拥有干而热的性情，而女性则又湿又冷，正好相反。湿冷导致了女性的非理性及其阴晴不定的性格。

医学界的这一说法受到了某些神学思想的启发：一些中世纪学者曾解释说，男人是用元素平衡的黏土造出来的，夏娃则源自亚当身上的一根肋骨，或是临近的黏土，这使得其性格不如男人平和。这种最初的不平衡使得她易受月亮这一潮湿星球的有害影响。另外一个女性独有的特点是，按照神学家阿尔伯特大帝的说法（13世纪），女性身体中最潮湿的器官，即大脑骨骼的结构，同样也使其性格多变："其中一个标志便是，因女性颅骨缝隙的闭合程度高于男性，所以女性的头部更易得病"，因为湿气到了头部找不到出口。[3] 孩子们的大脑结构尚未定型，或者说是混合式的。他们起初也跟母亲一样潮湿，后来，年轻人特有的热血才开始沸腾。女人在身体变化过程、躯干比例和脂肪组织的分布等方面与孩子的情况更接近。

笑是从哪里发出的？对此问题的回答产生了无数哲学论述，而中世纪的相关论述与宗教语言分不开。对笑持严厉态度的教士们——耶稣从未笑过——围绕此主题进行了诸多思考，试图为笑确立良好的使用规范。亚历山大的革利免在《教育家》中，以及尼撒的贵格利[1]都对这种使用进行了详细的编纂。根据尼撒的贵格利的说法，快乐和愉悦扩大了身体的管道，将空气吸入到身体深处，然后"在内脏和肝脏的协作下，以汹涌猛烈之势将其从口腔排出"[4]。笑可以排解忧虑。

女修道院院长宾根的希尔德嘉[2]虽然也承认美好的笑能使人放松，但却将愚蠢的笑与原罪相联系，并以十分粗俗的用词将其扎根

---

1 卡帕多西亚三大基督教思想家中最为杰出的神学家（约335～395）。约371年，他被祝圣为尼撒的主教。

2 德国文艺复兴时期的作家，作曲家，哲学家（1098～1179），著有神学、植物学和医药学文章，以及书信、颂歌和赞美诗。

女人的笑：一段征服的历史

于身体的"低级部位"：这是一股吹过肝、脾、内脏和胯下的风，发出断断续续、毫无意义的声音，有点像咩咩的羊叫声，总之是体内某种不体面东西的外流，是非理性的激情。[5]修道院的规则制定者们常把笑的根源与肝、脾等"可疑器官"联系在一起，正是这些器官将笑引向了性和淫秽的一边。这种解释直到16世纪还很盛行。纪尧姆·布谢[1]在《晚会》的第十七段故事中提到了这样一些女孩，她们笑得太厉害，以至于放出了屁。布谢解释道："横膈膜的肌肉因笑而剧烈震动，这也有助于排便。"这种震动身体、扰乱大脑的动荡是由魔鬼挑起的：魔鬼，犯有原罪的人类的笑的破坏者，利用上升阶段的月亮，通过引发疯狂的笑声，来进一步增加情绪的不稳定性。

情绪的故事

文艺复兴时期[6]的人文主义话语为笑的美好作用辩护，称其在受监管的条件下同样适合女人。因其划时代著作《笑论》（1579）而出名的医生茹贝尔曾说："由于女人比男人长得美，所以笑对她更为适合。"[7]他步入后尘，将笑归因于丰富的血液。这是一种温和的、无忧虑的血液，而寒冷、凝固的血液则让思想和心灵更加谨慎、理智。年轻女子和孩子一样，拥有柔软而吸水的组织，因此，"她们比男人易笑，而肥胖之人则比体瘦之人易笑"，这两种笑都产生大量的血液。"柔软之人"，即女人和孩子，不仅更不审慎或明智，还容易激动，这就解释了他们阴晴不定的性格。

直到19世纪，大部分医生仍强调女性机体与孩童机体之间的相

1　法国作家（1513~1594）。

似性，因为其"脑髓也具有其他部位的柔软特性"[8]。相反，刻苦学习者的生命功能因殚精竭虑而降低，他们体内只有少量的血液，因此，他们"缺乏幽默感、悲伤、粗俗、严厉"[9]。

医生及哲学家对笑的来源依然犹豫不决。有人说是大脑，有人说是心脏，有人说是脾脏。茹贝尔认为，笑早于理智，源于心中之情。心是所有情感及感觉功能，特别是想象力的大本营，是高贵的器官，因而可保证笑的尊严。他和安布路易斯·巴累[1]都认为，笑发自心脏，是心脏扩张产生的热量启动了横膈膜。脾的作用是净化血液，洗净其"污浊"（茹贝尔），抽除"多余的胆汁"（拉伯雷）。

当脾脏不履行其职责时，与黑胆汁有关的笑是忧郁的笑，甚至是疯狂的笑。大脑没有被排除在该机能之外，因为它控制着思想，在想象力的刺激下，使横膈膜开始运动。茹贝尔及人文主义者皮埃尔·德·丹普马丁都认为，由想象力激发的"笑的感觉""悄悄弥漫到静脉、动脉和大脑中，甚至还能使它们膨胀和收缩，直至让人流出眼泪来"[10]。吃惊的效果属于刺激机制。笑则是非自愿的、无法抑制的，且具有传染性，因此令人不安，虽然所有医生都承认，笑对健康和活血有好处。

男人的身体特征取决于其性格，他们靠理智来控制一切，而按照通常的说法，女人情绪多变，且会由笑突然变哭，这是由于其有强大的生殖器官。女人的下半身控制着上半身。按照李耶鲍[2]医生的解释，她受与所有身体部位"联动"的子宫的支配："通过神经、脊柱和膈膜与大脑联动，通过静脉与肝联动，通过动脉与心脏联动。"[11]而仅是女人的想象力便已使她具有了比男人更易发笑的特

1　法国医学家（1501～1590），被认为是近代外科学之父。他设计了灵巧的假肢，并改进了接生方法。
2　法国医生和农艺师（1535～1596）。

性，因此她必须注意不要过度。

　　茹贝尔提及了鲁昂市长的两个女儿的故事。人们任凭她们两个笑了一两个小时，她们笑得那么"放荡"，以至于"子宫都胀大了"，差点让她们得子宫窒息症[12]。就是这个词：当男人在合法地娱乐时，女人如果笑得太过，则会受"子宫怒火"的威胁，笑在晃动其全身的同时影响其性欲。对晚婚女子、弃妇或寡妇而言，子宫窒息是由于精液潴留，也即缺乏性生活，其表现是痉挛和从困倦到流泪、从无节制的胡言乱语到大笑的变化无常。所有女人，直到更年期，都不同程度地会受到此类病症的威胁。

　　作为文学作品和厌恶女性的道德论著的老话题，女人被恩尼亚·席维欧·皮可洛米尼[1]描绘成渴望爱情、脾气古怪和性格多变的："有一阵她伤心极了/然后突然笑了，接着又变得眼泪汪汪/时而疯狂，时而理智。"[13]拉伯雷《巨人传》第三部中的医学家隆底比里斯医生得出结论："道德混乱"不可避免。莎士比亚是刻画长舌妇和淘气小姑娘形象的专家，经期女性在他的笔下是"忧伤的、柔弱的、善变的、苛刻和任性的、傲慢的、古怪的、反叛的、轻浮的、阴晴不定的，爱流眼泪和微笑"[14]。认为女人是无定见的、易受其心情和器官影响的陈词滥调，虽有形式上的差异，但在岁月的长河中却经久不衰。

天性快乐

　　古典时期的医生和道德家都认为女人是值得尊敬的，但也是低

1　又被称作教宗庇护二世，1458年8月19日当选罗马主教，同年9月3日即位至1464年8月14日为止。他同时也是一位人文主义者、诗人和历史学家。

人一等的、受子宫支配的、想象力丰富的、敏感的和情绪化的。一个女人意味着她在身体构造、柔软的身躯、思维和智力等各方面都是女人。正是身体、心理和社会性的联合，造就了这一处于非理性边缘的情感外露的女性形象。永恒的女性气质是可以从器官层面得到解释的。据说这句精辟之言出自米拉波[1]：男人是大脑，女人是子宫。

古典时期关于激情的论断并未降低性格论的信誉，即使严格的体液论已被某些更为机械的动物思维观所替代。这些论断依然污名化女性之笑，认为它本质上是过分的和令人不安的。费纳隆[2]虽然规定女孩必须受教育，因为未来基督教徒母亲的素质需要培养，但也忍不住对女性想象力的活跃和伪善进行批评："她们天性灵活，轻易便能演各类喜剧；她们的眼泪不值钱且激情澎湃……"[15]

女人们在一起的时候会笑得更过分。我们都记得马扎然[3]的侄女奥尔滕西亚·曼奇尼及其朋友西多尼亚·德·库塞尔做的恶作剧。当时两人被关在一家修道院，整天热衷于跟修女们"开玩笑"，以报复她们对自己的管教："我们经常往圣水缸里倒墨水，只为弄脏这些正经的女人，我们还在寝室里跑来跑去……"（《回忆录》）这是寄宿生的疯狂之笑。

冉森派教徒尼可甚至怀疑年轻的修女们，认为她们会因想象力和过分投入而变得狂喜。他的用词尖酸刻薄："她们做了一个像耶稣会会士和嘉布遣会修士的玩具娃娃在课间玩。［……］她们快乐

1　奥诺雷·加布里埃尔·里克蒂·米拉波伯爵，法国革命家，作家，政治记者暨外交官，共济会会员。他是法国大革命时期的政治家和演说家。
2　法国作家，教育家，18世纪启蒙运动先驱之一。1687年发表《论女子教育》一书。
3　儒勒·雷蒙·马扎然，又译儒勒·马扎然，法国外交家、政治家，法国国王路易十四时期的枢密院首席大臣及枢机主教，知名之缁衣宰相。

地玩着，笑声阵阵，面纱飞起来了，头巾也乱了，简直快笑疯了。而这就是所谓的诚实的圣洁的修女的课间活动。"[16]

女性的笑是停不下来的，贝勒加德的莫万修士从中看到了女性疯狂的端倪："在卢辛德面前说的最不愉快的事，都能让她无比激动，笑个不停。她控制不了自己。她无法恢复理智，激动得都快痉挛了。"[17]

已经有不少女性发声来反对上述观点。一个名叫伊丽莎白-玛丽·克莱芒的女人曾努力用快活的方式来推翻这些鄙视女人的陈词滥调。她通过其作品《对话》（1664）展开辩论，书中描写了在一位博学的公主和一名家庭妇女之间发生的激烈对话。她在书中对女性的情绪做了统计，活泼、爱开玩笑和爱卖俏的女人被归为一类，忧伤和严肃的女人则被归为另一类。第一类人玩布娃娃，以激怒丈夫为乐，她们动不动就笑，凡遇到不懂的都一笑了之。她们的疯劲儿足以让她们住到圣马蒂兰¹去。

第二类人博学多才，不赞成玩乐。她们外表冷淡，显得与众不同，但却总是抱怨没人爱自己。叙述者最后总结说，唯有教育能纠正这些小毛病。她还立场坚定地指出，女人可以笑得心底坦荡而又不失理智。

她并非是反对这类主观偏见的唯一女性，继克里斯蒂娜·德·皮桑²和玛丽·德·古尔奈³之后，许多女性都不得不与反对和敌视女人的风言风语做斗争。加布里埃尔·苏颂⁴（《论道德和政治》，1693）曾以全体女性的名义声称，女人是忠诚而坚决的。虽然她也

---

1 一家精神病医院的名字。
2 文艺复兴时期欧洲威尼斯诗人（1364~约1430），是第一位以文学为职业的女性。
3 法国作家（1565~1645）。
4 17世纪法国道德哲学家的先驱（1632~1703）。

承认自己有时会既哭又笑，但却认为自己受圣奥古斯丁的保护，后者始终强调所有人都是反复无常的。莫里哀的滑稽剧仍在一旁煽风点火。尽管伊丽莎白·克莱芒、雅克特·纪尧姆[1]（《杰出女子身上有充足的理由证明女性在所有方面都超过男性》，1665）、玛格丽特·布菲[2]（《赞杰出女性》，1668）和哲学家加布里埃尔·苏颂的作品被多次重印，但她们的声音却并未被真正听到。

女性之争

只是在男性的权威下，于17世纪愈演愈烈的著名的"女性之争"才开始平息。一股进步的思潮出现了。笛卡尔的继承者弗朗索瓦·普兰·德·拉巴尔[3]在《论两性的平等》（1673）中见解独到地指出："才智不分男女。"两性的差别并非基于自然，教育是唯一的原因。一旦女孩开始接受教育，她们就会超过男人。她们"有着更智慧更风趣的谈吐，与她们谈话更愉快"[18]。普兰参考了他与女性的谈话，搜集了解剖学上的数据，并研究了《圣经》文本。但他的观念对于当时的社会来讲可能太超前了，以至于并未真正得到认同。

而且，大部分女性自己也赞同传统赋予她们的形象：轻佻、爱笑、爱俏和善变。作家普兰吉夫人曾为女性的教育问题奔走呼号，且有着细腻的文笔，虽如此，她也承认大部分女性"都允许自己尽情娱乐，且无必要的节制。她们不是太过严肃了，就是太过放荡了"[19]。18世纪末，短篇小说家勒普兰斯·德·博蒙夫人援引女人的大脑"比男人的更软"这一点来解释她们的"低下"[20]。

1　17世纪法国作家。
2　法国作家，语法学家，教师（1620～1680）。
3　法国作家和哲学家（1647～1723）。

因此，女性的地位丝毫没有改变，但人们谈论的不再是不平等问题，而是差异问题。对笑和幽默的喜好有其积极的一面：显示了对幸福和快乐的自然倾向。圣明的伊拉斯谟曾赞美疯狂，他发现女人身上有一种特别的力量，能使其在许多方面都比男性快乐。巴拉蒂娜公主[1]欣然炫耀自己的快乐。大自然给了她一副不讨人喜欢的长相，大大的面颊垂挂在她的脸上，但她却坦言：“我决定成为嘲笑自己丑陋的第一人，这对我来说很有效。”“如果善良的主不希望我们这样，他就应该赋予我们更健康的身体和更高明的思维。”

到了一定年龄，公主会变得忧郁、悲伤，而笑能使她放松并驱除恐惧。如果世上之人无法享受乐趣，该有多少人要“住进疯人院”[21]啊！医生鲁塞尔认为，女性的易感性甚至可以变成优点：女人更能感受情感的细微之处，这一点连知识最渊博的男人也望尘莫及，“她们的眼泪本身就是快乐的”[22]。而且，由于她们的思想因缺乏专注力而不够成熟，“她们的思维不会因难以消化的知识而僵化”[23]。因此，“她们的谈话可以丝毫不涉及科学，但却依然充满活力、趣味横生”，可见，女人在感受乐趣方面比男人强。天生的易感性和想象力使她们在感情方面和社交场所总能做到胜券在握、“妙语连珠”[24]。

卡拉乔利[2]在《论快乐》中区分了快乐的不同形式，并花费大量笔墨论述了女性之笑，认为女性所受的教育对女性之笑起到了鼓励作用：“女性几乎从一出生便养成了说甜言蜜语的习惯，她们能十分自然地感受快乐，而且比我们笑得更加真诚。她们生气的时间也比我们短，不像我们那么爱钻牛角尖，而是跟骤雨似的来得快，去

---

1 摄政时期法国统治者奥尔良公爵菲利普二世的母亲（1652～1722）。
2 法国作家，诗人，历史学家和传记作者（1719～1803）。

得也快，使得心态很快便能恢复平和。"[25]她们的弱点因而也是她们的优点。

但这些优点却显得脆弱……而且值得怀疑：她们的想象力更为活跃，但不够持久。一切事物都能影响她们，而她们对事物的影响却十分有限。和孩子及与她们相似的普通人一样，女人很容易便会发出赞叹之声，区区小事便可使她发笑，她们天真地对感觉到的所有东西都敏感。路易·塞巴斯蒂安·梅西耶[1]认为，在那些不爱动脑子的年轻女子身上，横膈膜的震动是一种自然行为："她们的笑都出自模仿，且大多不是自愿，就像一点酒便能给一个虚弱的大脑带来醉意那样。"[26]这是其性别的弱点："可以经常看到她们在同一小时内反复哭和笑。"[27]

有时女人会胡乱地笑上一通。因为对她们的敬意给了她们信心，她们便口无遮拦地乱开玩笑，而深思熟虑的男人则不敢随便乱说，"生怕弄巧成拙"。女人无所顾忌，想说就说，结果"她们的话通常都毫无意义"。因此，卡拉乔利总结道，"女性对她们想得到的东西敢于冒险……她们的快乐并不恒定，因而既不足以被引为榜样，也不足以被当成幸福去羡慕"。这种快乐更像是一种孩子气。

教育工作：礼仪教材

这是一种显得有些不合时宜的、不得体的、嘲弄人的，或干脆就是愚蠢的孩子气。正派之人担心女人的笑是对既定社会秩序或道德评判的质疑，因为真相常常在无自我监管的时候显露。因此必须使笑变得文明起来。作为典范的宫廷生活，在赞赏真诚和自然的同

---

1 法国小说家，剧作家，散文家，哲学家，文学评论家和记者（1740～1814）。

时，也要求"诚实的隐瞒"，或至少对自己的表达进行持续的控制。发笑时，女人会把内心的不安情绪和思想表露出来，这种嘲笑不能发生在公开场合。

最初几部供上层社会女性使用的礼仪教材是浩荡的文学和哲学运动的一部分，该运动从"贵妇人"教育和礼貌的行为举止中看到了有助于人精神升华的文明的起因。修道院的僧侣们对待笑的态度是极其严肃的，被遏制的笑有时被看作一种合法的放松，但更多时候是作为一种可疑的暗含色情的发泄。弗朗切斯科·迪·内里·迪·拉努奇奥[1]于1318年为年轻的公主撰写的论著《女性群体与风尚》[28]是来自意大利的礼仪经典之作。该书回顾了女人在不同场合所应具有的得体言行。

在公开场合，年轻女子必须学会关闭自己，既不能招人爱、惹人夸，也不能让人怜悯。她的脸要表现出混合了害怕、惭愧和害羞的羞耻感。她必须眼帘低垂、不苟言笑，除非她的笑是完全无声的，"不发出任何声响"。她可以在私人空间放松脸部，但无论如何都不能露出牙齿，因为牙齿是生命和生育能力的高度象征。露牙在许多国家都被当成诱惑的信号。这在结婚当天是绝对禁止的，新娘绝不可以在公众面前触碰自己的嘴和牙齿。在薄伽丘的作品中也有同样的规定。这是为所有礼仪规则所共有的，且适用于所有阶层。

两个世纪后的斯特凡诺·瓜佐[2]建议女性——这里是指资产阶级女性，而非贵族阶级——用"沉思的面纱"掩盖自己的欢乐。[29]在法国，被拉伯雷举为典范的泰勒玛修道院的修女们个个面无笑容，显得腼腆而稳重。18世纪经常被拿到乡村兜售的蓝皮丛书就曾告诫

1　意大利法学博士和作家（1264～1348）。
2　意大利作家（1530～1593）。

年轻的姑娘，应当"注意不要在街上大笑，否则会被当作轻佻之女"；在婚礼上，"即使听到淫秽之言也不能笑，但却应在宾客面前保持愉悦的心情"（《淑女行为使用手册》，1735）。

坏名声来得很快：狡黠、厚颜无耻、放荡、懒惰。民间谚语说："过早升起的太阳和笑得太过的年轻姑娘往往不会有好的结局。"《基督教女子教育三书》的作者路易·维维斯毫不犹豫地将大笑的姑娘归为"经常大吃大喝并呕吐"[30]的一类女人。17世纪的居罗·德·拉尚布尔[1]在其所做的关于情感的分析中，同样也选择了一个非常生动的表达，来说明笑在女性身上是多么不得体："被迫张开的嘴巴露出悬空的颤动的舌头。"[31]

荒谬的是，正是内心奸诈的高级妓女在潜心研究"正派女子的甜美之笑"，目的在于效仿。《玫瑰传奇》[2]中那位凶恶的老妇人教卖弄风情的年轻女子抿着嘴笑：

> 如果她想笑，她就应该笑得既机灵又好看，笑到两边脸颊上各露出一个小酒窝。她还应该避免笑的时候脸颊过分鼓胀，当然也要避免撒娇时脸颊过于收缩。笑从不应使她张开双唇，要尽力避免露出牙齿。[32]

皮帕·德·拉赫丁[3]曾给自己的被监护人娜娜提过同样细致的建议，目的是想让她学会像真正的贵妇那样笑："如果你想笑，不

1　17世纪法国医生和哲学家。
2　13世纪法国的一部长篇叙事诗，总共21780行，由古法语的奥依语方言写成。全书以描述梦境为形式，实为爱情寓言。该作品分两次完成，先由纪尧姆·德·洛里斯于1230～1235年间完成前半部分，让·克洛皮内尔在1275～1280年间完成了后半部分。《玫瑰传奇》是中世纪西方流传最广的文学作品之一。
3　意大利作家，戏剧家（1492～1556）。

要像妓女那样扯着嗓门，大张着下颌，让人看到你的喉咙深处。笑的时候要保证脸部没有一处会变丑，最好是用微笑和眨眼来让你的脸变得更美。"[33]

礼仪上的限制是有目的的：控制感情、控制表达。历史学家莫娜·奥祖夫[1]认为，笑已成为"弱势性别和缺乏理智的明显标志"[34]。隆贝尔夫人[2]在《一位母亲对其女儿的劝告》中建议，避免显露过分快乐的性格，因为"很少有人能通过笑得到尊重"。杰出的教育家内克尔·德·索绪尔夫人[3]主张进行严厉的自我管控："每当情绪变得开心的时候，人们对自己做再多的监管都不为过。"

因为笑的女人总是过度为之，贝勒加德的莫凡修士把她说成是无头脑之人："她边说边笑、边唱边跳，只因为人们对她说年轻女孩不够活跃。"斯居代里小姐[4]以礼仪裁判的身份大力批判性格冷淡的女人，说她们总是装出很开心的样子，只为让人相信她们有智慧："她露着假笑，那是世上最可笑的东西，因为她总是咧着嘴在笑，可你从她的眼睛和脸上的其他部位看不到任何快乐的迹象。"[35]

矫揉造作和模仿无法抹去自然的东西。研究面部特征的观相师吹嘘自己能从一个简单的面部表情解读人的性格特点。圣西蒙[5]仅从严厉的宫廷贵妇监督员蒙谢弗柔耶夫人的笑中便能发现她的愚蠢，并将她描绘成"一个又瘦又黄的身材高大之人，她傻笑着，露

1　法国历史学家，哲学家（1931～　）。

2　法国文学家，沙龙举办者（1647～1733）。

3　瑞士作家，教育家（1766～1841），也是早期的女性教育倡导者。

4　法国女小说家（1607～1701）。写有历史小说《阿塔梅纳或居鲁士大帝》和《克雷莉娅：罗马的故事》，另著有《道德论丛》。

5　法国政治、社会、经济理论家（1675～1755），其思想对政治、经济、社会学和科学哲学产生了实质性影响。

出难看的长牙，十分伪善"[36]！

一位被冠以好听的普罗斯佩罗·阿尔多里西奥之名的意大利学者，精心撰写了一部奇特的用笑来占卜的书：《以笑识人》（1611）。该书结合肺部排出的气体数量，和a、e、i、o、u这些元音发音时的用力大小，得出了开口与闭口、下流与贞洁两组对立。下流之人使用需要张大口的元音a，贞洁之人则使用闭口的元音i，在其他过渡型元音的使用上也呈现出相应的差异性。[37]按照其他观相师的看法，鲜红肥厚的下唇反映女性的"肉欲"，而男性则通过受漫画家珍视的鼻子流露真情。

矫揉造作的时代已经过去，那些曾将上流社会的虚伪上升为社交生活规则的"乏味的奉承者"已经失势。快乐可以体现在行为举止中，但真正的开心发自心底。作家和学者都在努力探寻心灵的奥秘，并对能够表现快乐之情的不同面部动作的重要性各执一词：一些人认为"尤其可从双眼发现我们内心的骚动"（布封），另一些人则认为是嘴巴及其肌肉的动作在传递可疑的、有揭示意义的信息（狄德罗）。笑成了不可回避的研究对象。

让利斯夫人[1]在观察这些迹象。自与著名观相师拉瓦特在苏黎世见过面后，她便声称能从一个人的笑容中解读其性格和道德品行，因为笑在脸上留下了痕迹："出于礼貌的微笑是毫无价值的，而真正的微笑，十分自然的微笑，能表明性格，显示自命不凡或愚昧无知，泄露爱好。"[38]一切都是标志，头发、眼睛的颜色、脖子、嘴和牙齿。短小的、常常被忽视的牙齿表示力量，有时也表示低俗的感情。诱惑女郎就藏在贪婪的笑容之下。

1　18世纪末19世纪初的法国女作家，以其小说和儿童教育理论而闻名。

把牙齿藏起来，别让我看到

自然极为明智地将牙齿藏在肉嘟嘟的嘴唇下，因为它们会破坏脸部的和谐："拔掉美丽的海伦一颗牙，特洛伊战争将不会爆发"，路易·塞巴斯蒂安·梅西耶讽刺道。嘴里有黑蛀牙的女人，要学会克制自己的笑，这条论据很可靠："没有一个贵妇或小姐/开口笑时嘴巴显得美/如果她的牙又黑又不健康/还有，哎呀，那些没牙的人/太不愉快、太不称心啦！"[1]

甜美的微笑

按照文艺复兴时期的审美标准，嘴在脸部魅力中占首要地位，"甜美的笑"是所爱之人美的一部分，条件是她的牙齿又小又白、保养得当、"整齐划一"。大量的"身体颂诗"赞扬"真诚的笑""柔声的笑、轻盈的笑""比蜂蜜还甜美的笑"，甚至还有女人的"疯笑"以及白皙的脸上"两座小山谷"似的酒窝的"凹陷之笑"。马克鲁·德·拉埃[1]从微张的口中看到一排乳白色珍珠后感到欣喜，

1　16世纪的法国诗人。

莫里斯·塞夫[1]赞美黛丽抿嘴表现出的贞洁的"甜美微笑",龙萨赞扬使和平在争吵后得以重归的埃莱娜之"微微一笑",杜贝莱将其夫人的笑美化为具有"神圣的庄严感",让他想起天堂。为表示对女人的敬重,诗人的想象力能走多远?

在赞美女性于身体和道德上比男性更优越这一点上,少有能与作为诗人及医生的康奈利·阿格里巴[2]相匹敌的。女人的脸庞光滑而纯洁,长长的头发为害羞的她遮掩身体,淡玫瑰色的双唇在整齐的小白牙上"温柔地"画出一条弧线。对女人狂热的崇拜还使得阿格里巴补充道,女人拥有的牙齿数量比男人少,因为她们"天生讨厌咀嚼或撕咬"[2]。这部于1509年献给奥地利的玛格丽特女大公的作品,引来了厌恶女人的拉伯雷的恼恨和嘲笑,但却在整个欧洲畅销。只是双唇的优美曲线遇到了一名劲敌:柏拉图学派的诗人认为,被爱之人是通过眼睛这一最高贵的感官来表达其含情脉脉的快乐之情的,因为与"酒窝之笑相映成趣的"眼睛,在保持无法逾越的距离的同时,给仰慕者带来希望。莫里斯·塞夫则认为,第一个女人夏娃正是通过双眼来羞涩地发笑的。[3]

微笑的双唇为文艺复兴时期创作赞美心上人的骑士艳情诗的诗人带来了灵感,但在遭心上人拒绝后,这同一群诗人便对消逝的美丽、塌陷的下颌、软瘪的下巴和衰老进行报复性的讽刺。对这些女人来说,笑是被禁止的:"别插手发笑者的事/多参加送殡队伍,做哭丧妇。"(斯卡龙[3])

该主题在好几个世纪都十分走俏:在《巴黎图景》的一个简短

---

1 文艺复兴时期活跃在里昂的法国诗人。

2 文艺复兴时期欧洲哲学家和卡巴拉学者之一(1486～1535)。他撰写了为后世所广泛欢迎的关于魔法的论文《神秘学》。

3 法国诗人,剧作家,小说家(1610～1660),出生于巴黎。

章节（第382章）中，路易·塞巴斯蒂安·梅西耶极其真诚地感谢那些终于能够灵巧地修复坏牙的医师。但仍有一些老天没能眷顾到的人，还需要躲在扇子后面发笑……未来的皇后、魅力四射的漂亮的约瑟芬·德·博阿尔内[1]为掩盖自己缺失的牙，只能用毛皮长披肩捂住自己的嘴。

"请微笑吧"

礼仪教材建议对脸部做同样严格的管控，这给醉心于肖像画的画家们带来了灵感。在巴黎画家圈里曾发生过一桩小丑闻，连凡尔赛宫都被惊动了。1787年，维杰·勒布伦夫人[2]在卢浮宫的沙龙中展示了一张自画像，画中的她抱着坐在自己腿上的小孙女，祖孙俩相视而笑。这一矫揉造作且充满挑衅意味的画面招来一片批评声，认为"自古未有先例"。所有艺术爱好者都对此进行了谴责，其中一个名叫莫夫勒·丹杰维勒的记者还在自己的秘密回忆录中回顾了当时的情形[4]。

维杰·勒布伦夫人究竟是如何使自己成为众矢之的的呢？她在表现自己作为心满意足的祖母的幸福感时，竟然让画中的自己嘴巴微张，露出清晰可见的牙齿。这是中世纪以来的绘画绝对禁止的画面，因为这违背了贵妇笑不露齿的礼仪，尤其显得不得体的是，一位母亲竟然"毫无节制地让自己的柔情暴露无遗"！

按照罗歇·德·皮勒[3]在《绘画课》（1708）中的说法，这一规

1　约瑟芬·德·博阿尔内，原名玛丽·罗丝·约瑟芙·塔契·德·拉·帕热利，拿破仑·波拿巴的第一任妻子，法兰西第一帝国的皇后。

2　18世纪后期法国杰出女画家（1755～1842）。因给皇后玛丽·安托瓦内特绘画肖像而出名。

3　法国画家，雕刻家，艺术评论家和外交家（1635～1709）。

则没有例外：女人的脸必须是严肃的或略带微笑的，"简单中透着高贵，愉悦但不失稳重"。《百科全书》中有关"肖像"的词条将艺术与自然相联系，与上述说法形成共鸣："如果在自然中微笑是永恒的，那该有多令人讨厌啊，它会蜕化为痴呆、呆板和愚蠢。"狄德罗更是发出了强烈谴责："一张露着笑脸的肖像画毫无高贵、个性，甚至真实性可言，因而是愚蠢之作。笑是转瞬即逝的。只有偶然发笑，不可能有以笑为常态者。"[5]绘画中唯一可接受的对快乐的表达是以红色为主基调，因为愉悦加快了血管中血液的流动。

该事件超越了对造型艺术惯例或社交礼仪规则的简单违反。规范细小动作、控制脸部表情，还有助于保证社会关系的安全，因为笑是一种发泄手段，对其进行规范十分重要。而且，维杰·勒布伦夫人并非初犯，她已多次让自己咧嘴笑的模样入画，她还以同样的方式描绘过著名女歌手杜伽颂夫人外露的快乐之情。莫夫勒·丹杰维勒[1]咬牙切齿地说："很难想象，她居然只让自己的嘴唇微张，便能使人欣赏到她那口美牙。"这一遭批评界严厉谴责的违反规则的事件，凸显出另一重要问题：女性的社会地位问题。张口大笑及暴露的牙齿反映出一种低级的卖俏心理，或者更可能是一位女艺术家欲跻身男艺术家行列的奢望。

要想在绘画集中找到一幅张大嘴巴哈哈大笑的美女图或美女自画像纯属徒劳。1670年，巴托洛梅·埃斯特班·牟利罗[2]在《窗边的女人》中，描绘了两个很可能是妓女的年轻女子。其中那位发笑的女子用头巾捂住自己的嘴，不让牙齿外露。17世纪的佛拉芒画家曾画过一些村妇。她们或坐在桌边，或正准备跳舞，面色红润，脸上

---

1 法国律师，文人（1728～1795）。
2 巴洛克时期西班牙画家。

露出愉悦的神情。这种土里土气的笑并非是要质疑上流社会的女性气质典型。维米尔[1]画中的女吉他手、那位冲士兵发笑的年轻姑娘，双唇微启，让人依稀看到其小白牙的边缘。这是诱惑的标志。让自画像中的自己面带微笑的朱迪斯·莱斯特[2]也一样（1630）。这是一群因其职业或简朴生活而被边缘化的女人发出的淡淡的笑。

朱迪斯·莱斯特在其自画像中表现的主题正是笑。画中的她正在画一名街头艺人。快乐的小提琴手张开喉咙大笑着，牙齿尽露，脸颊变形，而画家自己只是有分寸地微笑着。两个形象之间的反差不言而喻。弗兰斯·哈尔斯[3]笔下快乐的少妇则满足于噘起紧闭的双唇。只有小女孩和小男孩才能无所顾忌地笑，因为他们尚未到“懂事的年龄”。霍加斯[4]笔下的卖虾女仍有孩子般的天真或大胆。卡罗托[5]笔下的小画家还不到十岁，她大笑着以蒙娜丽莎的姿势展示自己的半身像。

除非艺术家希望表现醉态，如卡尔波[6]雕刻的醉酒的女人像，或希望表现丑陋，如曾被库尔贝[7]及众多不知名的画家临摹过的奇怪的波希米亚女巫马勒·巴伯，半疯的她不知究竟是在笑，还是在大叫。在接下来的几个世纪，女性之笑的名声未见好转。英国画家托马斯·罗兰森创作了一幅无情的漫画（1811），画上是一张硕大的平民妇女的又肥又红的脸，正龇牙咧嘴地笑着：她贪婪、凶残，简单地说就是淫秽！

---

1 17世纪的荷兰画家，与伦勃朗一同被称为荷兰黄金时代最伟大的画家。
2 荷兰黄金时代的画家。
3 荷兰黄金时代肖像画家，以大胆流畅的笔触和打破传统的鲜明画风闻名于世。
4 18世纪英国艺术家。
5 文艺复兴时期的意大利画家。
6 法国浪漫主义时期的雕塑家和画家。
7 法国著名画家，现实主义画派的创始人。

摄影在初期较为审慎，与官方绘画一样遵守着肖像艺术的规矩。在神奇的"请您微笑"的命令下，因时间暂停而皱紧的脸部显示出固定的表情。有了这种奉命的微笑后，最后一个非固定姿势的个人内容几乎从所有照片上消失了。[6]

龚古尔兄弟认为，要到19世纪末，女人们才敢张开她们的嘴，露出排列整齐的白牙。他把这种无拘无束地显露牙齿，这一当时已经开始被画家和摄影师展示的女性之笑的新的美丽，归功于美国口腔医生在当代巴黎所占的重要地位。[7]这是好莱坞式微笑的雏形。她们是女神游乐厅的舞女。

笑与幸福

随着哲学家世纪的来临，审美标准也在发生着改变。启蒙时代，女人的社会地位有所上升，她无须再凭借"赌气"、讥笑和引人注目来博取欢心，她可以令人感动、让人不安、招人怜悯。她可以无精打采、唉声叹气，但非鲁莽无礼。如果说礼仪仍要求她对"喧闹的、快乐的捧腹大笑"[8]有所控制，她的微笑却必须表达其心声和深沉之人独有的灵魂的张力。

形态学符号不再按照勒布伦于17世纪末在其《演讲集》中制定的对应关系来解读。人们开始探寻形象背后的东西，一种心理上的复杂性，因自我控制而隐约显露的情感和意识深处的秘密。像内克夫人[1]那样高贵的人物，尽管不乏智慧和善良等优点，却无法完全打动法国人的心，因为她不懂得如何表达感情或情感："一言以蔽之，她既不知道如何哭泣，也不知道如何微笑。"[9]

---

1 法国和瑞士文人，沙龙举办者（1737～1794）。

18世纪的社交礼仪较上个世纪更为热情和自然，它呼吁温和的仁慈和自然不做作的真诚。家庭生活地位的上升、人际关系的亲密及对母爱的热情赞扬，使得产生了一种新的休闲自得的情感，从而远离了沙龙和文艺协会所推崇的矫揉造作之风。人们比之前笑得少了，这是所有观察者的共识，尽管百科全书的编撰者们仍在证明，笑具有一定疗效，能促进血液流动，"人体机器全身均可受益"。发笑是快乐的低级阶段，只能表明瞬间的快乐，而幸福的意识才是持久的。人们开始思考何为幸福。

正如"女性之友"布迪厄·德·维尔莫特[1]所反复强调的那样，女人的笑几乎总是含有被迫的成分。然而，生活并非一场女性可以从中寻找无聊的娱乐及笑话的闹剧。"间歇性的快乐是疯狂和任性的结果……人们不会受她们轻率之笑的蒙骗，也不会因此而断定她们更幸福……"[10]

如果我们相信霍勒斯·沃波尔[2]所说的那句缺乏热情的话，则巴黎的沙龙里仍然充斥着爱冲动的古怪女子，她们是各种尖锐批评的对象。这句话是让利斯夫人在提及弗勒里夫人的疯狂之笑时转述的："她在这里真是可笑极了，那她在家里会是什么样呢？"[11]被批评的是矫揉造作的沙龙生活，因为它扭曲了女性的天职：女性在那里学会了伪装自己的感情，"学会了如何堆笑和挥泪"[12]。表达力强且敏感的女人，既不同于社交场上卖弄风情的女子，也不同于才女。

建立在真情实感和温柔仁慈之上的情感文化，贬低了兴奋过度的女性的价值，她们因总是话里带刺、玩笑不断而变得几乎与男人

---

1 法国议会律师，哲学家，伦理学家（1716～1801）。
2 英国艺术史学家，文学家，辉格党政治家（1717～1797）。

无二。理智使得内心不再狂热，有智慧的女人是卢梭口中的"正人君子"。对于"虽然拥有世上最美皓齿"，却笑得自然而不做作的图尔韦夫人[1]而言，多少娇艳女郎和"小情妇"放声大笑，只为吸引他人目光！她们热衷于挖苦讽刺，"忘记一切道德，获得掌声后则又红了脸"[13]。巴尔扎克曾在《幻灭》中说过同样的话："从她家回来后，朗热公爵夫人经常为自己所笑的事情而脸红。"

忧郁之笑

然而，作为敏感女人幸福之所系的爱情却使人哀叹，令人忧伤。时尚要求女人的脸上挂满净化感情的温柔之泪，大笑则有讽刺之嫌。痛恨多愁善感的让利斯夫人记录下了在几代人中发生的变化：今天的爱情必须显得忧伤、凄切或恼怒。[14] 18、19世纪心理小说中的主要女主角，可能仍拥有顽皮的表情和活泼的双眸，但只有悲伤才能让她显得优雅，就像格勒兹[2]画作中做沉思状的漫不经心的少女。

里科博尼夫人[3]笔下的女主人公失望的双眸中，透着智慧的光芒，能让人对其不幸的命运一目了然，但情感总是战胜理智。格拉菲尼夫人[4]笔下遭所有人敌视的敏感的秘鲁人，被沙龙中巴黎年轻女子所做的鬼脸惊呆了。歌德将《亲和力》中爱开玩笑的吕西安娜与羞涩温柔的奥蒂莉做对比。在看到猴子的形象被用于可耻的漫画以引人发笑时，奥蒂莉激动得浑身发抖。还有如朱丽、帕梅拉、卡

---

1 法国作家拉克洛的长篇书信体小说《危险的关系》中的人物。
2 18世纪法国画家（1725~1805）。
3 法国女演员，小说家（1713~1792）。
4 法国剧作家，沙龙举办者（1695~1758）。

女人的笑：一段征服的历史

利斯特、阿扎伊斯、戴尔菲娜等人物，都有一颗敏感而多情的心。对她们来说，"永远没有不带伤感的幸福"[15]。

必须在看到卢梭的《新爱洛伊丝》的女主人公朱丽·德·沃尔玛微笑时，酒窝"在嘴角两边挖出爱巢"之后，才能理解女性的敏感性的细微差别，整个世纪的愿望都在其中得到了表达。在教育爱弥儿活跃顽皮的小未婚妻索菲时，卢梭乐意为童年的游戏、嬉戏、笑声和舞蹈辩护。可当索菲长成少女后，就需要学习如何变得稳重和矜持，同时又不失令其保持优雅和清新的机灵劲儿。正是在巴黎上流社会风行一时的嘲讽之笑毒害了人们的感情，败坏了笑的名声。卢梭提防哗众取宠的笑，仿佛它是一种欺诈行为[16]。

事实上，笑与笑各有不同，正如幸福与幸福也各不相同一样。爱洛伊丝简朴的幸福通过温柔的泪水和羞涩的微笑来表达，而快乐的克莱尔则随心所欲，想笑就笑，不假思索。她爱开玩笑，挖苦的话张口就来，还会快乐地写作，像精灵一样跳舞。两个既温柔又敏感的表姐妹构成了女性气质的两个侧面：一个见解深刻，另一个思维活跃。两人的处境尤其不同：一个已婚，另一个则是婚后守寡。

在卢梭看来，笑与婚姻是不兼容的，因为婚姻的神秘由严肃构成。"你是了解我的，你想想吧，七年时间里我没有自在地笑过七次，这样的婚姻关系在我眼里会是什么样的"，克莱尔在写给朱丽的信中如此感慨其短暂的婚姻生活。[17] 在欢爱过程中突然大笑，也会被看成是失礼的和不协调的，因为它打破了幻想，使人怜悯，且有损当事人的纯洁。如果说大笑曾多次救克莱尔于危难之中，很显然是由于她拥有比朱丽更自在的女性命运。比起婚姻生活，克莱尔更喜欢过安详快乐的寡妇生活，而朱丽则会感到无法忍受。

朱丽对新世纪的小说女主人公形象产生了决定性影响。法国的小说树立了有关真正女性的唯一典范：她为男人的幸福和家庭的安宁而生，她温柔、多情且面带微笑。女小说家们也同意这一规则，她们笔下的女主人公都被塑造得恰到好处：纯真、多情、面带微笑。

在《新爱洛伊丝》发表三十年后，索菲·科坦[1]受卢梭的启发对恶意的笑做了揭露。她借《克莱尔·达勒卜》中疯狂地爱上调皮的女主人公的弗雷德里克之口说："克莱尔，您太好了，应该不爱嘲弄人。但您突如其来的笑与平时形成鲜明对照，让人觉得您就是爱嘲弄人。［……］您的嘴边常浮现出一种微妙的微笑，我差点儿想说是恶意的微笑，这让我怀疑您的心灵是否真的高尚。"（1791）包法利夫人酷爱这部小说。

微笑，或小心谨慎的笑，不应来自外部，而应是对心中快乐的一种回应，否则便是对敏感性的触犯。苏萨夫人是19世纪最初几年名噪一时的小说家，她赋予其作品中的女性以同样的内心品质。《查理和玛丽》中的男主人公查理被介绍给了塞莫尔老爷的三个女儿，他需要从中挑选一位女子来做自己未来的妻子。他排除了大女儿欧多茜，因为她太严肃、太博学。

他很快便被二女儿萨拉吸引了。这是一个活泼、幽默、轻快、好动的年轻姑娘，她在任何时候都有好心情，都能开怀大笑，包括在发生不幸时，如从马背上摔下来。查理很快便厌倦了这种在他看来显得"喧闹和轻率"的快乐，并最终爱上了小女儿玛丽。温柔、腼腆、敏感的玛丽有着天使般安静的笑容，预示着她将来一定是个优雅善良的好女人。[18]

微笑使女主人公"超俗"，而调皮的笑却令人想起低级的冲动，

---

1 法国作家（1770～1807），其小说在19世纪很流行，被翻译成多种语言。

暗示思想的不纯洁。天真、温柔、自然、善良，女性"情感病"（瑟南古[1]）特征已进入想象物中，没有读过卢梭作品的人也能在时代的气息中感受到它的存在。

模范姑娘的反抗

类似的刻板印象在革命时期依然存在，后因资产阶级的胜利而变得生机勃勃，而被巴尔扎克讽刺地称作"中规中矩的"妇女们，则被迫囿于家庭。妻子的使命是让辛苦工作的丈夫开心，并将如何变得稳重可爱的秘籍传授给自己的女儿，好让她们长大后，成为面带微笑的家庭主妇和温柔的母亲。19世纪，尽管女性解放运动已经开始发端，但此类压力却反增不减。

一种世俗的礼貌控制着夫妻关系，感情犹如道德规则被引入礼仪习俗。身体的消失表明心灵的纯洁，承诺灵魂的品质。羞怯、苍白、敏感、天真，这些品质当然需要，或许还有活泼，但不要嘲讽和搞笑，尤其不要像爱开玩笑或爱说双关语的假小子那样健谈。1832年，塞尔纳特夫人[2]编写的礼仪教材，对谈话时舌头摆放的位置和嘴巴张开的程度做出了建议。斯塔菲男爵夫人[3]为参与喜剧表演或演唱滑稽作品的爱笑的姑娘或少妇们担忧："当她唱了一首有趣的或快乐的歌曲，男人便会把她当男孩子看待，跟她说话也会变得很随意，把她当成同志。"[19]

在《小姐杂志》（1882）的一个专栏中，一名求婚者放弃求婚，因为那位年轻女孩允许自己开玩笑。这说明她不够严肃："保尔

1　法国散文家，哲学家（1770~1846），主要作品是书信体小说《奥贝曼》。
2　法国女作家（1796~1865）。
3　法国女作家（1843~1911）。

小姐每时每刻都在笑。她的快乐缺乏诗意。"[20]珍斯伯爵夫人[1]在1909年说过，年轻姑娘不会无故大笑；她的微笑既不应被人听到，也不应被人撞见，而应该庄重而有分寸。这种对嘴巴和脸部表情的怀疑被对嗓音的重视平衡了。如果女人的嗓音温柔好听，她长得是美是丑已不重要。

从小女孩成长为女人的道路充满了陷阱。塞居尔伯爵夫人[2]笔下的模范少女是对这类礼仪论述的注解。这些女孩十分矜持，她们宁愿做安静的事情而不是去玩耍。玩耍会被叫停或推迟，只为让她们去帮忙做家务。她们因说"带刺的话"、蹦蹦跳跳，或发出失礼的笑声而受训斥——爱弥尔·法盖[3]对我们说，塞居尔夫人本人就拥有"极为罕见的幽感默"[21]。安娜-玛丽·索娜[4]通过对第三、第四共和国小资产阶级使用的标准词汇进行调查发现，与《苏珊特的一周》[5]中的女主人公们一样，好女孩的首要品质是严肃和善良。她们"温顺"、殷勤，对性一无所知，既不"放肆"，也不"男孩子气"或过分"调皮"[22]。

教育工作者对属于青春期问题的疯笑还能容忍，但却绝不允许做与有教养的少女形象不相符的鬼脸和滑稽动作。小姐们的日记[23]向我们愉快地讲述了这些被礼节性规则束缚的女孩子的欢快和活力，等妈妈一转身，她们便开始乱蹦乱跳。露西·勒·维里耶有时感觉自己就像疯了一般："脱衣服时，因为身上只剩紧身长裤，

1　是玛丽-路易丝-普约龙（1872～1951？）的笔名，因翻译科洛迪的《木偶奇遇记》而成名。

2　出生于俄罗斯的法国作家。其最为出名的小说是儿童文学《苏菲的烦恼》。

3　法国文学评论家，作家（1847～1916）。

4　法国历史学家，生于1946年，是当代西方世界性别史和私人生活史专家，退休前是里昂高等师范学院的教授。

5　一本针对女孩的法国杂志，1905年至1960年间出版。

我开始疯狂地蹦啊，跳啊，声嘶力竭地喊啊［……］我大声地笑了。"卡罗琳娜·布雷姆想起了她和女友们在教堂里疯狂大笑的情形："只要能笑，别的都不重要。"[24] 腼腆而敏感的安娜·德·诺阿耶[1]则看到了从其"忧伤的沙漠"[25]中喷出的欢笑之泉。

柯莱特[2]回忆了"小女生"在课间做的滑稽动作。她骂人，吐舌头，贪婪地观察并模仿玩伴们做得最丑的鬼脸。[26]（这类描写）甚至出现在玛格丽特·杜拉斯创作的凄惨故事中，文中的女人们虽历经磨难，但女学生之间的欢笑和打闹也给塔佳娜·卡尔和劳儿·V.施泰因[3]带来了快乐，使她们想起了自己的少女时代。这群中规中矩的年轻姑娘默契地在一起说悄悄话，玩说蠢话的游戏，还互相拥抱和抚摸。

另一个性别自然会进入到她们的悄悄话和玩笑之中。蒂德·莫尼耶[4]讲述说，她曾向闺蜜们发誓要看清楚男人的身体是怎样的，然后再告诉她们。"就像一只羊腿……我画了一张图，我甚至画了三张图，她们一人拿走一张藏在短上衣里，不时扑哧笑着。"[27]让傻姑娘保持天真是教育的原则，父母们绝口不提此类事情。姑娘们只能掩饰焦虑，并发明出一套词汇来指称男性的奥秘，如胡萝卜、椅脚间的横档、玻璃灯罩等。[28]幸亏有大哥哥们在，还有他们说的"好笑的话"。母亲们希望女儿们个个温柔、安静、无所欲求，穿着洁白的上过浆的裙子，等待着第一场舞会和白马王子到来的时刻。但她们自己却梦想着投身于大胆的游戏、冒险和激情之

---

1 法国罗马尼亚裔和希腊裔作家，诗人和社会主义女性主义者（1876～1933）。

2 20世纪上半叶的法国女作家，于1948年获得诺贝尔文学奖提名。她的大部分作品都是关于爱情的小说。她也是一名默剧演员和记者。

3 两人均为杜拉斯的小说《劳儿之劫》中的人物。

4 法国作家，女性主义者（1887～1967）。

中，哪怕头发蓬乱、关节受伤。她们还酷爱演戏，以更换服装、转变角色。

少女之笑

19世纪所有的教育都旨在疏导少女们的冲动，限制她们的想象力，抹平她们的鬼脸。但那些最有激情、最富反抗精神的人，却学会了如何通过学习和思考来控制自己的命运，笑成了她们抗议意志的一部分。年轻的卡特琳娜·珀西[1]性格粗暴，意志坚强，她在自己的日记中深入剖析自己的思想，并把自己想象成不同身份的人来吸引周围的人。

虽然她觉得"生活凄惨"，但却每晚都对着镜子微笑、做滑稽动作，不断努力使人们发笑。她这么做既为了控制自己的焦虑，也为了确保自己的权利："必须让你的朋友们开心，而我让他们开心了。该死的！我发现人们更愿意听胡言乱语的人说话，而非聪明人。于是我也胡说一气！话说得越失礼，人们就笑得越凶！"[29]

玛丽·巴什基尔采夫是一位年轻漂亮而有天赋的艺术家。1883年，她大胆创作了一幅题为《笑的研究》的画，画中是五六张女人的笑脸。因为，正如她在12月11日的日记中所写的，"这可能是一些有趣的事情"。她年龄不大，却有着公认的才华。但批评界很快就表示了不满。有的说："难道不能画一张更美的笑脸吗？"有的则痛惜她"将艺术才华白白浪费在了一群丑姑娘身上"。笑会让人变丑，而大智慧则是男人的特权。

20世纪的战争将彻底改变渴望平等的女性的生存条件。审慎和

1　法国诗人，文学家（1882～1934）。

羞耻心不再是以形象为基础的社会首要价值。黑暗的岁月过去后，资本主义社会变得富裕，幸福、迷人和健康的义务强加到女人头上。现在，贤惠的女人的微笑与明星或电视主持人的毫无二致，后者施展魅力以赢得忠实的观众。

"女性气质的仪式化"暗示着对富饶和享乐的向往，抹了口红的、笑开的大嘴是成功的标志，这一点尤其得益于能制造出完美下巴的牙科艺术和美容术：从丰满得有些不自然的红唇间露出两排皓齿，这是身体健康的明证，也表达了某种自满和对生活的渴望。

笑被平庸化、轻浮化、妖媚化，它向所有的欲望和消费开放，已不再具有欢迎的价值和抗争的力量。菲利普·罗斯[1]尖锐地讽刺了娇艳之笑，这种对充满色情诱惑的牙齿的赞歌，它所表达的不过是出色的卫生。下面这个例子描绘了一名护士的笑：

> 她大约三十五岁，身上散发着雌性动物特有的快乐而健康的气味，也许往她那粉色的脖子上挂上一块农业促进会颁发的一等奖奖牌也不为过，因为从生物学角度来讲，这是一种成功。她是一个长得不错的人。金黄中带点白色的头发被随意地在脖子上方拢成了一个松松的发髻。即使不说话，她那宽大的嘴巴也像激动得快窒息的小狗那样大张着，就好像她是要用嘴来吸收您讲的话，好像别人说的话不是经由她的大脑来获取，而是在穿过白得惊人且排列整齐的牙齿和粉红健康的牙龈之后，由这一快乐无忧、喜悦幸福的生物的整体来处理。给人的印象是，其注意力、活力和专注力都来自其下巴区域。[30]

---

1 美国小说家，作家（1933～2018），代表作包括描述美国犹太人生活的小说《再见，哥伦布》，并获得美国国家图书奖的肯定。

女性之笑已经战胜困难，凯歌高奏地进入当代社会，成为幸福的代言人。闭嘴的微笑也并未输掉比赛，仍然是最好的商业价值之一。"迷人"的微笑或蒙娜丽莎式的微笑承诺神秘的快乐，且似乎永远不会衰老。

爱之笑

笑和性欲一样很难控制，它是由想象力的刺激或瘙痒引起的。它低于社交水平，也低于思想水平，且不听从内心的想法。它想尽办法寻找乐趣，不管是男是女，人人都受其盲目法则的制约。它跟小爱神厄洛斯一样暴虐，一样爱捉弄人。卡萨诺瓦在其《回忆录》中称，他在帕尔马多住了十五天，只是因为他在街上听到了一个陌生女子性感的笑声并爱上了她。而且谁不记得阿尔贝蒂娜¹的笑声呢？那是一种有穿透力的诱人的笑声，"和咕咕声或某些叫声一样下流"[1]。

普鲁斯特让我们用味觉和触觉感受到了女人之笑的质地，这种笑让他想起了"肉粉色，和那种他似乎马上就能触碰到的散发着香气的内壁"[2]……阿尔贝蒂娜是在满足地品尝果汁冰糕时发出这声笑的。这声笑为叙述者打开了一个充满柔情蜜意和神秘想象乐趣的世界，但同时也充满了痛苦，因为阿尔贝蒂娜很可能是在对别人笑，而且她的笑转瞬即逝。

戈达尔医生只是毫无诗意地从中看到了庸俗的性欲：阿尔贝

1　法国作家普鲁斯特的小说《追忆似水年华》中的人物。

蒂娜和安德蕾在胸贴胸地跳舞，她们笑了。因为，戈达尔总结道："她们一定快乐到了极点。"发笑的嘴巴是诱惑的器官，笑则是有感染力的快乐的信号。就像母亲的嘴和微笑"升上来"亲吻小马塞尔一样，阿尔贝蒂娜的双唇和红红的、散发着天竺葵气息的舌头，给了他亲吻的味道。笑已经表示同意。

虽然经受了几个世纪社会习俗的教化和压制，笑依然蔑视审查，它鼓励开猥亵的玩笑，使身体得到解放。笑是"性欲"的运动，在我们看到不合礼仪的、不诚实的东西或"可耻的部位"时爆发。女性的欲望既通过大笑公开地显露，也在表达爱意时展示：身体的痉挛、颤抖的声音和甜美的叫声都刺激着男人的神经。发笑的女人毫不设防地将自己交付出去，任由"被爱神维纳斯唤起的"情感将自己摆布，其富有感染力的笑声为快乐和结合提供了音质保证。性、爱情和笑，阿里斯托芬是将这三个词联系在一起的第一人。[3]

勃起的阴茎、打开的喉咙、滑稽下流的女人、兽性发作的男人：他们不知羞耻地饮酒、大笑和亲吻。笑有着醉酒之人的大胆，让假正经的女人闷闷不乐去吧！《阿卡奈人》[1]中的新娘想"将丈夫的阳具留在家中"；在《利西翠姐》和《公民大会妇女》中，拥有权力的女人对男人实行共享制，她们挑逗男人使其屈服。那些最年长且依然强壮的女子，会竭力保护自己的猎物并优先享用。这是一种滑稽的逻辑，将幻想的真实与最不可能的情形混杂在一起——剧中女性的角色都由男人扮演。自由的笑、得意的笑、无拘无束的笑和宣泄式的笑，在发笑者及其本能、发笑者与发笑者、演员与观众之间实现了和解。

---

1 与下文中的《利西翠姐》和《公民大会妇女》一样，均为阿里斯托芬的喜剧作品。

浪　笑

　　希腊人为响亮而性感的笑创造了一个专门的词：浪笑，它与由快乐引发的大笑或微笑不同。该词被亚历山大的革利免在《教育家》第二部中使用过，意指妓女们在身体得到放松后发出的笑。她们暴露着牙齿，脸部扭曲变形，样子十分可笑。男人的笑被称作淫笑，是那种皮条客的侮辱性的笑。经过两千年的文化变迁，道德和礼仪均禁止女人发出这种下流之笑，因为外表是内心的写照：笑已经表示同意肉体的享乐。希波克拉底医学传统将女性的身体分成对称的上下两部分，与说话和吃饭的口相对应的是子宫口，二者均需保持沉默。正派的女人不说话，菲迪亚斯[1]作品中的阿佛洛狄忒将脚放在不会发声的动物——乌龟的背上。乌龟则成了男人手中的一种乐器。这两个口，秘密的和看得见的，都是关闭的，只在婚姻的亲密关系中为丈夫打开，用来吃饭、做爱和生育。

　　当然也用来笑。因为在普鲁塔克看来，女人是丈夫的一面镜子，她自己没有喜怒哀乐之情，但在丈夫感到快乐和心情好的时候，她必须顺从地陪着他娱乐和欢笑（《婚姻戒律》，第142页，A～B）。可见，笑是夫妻和谐必不可少的一部分。但一个与别的男人同桌吃饭、与陌生人谈笑风生和饮酒作乐的女人，一定会跟他们一起睡觉，就像张着大口的妓女，其心灵已经堕落。

　　亚里士多德引用索福克勒斯的话制定了如下法则："沉默于女人是饰品。"[4]因此，好妻子必须在端庄朴素和高等妓女的魅惑之间巧妙地找到平衡。无发言权的她，必须堵住耳朵，自动避开，以免听到宴会宾客的粗俗之言，并学会抑制自己的笑，因为笑能暴露

1　古希腊雕刻家，画家，建筑师，被公认为是最伟大的古典雕刻家。

其欲望和性欲。

笑与游戏

自荷马以来，爱神厄洛斯的母亲阿佛洛狄忒便是微笑（菲罗忒斯）的朋友。微笑给笑带来了从简单的嘴唇运动到肌肉痉挛的一系列乐趣。它照亮了女神的脸，让人看到了女神亮白的牙齿，或称"笑牙"，即被2世纪的语法学家波吕丢刻斯从口腔正中的牙齿中识别出的四颗亮晶晶的大白门牙，用于品尝、咀嚼和咬合。[5]古希腊诗人发明了大量比喻，来形容这种短暂的喜悦状态。笑被比作海面上轻轻隆起的小海浪，或在空气中闪烁的白色的光芒。

在荷马的作品中，因轻松惬意发出的笑与物质上的满足感无关，且这种笑多出自女人之口，有助于突显女神的优雅之美，提升其魅力和品位，增强其诱惑力。为形容笑，赫西俄德[1]使用了几个在词源上读音相近的词，如"梅德玛"和"美狄亚"、微笑和睾丸等。[6]但这种笑并非毫无危险，荷马曾将它与盲目的爱神厄洛斯的恶作剧、激情和神秘化联系起来。具有暗示性、有性别特征的笑能点燃心中之火，且很难辨识，因为它时而嘲讽狡猾，时而又温柔可爱。笑总能表达情感，甚至有时还夹带泪水。爱神厄洛斯像一个缺乏理智且毫无耐心的孩子那样玩耍。

厄洛斯和阿佛洛狄忒、丘比特和维纳斯、爱与美，笑在他们之间建立了同一种承诺快乐的关系。在玛丽·德·法兰西[2]的抒情短诗《约内克籁歌》中，"已经……笑过，玩过"的意思是说他们笑

1　希腊诗人，被认为生活在公元前8世纪末或公元前7世纪初。
2　法国"12世纪文艺复兴"时期女诗人，是西方第一个用粗俗语言写作的女文学家。

了，也玩了，直白地说便是做爱了。《玫瑰传奇》则形象地塑造了一个"因极度快乐和喜悦而无法停止欢笑、无法保持安静的"维纳斯（诗句19488～19490）。

"笑、玩、爱抚和亲吻"一起构成了维庸[1]的乐趣。对他而言，游戏和感官享受是同一的。《特里斯丹传奇故事》[2]中的骑士传统颂扬的正是这种欢爱之笑。忘记悲惨处境的伊瑟骑在乔装成麻风病人的情人背上过河时，"感到无比快乐，她笑了，乐在其中"[7]。

笑成为爱的隐喻性表达。博纳旺蒂尔·德佩里耶[3]赋予这两个词以相同的含义："与妻子一起笑和调情。"这是一幅欢乐景象，同时也是他们之间达成默契的保证。爱情离不开笑，正如血流离不开心脏一样。至于拉伯雷笔下的"从不发笑者"，笑的敌人，都是厌世者和食人者，他们没有爱的能力。

文艺复兴时期赋予爱之笑以很高的地位，但这一地位也是模棱两可的，因为它既是缪斯女神任性而富有创造力的笑，也是仙女们引人入胜的淘气的笑，还是女疯子滑稽的笑和妓女们放纵的笑。"美丽的爱之笑"诞生于阿尔辛女巫岛，它与音乐和歌曲一样，接近于一种魔力或过滤器。

阿里奥斯托[4]在《疯狂的罗兰》中描写的神奇王国，汇聚了男人梦想的所有乐趣。这是一个享乐的王国，阿尔辛迷人的笑使人们忘记了爱情外的一切："从这张嘴里说出的话是那么温柔，那么好听，无论多坚硬、多叛逆的心也能被软化。就是从这里发出了能随时

1　中世纪末期的法国诗人。
2　这是特里斯丹传奇最古老的版本，作者是12世纪的盎格鲁-诺曼底诗人贝鲁尔。
3　文艺复兴时期欧洲翻译家（1510～1543或1544）。16世纪时，他曾参加首部法语《圣经》的翻译工作。同时也是当时玛格丽特宫廷成员之一。
4　意大利文艺复兴时期诗人（1474～1533）。

叩开人间天堂之门的迷人笑声。"[8]阿尔辛的笑是脸部和身体的运动，同时也伴随着甜言蜜语，这笑来自遥远的地方。由卡图卢斯[1]解释的萨福的"爱人颂"已经提到温柔而撩人的笑。它比任何话语都有力，更能激起情人的欲望。[9]

奥维德在其第三部作品《爱的艺术》中教给女孩们的，正是散发着肉体快乐气味的喉中之笑："某种笑通过一种秘密的魅力吸引着我们。"（第280行诗）春心荡漾的姑娘们内心的喜悦、言语的温柔和欢爱之笑，都经由为献吻而微微张开的双唇得到表达。马罗[2]在《阿尔布雷德夫人的笑》中赞美了这种亲吻的甜蜜魅力：

> 她有着极好的白玉般的喉咙，
> 温柔的言语、清晰的肤色和美丽的双眸。
> 但依我看，却是那疯狂的笑，
> 最适合于她，
> 其所到之处，
> 皆能随意感染他人。
> 如有烦恼伤我心，
> 我的生命交由死神掌管，
> 能使我复活的，
> 只有她那令我欲罢不能之笑。

彼特拉克式的美女肖像，一个静止而又无法接近的偶像，突然被喉咙里的笑声激活了。这在某些颂扬女性身体魅力的抒情短诗中

1　古罗马诗人。
2　法国诗人（1496～1544）。

能找到对应。笑在诗中与亲吻相连："笑开的嘴，可爱的嘴/来不及地亲吻着。"爱情诗夸大了脸部的价值，但上身应是下身的堡垒，只是这座堡垒并非坚不可摧，因为笑的女人已经放下了戒备之心。

杜贝莱[1]的美人是"笑着"出现的。诗人听到了为他开启天堂之门的女士的"笑声"，陶醉于其嘴巴的"芳香"之中。[10]诗人克罗德·比内在其哲学诗中表现得更为露骨，他用淫秽手法描写了男女偷情的前奏：

> 啊，这是两片唇吗？啊，这笑声！
>
> 啊，这贪婪之舌，
>
> 假装弯曲着，将我
>
> 所有的思想之花悉数收割。

共同的笑使人亲密。阿尔伯蒂[2]建议所有争取爱情的努力要做到："等时机合适时，要一起笑，看谁笑得更好。"（《第一百场爱情》）玛格丽特·德·纳瓦尔认为，当爱情消磨殆尽时，笑能通过提供明显的舒适感来平息夫妻间的游戏（第66和69个故事）。爱情需要笑声，以避免成为悲剧性的激情。

然而，假如爱之笑变得过度，充满了幻想、骤变和不可抗拒且无法控制的欢乐，便接近于疯狂的笑，传统给了后者一群不可靠的保姆和伙伴：醉酒、无知、自尊、遗忘、谄媚和懒惰。伊拉斯谟讲述了愚夫人[3]快乐诞生的故事。[11]其父是强壮有力的普路托斯神，

---

1 文艺复兴时期法国著名诗人。七星诗社成员之一。

2 意大利中世纪的通才。

3 伊拉斯谟的作品《愚人颂》中的人物。作品的法文名为 *Éloge de la Folie*，译林出版社2010年出版的中文版将 "la Folie" 一词翻译为"愚夫人"，在法文中该词指"疯狂"。

掌管着人间所有公共的和私人的事务。其母内欧忒特是"青春女神,是所有仙女中最漂亮、最快乐,也是最轻佻的"。

因而愚夫人并非不幸婚姻的结晶,而是诞生于福岛最美妙的爱情中的。那里的生活十分迷人,瘦弱和悲伤之人都被挡在门外,疾病无处滋生,也不生长邪恶的植物,到处都是沁人心脾的芳香和美景。

愚夫人的随从包括头戴玫瑰花冠的享乐仙女、目光大胆的痴呆仙女和胖嘟嘟的开心仙女。小神丘比特开心地在她们中间玩耍。莫墨斯摇着铃铛告诉人们世人对其的评价。愚夫人给了男人一个女伴,使他快乐不再忧伤。愚夫人既不邪恶,也不歹毒。由于她不信教,她的笑很可能是毒药,但离开她的笑则无人能活。愚夫人不加区别地喜欢爱情、青春和欢笑,因为说到底,为何要区分睿智和疯狂呢?

爱神和疯神进行着永恒的对话。他们是同谋,无法分离且争论不休。在露易丝·拉贝[1]的笔下,他们甚至还闹翻了脸,被召唤到朱庇特的法庭上。[12]朱庇特必须在他们的争论中建立一定的秩序,来让他们发现原来彼此是互补的:前者是瞎子,(将箭)射向心脏,后者则迷惑人;其中一人是神秘的、讨厌的和排他的,另一人则是外向的、愉快的和健谈的。如果疯神没有用自己的奇思妙想逗爱神笑,爱神就会哭,因为疯神能给予的快乐是无限多的。"她能用同样的消遣使一大群人发笑。另一次,她让一个男人因某种想法而独自发笑,而该想法本来是要阻止其发笑的。[……]疯神的其他行为也都如此。人们一谈起这些,不能不在心里感到某种快乐,这种快乐让人息怒,使人发笑。"

---

1 法国女作家(1524~1566),以文艺复兴时期的女诗人著称。

年轻的女人更喜欢疯神，而非智慧神，她们想得到疯神的陪伴。"如果要对二者做一番比较，智慧神将得到她们的赞扬，而疯神则可享受她们的亲热。"最后的结论是，疯神必须做眼瞎的爱神的向导，带他到任何他想去的地方。疯狂是为了爱，而更疯狂的是为了不爱。

从日益增强的男性欲望中，产生了用笑来唤起欲望的快乐的女色情狂形象。文艺复兴时期，受盖伦[1]戒律熏陶的医生都认为，女人拥有永不满足的性欲，肉体的结合旨在帮助她们减轻子宫的疯狂。这一依靠文学作品传承的刻板印象给厌恶女人者的说辞提供了养分，他们把女人变成了潜在的高级妓女，她轻佻、贪婪，无法控制自己的感情，且情绪不稳定。当她受疯神控制时，能很快变成一个出卖自己魅力的快乐的"婊子"。

如果我们相信轻佻文学传统之言，那么城里那些"可爱如洋娃娃般的"年轻女人都受疯狂的控制，她们用笑引诱男人做出各种媚态。受到诱惑的诗人，如让·第弗里、纪尧姆·克雷坦、马克西米安、让·马罗和安德烈·德·拉维涅等，将充满幻想的"礼物"或"防御手段"赠送给她们。[13]食品杂货店女老板、女裁缝、洗衣妇、女鞋匠、卖熟肠的妇人等，都只想着玩乐和享受美好时光。她们将自己打扮得花枝招展，唱着淫秽的歌曲，露出雪白的胸脯和美丽的大腿，跳舞，大吃大喝，做些不三不四的事情，乐得让自己的丈夫戴绿帽子。这便是诗人眼中的她们。究竟哪些女人最不知廉耻，巴黎女人、里昂女人、鲁昂女人还是米兰女人呢？

在一些创作于16世纪初的诙谐的迎驾剧剧本中，讲述了发生在这些女人之间的"可笑的战争"。人们在宴会结束时咏唱她们的丰

1　古罗马时期的医学家，被认为是仅次于希波克拉底的第二个医学权威。

功伟绩，来充当快乐的说教。在这场魅力之战不断升级的过程中，她们互相嘲笑，走遍大街小巷，只为一双拖鞋便可出卖肉身。诚然，她们也去朝圣，但她们只是去纪念圣吻和圣饶舌[1]，而非圣马塞尔和圣埃洛伊。她们的辱骂劈头盖脸：意大利女人"比圣诞节羊羔的脖子还要冷/比肠子还要无精打采"！

巴黎女人给丈夫戴绿帽子不是为了钱，而是为了享乐，她们有更健壮的身体。"长着酥胸的女人，大而软的乳房，/像旧褡裢般悬挂在/她们细长的腿的上方。"这场战争贯穿整个世纪，其中夹杂着厌恶女性的言论和男人的情欲。而女人，无论是令人垂涎的，还是讨厌的，从来都不是主体。

城里的家庭主妇并不是唯一被批判的对象：平民妇女也可能是些"爱开玩笑的人"。其他文章还揭露了宫廷里满嘴甜言蜜语、矫揉造作的女人。她们的甜嘴巴让人产生幻觉，但她们的笑声却使其品行暴露无遗。[14]奴性十足的瓦洛亚宫廷讥笑他们那位"时刻准备着张大嘴、似笑非笑的"[15]公主。

16世纪内战[2]平息后，滑稽可笑的性观念充分发展，人们热衷于讲述妓女们的诡计，她们张大嘴巴放声大笑，不停地打嗝。欢笑的维纳斯"让人自然地爱上大笑"：在《法国的尤维纳利斯》的作者勒戈里埃看来，肉体享乐的标志是"像女人发出的那种放纵的、上气不接下气的"[16]笑。贝罗阿尔德·德·维尔维勒、保罗·斯卡龙和索雷尔等滑稽风格小说家，赋予他们小说中所有"爱开玩笑的女人"、生活放荡的女人，尤其是最年长的女主人公以这种轻浮之笑：洛雷特是一个总在"嘲笑"他人的高级妓女；妓女弗雷蒙德

---

1 作者在这里玩弄文字游戏，讽刺这些妓女朝圣的真正意图。
2 指发生在1562～1598年间的法国宗教战争，对16世纪的法国造成了破坏。亨利四世于1598年颁布宗教宽容的南特敕令，三十多年的胡格诺战争自此结束。

"习惯性地讲滑稽的话","眼中的光亮"暴露了她的淫荡,倦怠的沉思伴随着某种"另有所图的笑"[17]。

欲火中烧的长舌妇布维庸夫人[1]梳妆打扮,涂脂抹粉,"炫耀着十斤重的乳房",发出诱人的笑声来勾引美男子,女喜剧演员拉卡维娜则不能自已地哈哈大笑。[18]笑暗示的不是感情,而是餐桌旁粗俗的闲谈和淫秽的欲望。荷兰派绘画作品对这种笑进行了艺术性的表达,谨慎地展示了身体的快乐和对笑所带来的快感的认识。扬·斯特恩[2]在画作《妓女》中描绘了一个与客人一起开心大笑的妓女,在《梦想》中刻画了一个跳到主人床上的开心的女仆。尼古拉斯·马斯[3]在《情人》中将淘气的大嘴侍女变成了放荡的偷窥者,她通过敞开的门,指着里面正在嬉戏的一对情人。

维米尔的画作中那位少女的温柔之笑更为神秘,一个献殷勤者正在对她说着恭维的话,看起来她正无比优雅地保持着谨慎态度,可她手中端着的象征酒神巴克科斯的酒杯、眼中闪烁的光芒,以及从张开的双唇处露出的小白牙,都将她表面的端庄破坏殆尽(《持酒杯的少女》)。在法国,色情题材在小型淫秽雕刻作品中极为盛行,这为18世纪初处于礼仪边缘的富有魅力的游乐画的兴盛打下了基础。

女人们顽皮的表情、她们的酒窝、贪吃的嘴巴、胖乎乎的身体、雪白的胸脯和皱巴巴的床单外伸出的肉嘟嘟的腿,所有这些

---

1 与下文中的拉卡维娜一样,都是斯卡龙的作品《滑稽小说》中的人物。
2 荷兰黄金时代画家。
3 荷兰17世纪小有名气的一位风俗画家(1634~1693)。

都在华多[1]、布歇[2]和让·奥诺雷·弗拉戈纳尔[3]的画作中讲述着爱情。艺术家还在背景中添加了许多不无暗示性的、色情味浓厚的配件，如笼中鸟、狗、猫、镜子、一杯巧克力、樱桃和葡萄、风笛及长翅膀的裸体小天使等。女人嘲弄式的天真、眼中的光芒和快乐的心情，都清楚表明了她们的顺从之意。

1　法国画家（1684～1721），洛可可艺术代表人物。

2　法国画家，版画家，设计师（1703～1770），他将洛可可风格发挥到了极致。

3　法国洛可可风格画家（1732～1806），其代表作品有《秋千》《读书女孩》《闩》《狄德罗》等。

放纵的笑

新世纪的人们贪婪地追求快乐。就像喜欢向我们展示温柔的傻姑娘在梦醒之后惊讶地发现自己身体半裸的画家一样，启蒙时期的小说家浓墨重彩地勾勒女主人公的优雅，她们个个都拥有自然的魅力，其中最重要的是好奇心。这里主要指男小说家而非女小说家，即使男性叙述者是在竭力以女性的笔触重写色情场面和对快乐的称颂。在他们笔下，女人的大胆、"气质性"的发怒及放肆无礼，与她们轻浮的大笑十分吻合。她们的笑更多是自由、快感和极大满足的标志，而非对一个大男子社会进行反抗或获取胜利的标志。

男人的幻想

年轻的妓女、城里的姑娘、修女或堕落的村姑的老套形象与玛侬·列斯戈[1]的形象相似："大而有神的眼睛。樱桃小嘴、鲜红的嘴唇、令人羡慕的牙齿和雪白的胸脯。"笑声短促，说明其性格放荡而热烈："爱开玩笑的玛侬总是因自己的笑声而把一切搞砸。"诱

1　法国作家普莱服神父的同名小说中的人物，小说发表于1731年。

人的脸庞是身体其他部位的写照，笑开的嘴预示着可随时打开的身体。显示在脸上的风趣、活泼、机灵和热烈，是急促和快速的保证：在放纵的爱情里没有长久和未来，只有瞬间的快乐。有时候作者说得会更多些。

对劳尔（《劳尔小姐或变得通情达理的姑娘的故事》[1]，1764）的描述便是如此："我的眼睛非常美，鼻子上翘，嘴巴略大，但我有世上最完美的牙。我发出一种使人感到不安的笑声，此外，我脸上的神情疯狂而傲慢。"《泰米多尔》[2]（1745）中的罗塞特和阿尔金蒂娜的裙子被人撩起过，她们穿着小拖鞋，头发散乱，在大笑和喝酒的同时说唱淫秽之词。笑声取代了无用的话语，取代了可能耽误快乐的谈话。笑声表明这个轻佻女子的身体将会回应对其的引诱，她绝非一个吝啬和被动的美人。

常常以花痴形象出现的妓女总是为自己的身体发狂。"女波旁内人"[3]由女伴们化好妆后，快乐地端详着镜中自己那黑色的睫毛和涂了粉红脂粉的脸颊："看着我的新模样，我开始由衷地发笑。"（《女波旁内人的生活自述》，1768）娇媚而健康的笑声，鲜红的双唇间露出洁白的牙齿，像是正要啃咬水果似的。人们在对爱情的甜蜜与胃口和美食进行传统意义的比较时，总会提及嘴巴和感官的冲动。被包养的女人是否真诚并不重要：她那涂满脂粉的脸蛋是一个小舞台，她懂得如何指挥自己的肌肉。

妓女之笑是数量巨大的色情文学作品中常用的素材，与让人如痴如醉的性爱神话相伴左右，它建立在认为女性性欲永不枯竭、无

---

1 该书为匿名作家所著。
2 为法国作家克洛德·戈达尔·多古尔（1716~1795）所著。
3 指杜巴里伯爵夫人，法国国王路易十五的最后一位首席王室情妇，也是恐怖统治时期中知名的受害者之一。

比贪婪，且比男性性欲更加旺盛的幻想之上。"我想要一切，所有的一切，让筋疲力尽的人自认倒霉去吧。"[1]笑是对共同享有的快乐的认可："最后，我感到了某种快乐。他也耗尽了全力，我们相视而笑。"[2]但笑也表明，这个不知害臊的女孩取得了胜利，她对自己很有信心，十分清楚情人的要求，必要时还是性爱的主导者。

纵欲和默契的笑并不排除两性之间的斗争。无论是在匿名书写的故事中，还是在由所谓的女性叙述者撰写的"回忆性小说"中，女主人公的形象都符合男性色情的幻想，她们拥有使男人屈服、让其力竭的控制能力。妓女懂得如何使自己的欲望得到承认，虽并不严格追求平等，但却是牵头人。[3]她们中有的与众不同，且经常话里带刺。有的则控制不住自己，从而患上了"子宫疯狂症"。

她们无一例外都会按照自己的口味、不带任何感情地选择情人，于是，男人爱情上的失败成了她们大肆嘲笑的对象，而这种笑的含义几乎都是双重的。查尔斯·索雷尔[1]在《弗朗西恩的真实滑稽史》一书中，已经描绘过这种滑稽场面：诱惑者想占便宜，但希望很快化为乌有：

> 说着我便想吻她，但她从我的怀中溜掉了。一阵放纵的笑声把我的注意力引向了另一侧，我看到了起初看到的那几个女人，她们在嘲笑我的遭遇，对我说没了洛瑞特，我应该找她们中间的某一个。我很高兴，我说，那个仍有处女之身的姑娘到这张玫瑰床上陪我玩耍。这番话又引来更大的笑声，以至于我一直很困惑，什么也没有回答。[4]

1　17世纪法国小说家。

女性单方面的笑可能因取笑男性的失败而显得颇具威胁性。它并不暗示任何默契，反而暗示笑者的高人一等。亨利耶特-西尔维·德·莫里哀对昂格勒萨克的失败表示同情，她本想以此来缓和当下的紧张局面，但却反而加剧了情人的受侮辱感（《亨利耶特-西尔维·德·莫里哀回忆录》[1]，1674）。

笑远非表示赞同和缓解紧张，而是强调了距离和角色的颠倒。言而无信的玛尔戈[2]满足于一种刻薄的讽刺：“在三刻钟的前戏之后，我像王后一样被错过了。[……] 他每周会有两次让我白激动。”[5]

反男性阳具中心主义

更有意思的是，《哲学家特蕾莎》[3]（1748）中有名的拉·布瓦-洛里耶的笑颠覆了自由主义逻辑，嘲笑男人不仅想支配女人，还想了解女人。[6] 拉·布瓦-洛里耶热衷于向特蕾莎讲述自己妓女生涯中遇到的男人如何丢人现眼的事：主席用来夺去她童贞的性器“是个衰弱无力、皱皱巴巴的老废物”。另一个男人的则像一块破布，或像一块可怜的洗碗布。

每讲完一段趣事，拉·布瓦-洛里耶都会大笑一番。不管是讲到她的女们如何被人煞费苦心地夺去童贞，还是说起精神错乱的老情人病怏怏的身体时，她都会止不住地大笑，因为内容都跟性有关，且粗俗不堪。“说到这里拉·布瓦-洛里耶夫人不得不停下来，因为她前面讲的那个故事已经让我笑得快喘不过气来了。她为了陪

1　法国诗人、剧作家、作家维尔迪厄夫人（1640～1683）的作品。
2　法国文学家富热雷·德·蒙布龙（1706～1760）的小说《言而无信的玛尔戈》中的人物。
3　法国作家让-巴蒂斯特·德·布瓦耶（1704～1771）的小说，他又被称作阿尔让侯爵。

我，也放声大笑起来。"

作为一个冷淡的观淫癖者，除了无法抑制的、嘲弄人的、兴高采烈的笑所带来的乐趣之外，她体会不到任何其他情感和乐趣。这种笑使得男性阳具中心主义失去了威信，因为她的顾客都是一些性功能已经衰退的政府官员或显贵的检察官。而且，这种笑通过质疑欲望的真实性，使得性爱的乐趣变得微不足道或平淡无奇。色情故事在两个同谋的姑娘身上引发的笑，使得任何注解都无必要，它明确表明了两人的同性恋倾向：在女性的笑声中，阉割的威胁常常是存在的，只是被掩盖了。

享乐的艺术不能没有规则。它要求一定的天赋，但也可以后天习得，妓女的职业与女喜剧演员相似。风流女人和女演员都需要卖弄风情、讨好别人，都具有公众女人的身份。她们有时会从一个角色转变成另一个角色，过着放荡的生活。克莱洪小姐[1]的冒险经历导致了一部模仿作品的问世，作品中她被称作弗雷迪翁，是一个快乐的风流女子，靠引诱别人来获取成功。

在小客厅里，放荡的女子屈服于其主人的要求，扮演着不同角色。在舞台上，女演员也必须引诱其观众，以传递热情、活力和乐趣。勒萨热[2]认为，如果世界是一个滑稽的戏剧舞台，一起欢笑使人放心，并能活跃气氛。女演员使得好心情得以传播，她的笑声从舞台一排排传至正厅后排的观众。如痴如狂的蒂冬[3]转着眼珠，提高嗓门，将观众吸引，与此同时，一个爱到死去活来的女人的戏剧幻想将其笑声推向顶点：

1　法国女演员（1723～1803）。
2　法国小说家，剧作家（1668～1747）。
3　与下文的吉尔·布拉斯·德·桑蒂亚纳同为勒萨热的作品《吉尔·布拉斯·德·桑蒂亚纳的故事》中的人物。

舞台上的她真优雅啊！每当她开口说好听的话时，她都会露出机灵而魅力十足的微笑，这使她的表演更受好评。也许有人会指责她的表演有时太过火，处理得过于大胆，但不应该对她如此苛刻。我只希望她能改掉下面这个坏习惯：她经常会在剧中某个严肃的时刻，突然停止表演，疯狂大笑起来。你会告诉我，台下的观众即使在这种时候也会给她鼓掌，这太令人欣慰了。[7]

吉尔·布拉斯·德·桑蒂亚纳（1715）那狂热而风流的搭档劳拉在生活中和舞台上均如此，她响亮的笑声是能及时享乐的慷慨个性的标志。女演员、妓女、撩人的女冒险家、爱勾引人的女郎和淘气的姑娘，她们不停地欺骗、挑逗和嘲笑，直至剧终。结局并非总是快乐的，有时也会把她们带向圣拉扎尔[1]。但痴迷的公众视她们为王后，她们的活力给不得不恪守妇道的人带来了安慰。

藏于袖下之笑

对贪图享乐者来说，讲述快乐而淫秽之事是莫大的乐趣。徐娘半老者除了向年轻人传授经验，跟她们一起嘲笑与性有关的趣事之外，没有任何别的乐趣。塞莱思蒂娜[2]是所有风流女郎的母亲、媒人，她毫不含糊地说：

性事方面的乐趣需要跟朋友一起讲述和分享。我做了这个，她说了那个，我吻了她，她咬了我……啊！谈论男女嬉戏

1　曾经的一座监狱的名字，现为圣拉扎尔医院所在地。
2　中世纪晚期西班牙作家和戏剧家费尔南多·德·罗哈斯的作品《塞莱思蒂娜》中的人物。

和交欢之事该有多快乐啊！［……］帕梅诺，你知道为何没有陪伴就没有乐趣了吧？啊，是的，是的，知道的人都可以说出来。谈论这些才是真正的享乐，至于其他的，驴子在草地上也能做得很好！[8]

笑能够人传人，猥亵的玩笑话和甜言蜜语使人放松和亲近，但差耻心又使得这些话羞于出口，因为它们会转变成令人可耻的想法和对色情的想象。女人比任何其他人都要提防这种无法控制的、显露其内心的笑。而男人则乐得利用女人必须恪守妇道这一点来逗她们发笑。因为如果不让女人发出会心的笑，或者如博纳旺蒂尔·德佩里埃狡黠地指出的，如果不让她们"流口水"，又怎么跟女人谈情说爱，怎么勾引她们呢？确实，女孩子们都被监视着，但至少她们可以偷偷地听或读一些故事来寻找刺激：

> 女士们，小姐们，大胆地读吧，世上没有什么正派之事。要是不巧有些人太娇弱，害怕读到太轻浮的东西，我建议可让她们的兄弟或表哥给她们提供书目（倒酒喝），让她们慢慢习惯起来（可以少吃一点，免得撑着）。——我的表哥，这本书好看吗？——好看。——那这本呢？——好看。嗳！姑娘们，别信他们的话，他们会骗你们，会让你们读不该读的书！[9]

就这样，神不知鬼不觉的，女孩子们经由暗中的阅读和夜里的遐想产生了想法。贝罗阿尔德·德·韦尔维勒¹则更加直白地告诉她们："生性敏感的女士，如果怕笑出来，就小声地读，或在夜深人静的时候读，在这段时间里，羞耻心正在酣睡呢！"礼仪很可能

---

1 法国诗人（1556～1626），代表作是《成功的办法》（1617）。

告诉她们最好哭泣，但她们的真面目却被硬生生地揭穿了："您守规矩，您尽量不笑，可嘴上哭的女人，阴部却在笑。"[10]假正经式的虚伪被戳穿，即使是最贞洁的女人，也会在看到失礼的言行时发笑，虽然她看上去并不想与不正派的人为伍。

玛格丽特·德·纳瓦尔在其第五十二个故事中假装疑惑不解，通过西蒙多和萨弗雷登这两个男性对话者之口低声问："这是怎么回事呢？她们不敢说这些事，可只要人们当着她们的面说起来，她们就会笑。"女士们虽然公开谴责淫荡的玩笑，但却会躲在自己的小面罩后偷偷地笑，而开玩笑的男士们也需要女性听众，好让淫荡的玩笑话起效。

淫荡的行为有其历史性，且离不开风俗的演变。言行是否得体的标准是随着"可耻的身体"这一概念的发展而变化的。人们将中世纪流行的行话和闹剧与17世纪越来越推崇的假正经和文明相对立，来论述羞耻的界限之差异问题。当然，韵文故事并不惧怕谈论淫秽之事，虽然尼克罗格[1]和菲利普·梅纳尔[2]有关喜剧性和笑[11]的研究表明，依靠猥亵的、有性暗示的内容来逗笑的寓言和故事在其中的比例并不高。当涉及淫秽内容时，故事中既看不到邪恶，也看不到对细节的提炼、过度的色情描写和对礼仪的违反，其寓意也保存完好。但"读者可能会因其粗俗不堪而感到有些吃惊，需要对此做好准备"。

与礼貌法则不同，有些"爱的艺术"近乎淫秽。爱讲故事的人大胆使用下流的词汇来满足自己想说的欲望，他对着长舌妇滔滔不绝地说，并攻击那些不笑的假正经的女人。虚伪的女人一听到与

1　丹麦浪漫主义学者和中世纪专家（1925～2014）。
2　法国中世纪文学专家，巴黎索邦大学荣誉教授。

性有关的东西便晕倒，但这并不妨碍她把见到的第一个男仆塞到自己床上，条件是他跟她一样不声张。历来憎恶女性的韵文故事选择的对象都是愚蠢或高傲的姑娘及永不满足的胖女人，暗示女人只对与性有关的东西感兴趣和发笑。因此，讲故事的人便有意玩双关语，使用易产生歧义的音节来刺激她们的耳朵（"听不得别人说'干'¹字的小姐""给小马驹饮水的处女""曾向莫雷尔要东西吃的夫人"）[12]，这类失礼的话说多了有时会有性侵之嫌，因此也有其使用限度，因为如果听众真的被震惊了，便也笑不出来了。

艳情诗歌中使用的委婉和迂回的说法，也能产生与戈里阿派教士²的玩笑话同样滑稽的效果，关键在于通过直接或暗示的手法来刺激想象。正如尼克罗格多次指出的那样，区分韵文故事和艳情文学、普通听众和高雅人士、女性公众和男性公众、下流的爱情和隐秘的色情是不可能的，所有爱讲故事的人都既是爱情艺术的爱好者，也是文学伊壁鸠鲁主义的爱好者。有的公开站在女士一方，赋予骑士爱情以荣誉，有的则加以嘲笑，并优先使用放荡的语言。

女人是礼仪的仲裁人和语言差异的审查官，这一观念于16世纪开始发展，到17世纪达到顶峰。"粗话"长期都是强势性别的特权，对他们而言，谈话是纵欲的一种形式。《玫瑰传奇》的争论再起，理智声称有权使用"睾丸"一词，因为既然失礼的言行不存在于事物中，它也不会对文字有任何影响。

德国人贝贝尔³对其所开的淫秽玩笑表示歉意，并声称他曾听

1　这里的法文原文为foutre，该词在口语中也有"性交、做爱"的意思。
2　欧洲中世纪一群年轻的神职人员，曾在12世纪和13世纪创作讽刺性的拉丁诗歌。他们主要是在法国、德国、西班牙、意大利和英国的大学任职或学习过的教士，通过歌曲、诗歌和表演抗议教会内部日益增长的矛盾。
3　海因里希·贝贝尔（1472～1518），或称贝贝里乌斯，德国人文主义作家。

到一些正派人士在宴会中面对已婚妇女开过类似的玩笑（《玩笑集》）；彭塔诺[1]讲过许多猥亵的话；风趣话集是男人聚会的乐趣；传奇故事中充斥着淫秽场面；伊拉斯谟本人也敢于写一些与女人相关的淫秽对话。[13] 17世纪上半叶，有许多献给贵妇们的、充斥着下流或淫秽内容的文字和舞曲集在沙龙中流传，"以给有才智之人解闷"。

羞耻的面纱

但是，在宫廷里，在有关礼仪的著作中，甚至在法庭上，有关羞耻心的论说越来越明显地得到承认。审查机关禁止上演"曾导致没完没了的通奸和私通行为、引发诸多丑闻和嘲讽的淫秽的闹剧和丑剧"。法学家让·杜雷认为，下流话等同于辱骂，有损女性听众的名誉。[14] 然而，如何防范爱讲故事的人随意变换表达方式，用比喻来掩饰猥亵的言行和逃避批评呢？比如博纳旺蒂尔·德佩里埃，他在多篇故事（第31和32篇）中使用迂回说法和同样有趣的曲言法，来谈论猥亵的主题，而且针对的是女性听众。

人们用委婉的说法或中性词，借鉴打猎用语，或者使用表示食物、工作的词汇来指称性关系，这种带有陷阱的语言能够引来内行人的会心一笑。面对精湛的语言技巧，像胡安·路易斯·维瓦斯之类的教育家建议女士退席或保持沉默，但新社会又要求她们在场，她们根本不是自己身体的主人。或者笑，或者脸红，她们必须在这两种非言语的表达中进行选择。她们的沉默并非假象：由于不拥有

1　意大利散文作家，诗人，皇家官员（1426～1503），其作品反映了文艺复兴时期兴趣和知识的多样性。

物，她们只能品味言语的暧昧。通过假装坚决谴责滥用"干"字的弗朗西恩之口，索雷尔声称理解"漂亮女士在听到［她们］最爱听的东西时只能涨红脸"有多难。她们"偷偷地"笑，"在扇后"笑，"在头巾下"或"在衣袖下"笑。

欢笑或脸红

不管是否假装，廉耻心都能反映一个人的内心。它揭露了羞耻，阻止了笑声。但真正的纯洁却是不知脸红为何物的。对纯真的人来说，言语除去它所表达的含义之外别无他意。阿涅斯是个幼稚无知的姑娘，整整三幕剧中，她都没有对语言的双重性产生过怀疑。她或者保持沉默，或者用简单明了的话回答阿尔诺尔弗。不管人们是询问她，还是对她说暧昧的话，她听了都不脸红。她只是天真地承认贺拉斯的话很温柔，让她感觉"痒痒"，"里面在翻滚"（《太太学堂》[1]，第2幕，场景3）。

她的激动并未损及心灵的纯洁。要等到阿尔诺尔弗用粗俗的话语暗示她，用窘迫的眼神望着她时，她才猜到孩子不是从耳朵里生出来的，婚姻是快乐的源泉，她的沉默才开始具有了可爱的暧昧意味。而那些故作风雅的假正经的女人，却只能以羞耻的名义忍住笑，很不高兴。

---

1 17世纪法国著名戏剧家莫里哀的经典剧作之一。

忍住笑

从严格的礼仪规则来看，她们并没有错。人们以照顾她们的敏感性为由，激发她们的想象力，迫使她们揭开面具。莫里哀以此为乐。他在《〈太太学堂〉的批评》一书中对比了两位有身份的女士的态度。她们就该剧是否合乎道德和阿涅斯送的令人怀疑的"饰带"发生争吵。其中一人假装什么都不懂，一副纯洁无辜的样子，另一人不愿伪装，但不敢笑，"耳朵比身体的其他部位都纯洁"。两人其实都很虚伪，都在以自己的方式恪守礼仪规则。

因其著作《历史批判辞典》中有几个词条被认为骇人听闻而挨批的比埃尔·培尔[1]为粗俗、"下流"的话语辩护，认为它们比拐弯抹角、带圈套的下流话对风俗造成的危害要小："粗俗的下流话没有精巧表达的下流话危险。"如果女人笑了，就太糟糕了。她们在这种事情上是最好的评判者，因为社会要求她们表现出更多的羞耻心，她们最可能因此而被认为不正经。如果说她们能轻易对粗俗的话语感到恼火，要防范拐弯抹角的攻击可就更难了，哪怕她们时刻都在自我监管：

> 没有哪个父亲不是更愿看到自己的女儿在听到某个故事时当场脸红而非发笑。如果她们脸红，则意味着获救了，羞愧阻断了猥亵之语的攻击。如果她们发笑，就说明她们被击中了。但是，父亲会怀疑女儿发笑是否仅是由于猥亵之语被巧妙掩饰，具有了精致的外表，从而变得更加有趣之故。[……]女性的在场的确导致了猥亵之语不会被堂而皇之地说出口，但这

1　法国早期启蒙思想家，怀疑主义哲学家，历史学家（1647～1706）。

并不意味着这种话经过伪装之后便可通行无阻。[1]

笑与脸红紧密相连，就像火与炭。脸红表示内心在笑，最贞洁的姑娘从中获得补偿。由此可见，一个红着脸听别人讲猥亵笑话的女人，本身就是有失体面的，其羞耻心和清白均会受到伤害。因此，她被排斥在戏院——除非是封闭的包厢——歌剧院、宴会、画室，甚至沙龙的粗俗谈话之外，一些自命不凡、装腔作势的优雅青年在这类谈话中出尽风头。"女孩的朋友"，格拉亚尔·德·格拉维尔[1]借机对用掩饰的方式开淫荡玩笑的现代礼仪进行了谴责（1761）：

> 我认为，没有比让一个年轻姑娘在谈话过程中保持正经更难的了。今天，会愉快地讲粗俗之言或巧妙地掩饰失礼言行的男士招人喜欢。正是由于这种才智的滥用，才使得姑娘们在可能是最好的府邸都感到痛苦，因为那里的人喜欢玩文字游戏，让词义含糊不清，丝毫不考虑娇嫩的耳朵。如果偶尔有女孩在听到某个大胆的词时不小心露出了微笑，人们便会怀疑她的品行。[2]

"女人的朋友"布迪埃·德·维尔梅尔[2]说过同样的话："可以说，女人只能在织物后面玩乐。"（1758）无论结婚与否，女人都必须禁止自己表现得过于快乐，甚至在私生活中也是如此。这是德皮内夫

1　法国作家（1727~1764），《女孩的朋友》的作者。
2　法国作家，记者（1716~1801），《女人的朋友》的作者。

人[1]得到的教训。那次她在丈夫身边笑得很开心，脸上洋溢着快乐："我们在晚餐时很开心，把我的公公和婆婆都逗笑了。我的小叔子朱利跟我开了许多跟快乐有关的玩笑；他让我一上来便陷入尴尬，就像我还没结婚一样。（我母亲严肃地看了看我。）难道温柔地看自己的丈夫是犯罪，是不得体的吗？"[3]女人在社会和社交领域得到认可，是以束缚人的克制为代价的。

无论在哪个时代，忍住笑都跟不让自己脸红一样，是无法做到的。如果我们相信《梅那日掌故录》[2]中记载的故事，脸红本身也可成为笑料。瑞典的克里斯蒂娜女王强迫一位有点儿假正经的宫女给自己高声朗读贝罗阿尔德·德·韦尔维勒作品中最淫秽的几段文字，好用损她的方式来玩乐，从中获取双重快感："……美丽的小姐还没读三行字，便被书中粗俗的用词打断了，她红着脸一言不发。但女王已经笑得快停不下来了，命令她接着读。没有不可克服的羞耻心，可怜的宫女必须全都读完。"[4]

这是女王的任性，但蒙田早就对这类狭隘的、过分腼腆的教育进行过嘲讽，认为它欲盖弥彰，就像他自己的女儿所受的教育一样。那是一个年老的谨小慎微的家庭女教师，她都不好意思发"fouteau"[3]这个词，而该词仅指一种树！[5]事实上，在任何时代，正派女人及上流社会的女士都懂得在该笑的时候笑，且笑得有品位，有节制。有趣可爱的尼侬·德·朗克洛[4]以其幽默风趣的气质和"让人捧腹大笑的故事"，在整整一个世纪都占据着人们的想象

---

1 法国作家（1726～1783），因其与让-雅克·卢梭的关系而闻名，卢梭在《忏悔录》中对她进行了负面记录。
2 法国语法学家、历史学家、作家梅那日（1613～1692）的作品。
3 意为"米心树"，其法文发音与意为"做爱"的"foutre"一词相近。
4 法国作家（1620～1705），在法国，她的名字是机智和美丽的代名词。

力。她所拥有的权力仍使其代表着启蒙思想中迷人的几近男性化的女性典范。她能笑，也能让人发笑，且懂得在智力游戏中把握分寸。

笑与交谈和爱情一样，能增加风流韵事的乐趣。才智使人原谅一切。塞维涅夫人[1]毫不惧怕在含糊不清的地带冒险，她让人猜测布兰维里埃侯爵夫人是如何自杀的："她往自己身上插了一根木棍，猜猜她插哪里了。不是眼睛，不是嘴巴，不是耳朵，不是鼻子，不是解大便的地方，猜猜是哪里……"而塔勒曼·德·雷奥[2]则说朗杰夫人的笑声在街的尽头都能听到，其时，她正因丈夫的无能而在两门之隔的法官家视察。许多巴黎女人或独自一人坐在客厅，或两人一起坐在长沙发或土耳其式长沙发上，当然也会在车上或散步时，如饥似渴地阅读短篇情感或色情小说，以刺激自己的想象力。据说，路易十五的一个女儿通过阅读包有祈祷书封皮的让·查理·热凡斯·德·拉杜什[3]的情色小说《查尔特勒修道院的守门人》来缩短祈祷的时间。[6]德芳夫人[4]向达朗贝尔[5]坦承自己读过《哲学家特蕾莎》一书，但请他不要告诉别人。安德烈阿·德·内尔西亚[6]笔下的菲莉西亚[7]（1775）如此鼓励其女性读者脸不发红地去读，去笑：

---

1 法国17世纪书简作家的代表（1626～1696），其书信反映了路易十四时代法国的社会风貌，被奉为法国文学的瑰宝。
2 法国作家（1619～1692），作品包括社会讽刺和逸事。
3 法国作家（1715～1782）。
4 法国书信作家（1696～1780）。
5 法国数学家，物理学家，哲学家，百科全书式的学者（1717～1783）。
6 法国小说家（1739～1800），主要从事色情小说的创作。
7 法国小说家内尔西亚的同名色情小说的女主人公，性欲是她所有行为的动力。

这是我最心爱的著作，

读了它：

最淫荡的婊子（这么说是合适的），

将变得欲火中烧；

而最贞洁的女子……将会欢笑。[7]

隐藏的笑

阅读很可能是为了笑，也可能是为了享受色情故事，但是写作呢？写下流故事则是放任自己纵欲，因此，不必惊讶在纯男性化的写作领域里找不到太多女作者，她们是担心名誉受损。文艺复兴时期经常隐姓埋名的女作家们，仍有接下来几个世纪的女性所望尘莫及的大胆，然而，除非她是王后，恶毒的舆论很乐意称她们为妓女。露易丝·拉贝欣然承认："爱过之后，最大的乐趣便是谈论它。"[8]但这不仅仅是一种消遣，因为在写作时，她可以重新赋予易逝或遗忘的情感以乐趣和稳定性，并从这种研究中获得"自我满足"。

在她的笔下，陈旧的表达重又焕发生机。《疯神和爱神之间的辩论》所呈现的滑稽对话堪称最完美的诙谐文学，其中的神灵近乎荒谬，当时的社会成为讽刺的对象，热烈的交流中，各种猥亵的暗示层出不穷。在对爱情一无所知的忧郁的审查官有趣的形象背后，是"漂亮的女绳商"¹在饶有兴致地找他秋后算账："进家门时，他们害怕有人偷看。于是一进屋，就赶紧拴好门，关紧窗户，独自一人脏兮兮地吃饭，家里乱得一团糟。吃饱喝足后倒头便睡，嘴上还留着饭屑。这时，这些漂亮的肥头大耳的大人物身上穿的男式外

1　为作者露易丝·拉贝的别名。

套，被用生锈的夹子一直夹到肚脐上方。大毛袜穿到了大腿中部。热乎乎的枕头发出已融化的油脂味。睡觉时陪伴他们的有咳嗽声，还有诸如被他们用来塞满床幔的粪便……"（第五场辩论）有关感情动荡的研究以快速、高效的方式呈现，并公开采用女性视角。作为细节专家，她甚至为女性读者提供了几个有趣的诱惑秘诀，其中还包括几条着装建议。

女性用笔表明自己的欲望，谈论生理上的快感，征服男人，开心地嘲笑男人。此举总是透着一股美妙的越轨意味，就像是现实的突破口，通过它，两性之间的争吵得以结束。因此，仅有的这几位女作家经常用笔名或匿名写作，除非她们愿意借用男性的写作规范，继续在刻板印象上做文章。正如男作家愿意乔装改扮体验女性叙述者的感觉那样，女性作家也有对称的玩法，她们改变和翻转男性的规则，塑造出与社会规范既相符又巧妙对立的多情女形象。

于1530年至1540年写出了《爱情之账》的让娜·弗洛尔夫人[1]将自己的秘密保护得密不透风，以至于到今天我们都不知道这个笔名后面真正的作者是谁。也许是一个像露易丝·拉贝那样的女人，来自里昂，并深谙意大利创作，或是某位博学的男子，或是对几个故事进行编纂和改编的作家组合，其中有男有女。这部很可能并不完整的故事集的研究者加布里埃尔·安德烈·佩鲁斯[9]不排除上述任何一种假设。根据其作者被认定为一位女性、一位男性或是一个创作团队等不同情况，人们将从中看到一份旨在使对自己性欲负责的女人的爱情要求合法化的女性主义宣言，或看到一种对相同诉求的滑稽的模仿，甚或一种对当时十分激烈的"女性之争"所做的旨在添油加醋、增加笑点的讽刺。

1　对于让娜·弗洛尔的身份人们仍未达成共识，或许是一个人的笔名，或许是一群人的笔名。

按照书名的严格意义来讲，这可能要清算几笔"账"。人们通常都会注意到，故事中以高傲和爱俏著称的女主人公，受到潜在的厌恶女性的态度的不良影响，但诸如身体的愉悦、青春颂歌、身体之美和诱惑的艺术等许多主题，则既属于男性的幻想，也符合女性的期望。其作者，不管是谁，故意以女人自居，诙谐地把玩这两个特点。[10]

按照流行的老套做法，女作者谦虚地对所使用的"粗俗的、搭配不够讲究的"语言表达了歉意。她在卷首献诗中向表姐密涅瓦夫人致辞，并提及说除了八个女性朋友之外，在葡萄收获的季节，还应用欢乐的故事娱乐更多的女性听众。故事语言总体上受"薄伽丘"风格的影响，主要嘲讽对象是不般配的婚姻。它鼓励"恋爱的女人"接受仆人们的邀请，听从自然即本能的召唤，必要时甚至可以摆脱自己年老且令人厌恶的丈夫。为了让表姊妹和朋友们能屏息聆听，作者从多样的源头中汲取灵感，如神话故事，有时是被逐字逐句翻译过来的意大利短篇小说，中世纪的神奇故事、牧歌、淫秽的闹剧和惊悚故事等。

整部作品包含广博的知识，刻意追求古风古韵，充满了漫画般夸张的特征，似乎在暗示有经验的读者，必须发现隐藏在重写伟大的神话故事过程背后的讽刺。故事通过老套的情境来呈现快乐法则：年轻女子嫁给了嫉妒成性的老头，骄傲无比的小姐推开其求爱者，自命不凡的那喀索斯拒绝眼泪汪汪的回声女神[1]，总是拒绝求爱者的少女只得嫁给一个老头。生动有趣的语言中夹杂着形象的比喻、露骨的表达、具体而不乏色情意味的细节。

---

1 源自希腊神话，是一位失去了正常说话能力的山林女神，爱上了那喀索斯，但遭到了拒绝，她怀着悲痛的心情躲到了山林深处，最后慢慢死去。

优先描绘的则是快乐、爱情、青春、美丽的花园和美食。让娜·弗洛尔在一处描写了罗斯蒙德所穿的能显露其身材的紧身长袍，在另一处又提及"年轻的恋爱中的女人们与她们年轻的男友睡觉的场面"，以及已婚妇女如何努力"刺激自己因过早衰老和缺乏活力而变得麻木不仁、无法伸展的四肢"。这边说到泽菲尔撩起自己的衬衣，露出了屁股上边紧致的白肉和浑圆的肚子，那边又谈及一个可笑的臭烘烘的老头，他那口老公山羊的牙齿早已烂光，以至于亲吻时口水直流，就像鼻涕虫似的留下一堆湿痕。坏人都是老头，而有着"强壮而温暖的胸膛和不因美妙的爱的动作而显得粗鲁的胳膊"的年轻人则充满了热情。

角色颠倒

与骑士传统完全相反，女孩有时也会发起追求，主动示爱。欢笑回报了她们对爱人的信任，"因爱之本能而欢乐的女人"从未失望过，倒是那些保持处女身份的女孩难以自制，最后郁郁寡欢而死。女性听众一起开怀大笑，对一切与自然规律和享乐目的相偏离的道德规则漠不关心。随着故事的发展，她们开始参加小型的庆祝活动及舞会和宴会。女士邀请在一起聊天的年轻男士来家里拜访，并留他们陪自己过夜。不知是真是假，作者以笨拙的方式声称是女性在叙事。也许这一女性叙事反映了乔装改扮的男作者的幻想，但它的确是专供女性娱乐的，而且毫无疑问，它营造了活泼和自由的气氛，使得女性听众个个兴高采烈。

如果说让娜·弗洛尔的身份依然具有浓厚的神秘色彩，那么围绕这篇有趣的题为《搭配拙劣的内室沙龙，玛格丽特·德·瓦鲁瓦与仆人间的情爱对话[11]》的短篇小说的作者也有各种猜测。因其题目之故，自17世纪初出版后，该小说便被认为是玛尔戈王后的作品。虽然这一说法在今天遭到质疑，但在描写女性的笑声和欲望方面，这部小说仍然具有启发意义。

说是对话，其实更像是一段具有滑稽效果的个人独白，它颠覆了爱情话语，也颠倒了男女角色，因为王后从来就没让其求爱者佩东说话。这位羞怯的恋人要么只能用单音节词表达，要么一说话就结巴："您叫我来我就来……我是俘虏，依您的意愿……我在痛苦中耐下心来。"

情色对话中的女性声音占据了原本属于男性声音的主导地位，后者在此只能表示默许。玛尔戈采取主动，公开表达自己的欲望，这是一种从所有情感中解放出来的欲望，只有最温顺、最色情的语言才能让她满足。每当佩东想开口说话时，她都打断他，或滑稽地模仿他。很显然，她丝毫不相信谈话的价值，只是一味嘲笑，对自己作为女人和王后的权力确信无疑："我的佩东，离我近些，近比远会更让您舒服。既然您在满足味觉方面比听觉更胜一筹，让我们在无限多的不重样的吻中找一找，看哪种吻最美妙，然后再继续。啊！真甜美啊，现在真是太合我口味啦！"

在爱的规则中，对快乐进行自由表达是男性的属性。世界被颠倒了，女人——这里是王后——为女性争取主动权，因为情人佩东只不过是其语言和欲望的反映，而她体现的则是男性力量的反面。

武器或笔

难道写作是性活动的补充，或至少是其替代品，是对两性平等的肯定吗？经常采用隐秘而非公开方式写作的女作家，在上述两个层面上宣称自己的自主权。男人承认她们有写作精美情诗或情感小说的权利，但却质疑她们是否有智力，特别是必要的力量来谈论爱情和体会真正的激情。舒瓦西修士[1]曾说她们"小家子气"，而且"天性柔弱"[12]。

更愿意看到她们和朱丽一样哭泣的卢梭认为，大部分女性的作品"和她们本人一样美丽而冷淡"，"理智但不够热烈"，与她们身边自命不凡的年轻雅士相称。她们的激动只是表面。"她们能写好只需要小聪明和一点儿品味和优雅，有时甚至含有哲理和推理的小作品。她们能够获取科学知识、广博的学识和才能，即一切经过努力可以获得的东西，但她们的作品总是缺乏能让心灵激动和燃烧的炽热光芒、能耗尽和吞噬一切的盖世才华、让人难以招架的雄辩口才，以及能将狂喜推向极致的崇高激情。"[13]

而女小说家们自己也都赞同这种评价，她们以谦虚的文学爱好者自居，称写作只是自己的嗜好，并不奢望拥有读者。用贝阿特丽丝·迪迪埃[2]的说法，女性写作是一种絮絮叨叨的写作，用词明快，语言风趣。故此，拥有精辟的、堪与马里沃[3]媲美的分析能力的里科博尼夫人[4]，在书的头几行便借玛丽安娜[5]之口表态说：

> 我为你们而写，我答应要与你们分享我后面的遭遇，我要恪守诺言。如果有人不喜欢，完全可以不睬我。其实，我写作是为了消遣。我喜欢说话，与人交谈，甚至有些喋喋不休。我考虑问题时而周全，时而毛躁。我有想法，感觉比较敏锐，这

---

1 法国修道士，作家（1644～1724），因有异装癖而闻名。
2 法国文学评论家（1935～　），巴黎高等师范大学名誉教授。
3 法国剧作家和小说家（1688～1763）。
4 法国作家，翻译家，文学评论家（1713～1792）。
5 马里沃的作品《玛丽安娜的生活》中的主人公。这是一部未完成的小说，里科博尼夫人创作了续集，但也是不完整的。

是一种天性，也是一种幼稚。可能并不合所有人的口味，但我觉得还不是太糟糕。这些构成了我性格中的闪光点……

男人虽然不相信女人的智力，但却荒谬地认为她们天生懂得如何放荡，并借机认定她们道德败坏。他们嘲笑她们大胆妄为，或假装如此。塔勒芒·德·里奥[1]称德雅尔丹小姐（维尔迪厄夫人[2]）的诗让他反感。[14]安德烈·巴耶[3]在评论德苏里耶尔夫人[4]时说："听说她才华卓绝，但某些自由之举却与其性别的廉耻心不相符，礼仪应让她有所收敛。"[15]人们指责穆拉特夫人[5]"夜里每个时辰都在唱荒淫之歌/一夜放荡之后竟敢从窗口往外撒尿"[16]。

为免遭批评，女小说家有时会用博学的文人的面具来掩饰自己，她们在历史的幌子下赞美过去的交际花，同时避免使用任何"会使最苛刻的羞耻心感到不安的表达"。如拉罗什·吉勒姆小姐[6]和她的《宠儿史》（1697）、贝达西耶夫人[7]和她的《美丽的希腊女人》等。至于梅欧斯特夫人[8]，她勇敢地在《艾米莉的故事或艾米莉小姐的爱情》一书上签名，以制造丑闻效果，并在该书的前言中假装谦虚地写道："一天，受对我这个性别来说相当自然的心血来潮的影响，我自娱自乐地写下了这几行字，没打草稿，也无提纲，纯粹就想找点事干……"

1　法国作家（1619～1692）。
2　法国戏剧、小说和短篇小说作家（1631～1683）。
3　法国贵族，死于1579年。
4　法国诗人（1638～1694）。
5　法国贵族小说家、故事家和女文学家（1670～1716）。
6　法国作家，翻译家（1644？～1710）。
7　法国女文学家（1670～1736）。
8　18世纪法国作家。

作者并未将她和叙述者艾米莉拉开距离，使得人们不太分得清哪些是作者说的，哪些是叙述者说的。[17] 但艾米莉却是一个穿衬裙的唐璜，她调皮捣蛋，但却不具悲剧性："我一生中激发过一百次爱情，但我自己却只感受到了两次，并不太多，我觉得我还是十分理智的。"[18] 她把她不再喜欢的情人打发走，等他死于海难时，她已彻底将他遗忘。顽皮少女的快乐帮她克服了一切忧伤，因为她经常拿修女或她的情人开玩笑，整天笑个不停。

快乐且玩世不恭的女性的爱情排斥感情，自给自足，完全符合情色小说的规则，但却保留了某种天真。在整个冒险过程中，艾米莉都算不上一个玩弄心术之人，而只是一个在某些方面要求独立的女性。小说塑造了一个可信的、细腻的、活泼的、有趣的风流女子形象。其中的男性形象则无任何深度。梅欧斯特夫人的文字追求高雅的风格，不带任何淫秽色彩。她提供了一种由诱惑和娱乐组成的阅读契约，不时给读者带来会心一笑。总之，这位女小说家在情色小说的创作中，捍卫的是写作的乐趣和谈论快乐的乐趣，远超越轨的乐趣。

其不同于男性作家之处在于一种明显的羞耻心，这种羞耻心被她用讽刺性质的优雅表达做了美化。女性创作的情爱小说是否有一种惬意的欢快感呢？《时代的风流女子》[1]一书据说是夏洛莱小姐[2]的回忆录，只是不知是出自路易十四的孙女本人之手，还是由一位男作家伪装的。[19] 该书具有大胆戏仿的特征，它赋予笑以重要地位，这是一种接近于闹剧的笑。

夏洛莱小姐躲到乡下去生产，怕宫里人知道她怀孕的事。当助产的医生"轻触到他应该触碰的地方时"，她爆发出充满活力的大

---

1 作者不详，被归类为情色文学。
2 法国国王路易十四的孙女（1695～1758）。

女人的笑：一段征服的历史

笑。宴会、饮酒等有趣的场景排除了任何反常的可能性。该书的研究者莫里斯·勒维[1]注意到许多细节的历史真实性，但他绝不认为这是作者本人在忏悔。因为女人，哪怕是公主，也很少直接涉猎淫秽文学。

多情的笑已成为穿越不同世纪的情色文学或艳情文学之程式化的浪漫表达。华多观察了几十个女人的笑容，并用三支铅笔进行勾勒，将这些笑容散布在茶褐色画纸的各个角落和各个方向。长期被礼仪规范禁止的笑容，使得人物肖像的特征十分生动，增强了其魅力，如卡尔波[2]雕刻的"戴玫瑰花的女郎"或普吕东[3]笔下可爱的梅耶小姐等。但这在19世纪的作品中仍较罕见。普鲁斯特采用古希腊诗歌中的意象，将吉尔贝特[4]的长笑描绘成"像水神一样光滑"。水神从海洋深处现身，突然亮堂堂地露出了脸，脸上显出能代替和模糊语言的神秘而暧昧之笑。笑一向都很神秘，是一种难以解读的语言。"这时，因无法达到她的笑所勾勒的那个更难捉摸的思想层次，我感到万分痛苦。"[20]

迷人的笑、天真的笑，卖弄风情的女人时有时无的、承诺身体快感但又不乏嘲弄意味的微笑。因激动和快乐而发出的响亮的大笑、在幸福瞬间发出的真诚的笑、女孩被取悦后发出的高喊声。猥亵的笑、真诚而有默契的玩笑、享有财富和权力的妓女发出的贪婪的假笑，在整个艺术中，多情的笑和微笑都显露在女人的脸上，它们与乐趣密不可分，并呼唤男人一起分享。"公主们，请任命我们为你们微笑的牧羊人吧"……

1　法国文学历史学家（1935～2006）。
2　法国雕塑家，画家（1827～1875）。
3　法国前浪漫主义画家（1758～1823）。
4　普鲁斯特的小说《在少女们身旁》中的人物。

精英之笑与大众之笑

"您不再愿意嘲笑任何不体面的事情，我深表遗憾，因为笑使人快乐，而快乐使人健康、长寿。"（1710年3月9日，巴拉蒂娜公主写给姑姑汉诺威公爵夫人的信）无论礼仪手册如何规定，当女人们聚在一起，如在洗衣房、市场、作坊、食堂，甚至在监狱的院子里，只要她们的喋喋不休能逃过男人的耳朵，只要她们可以毫无顾忌地嘲笑这个由男人创建，并为男人服务的世界的景象，她们都会毫无惧意地放声大笑。

在沙龙里故作高傲的、正派的资产阶级女性，"循规蹈矩的女人"，放下矜持姿态，与闺蜜们一起扑哧而笑。彼此的回答巧妙而活泼，有感染力的笑声此起彼伏，最后都忘了当初因何而笑。想让她们住口，让她们回归理性吗？在想象力的引导下，她们谈笑风生，互相说着闲话，讲着猥亵的故事。这种长舌妇性质的女人聚会让男人感到害怕。有观察者注意到，跟她们相比，男人的聚会可以获道德风尚证书。[1]

女人的笑：一段征服的历史

女人们不知趣的饶舌

身体总要捍卫自己的权利。在充满威胁的生存环境中，笑是一个气阀，能缓解由暴力、经济的不稳定、不确定的未来、危险的分娩和最后的死亡带来的压力。许多刺耳的争吵都是在家里以歌声和无法抑制的疯狂的笑结束的。社区居民的团结互助带来了默契。如果人们更了解法院统计的侮辱和殴打情况，而非饭局上的讲和情况的话，那么，韵文故事也使人们更加明白，许多夫妻都是床头吵架床尾和的。

有哪个男人愿意冒着被等着看笑话的村里人嘲笑的风险，去为自己的荣誉报仇呢？他们都清楚，妒忌者很快便会沦为女人们饶舌时奚落的对象。玛格丽特·德·纳瓦尔的《七日谈》，博纳旺蒂尔·德佩里埃的《闲书》，果里埃[1]、布谢[2]和杜·菲尔[3]的笑话，及15、16世纪所有的滑稽故事，虽大部分出自男人之手，却充斥着女人的笑。她们笑那些不可避免的戴绿帽子或受骗的故事，甚至在教堂神父的鼻子底下也傻笑……

这种自发的健康的大笑不含任何负面的东西。虽然它有时显得傲慢无礼，但却无意纠正不良风气，更不寻求任何结果。精神健康和身体健康是与笑相连的，劳伦·茹贝尔医生[4]和安布鲁瓦兹·巴累医生[5]都认为，有益于身心健康的笑"使精神集中，有助消化"，

1　法国作家（1509～1592）。
2　法国作家（1513～1594），他的作品中有晚间故事、逸事和俏皮话，活泼生动地再现了商人资产阶级的饭后谈话。
3　法国作家（1520～1591），他的作品既有娱乐性又有严肃性，描绘了16世纪的布列塔尼农村社会。
4　法国著名医生（1529～1582）。
5　法国外科医生，解剖学家（约1510～1590），通常被认为是现代外科之父。

且能排解忧伤。

优秀的耶稣会士，如弗朗索瓦·伽拉斯[1]、艾蒂安纳·比内[2]和《一只跳蚤的葬礼进行曲》（事实上，该书是用拉丁文写的）的作者皮埃尔-茹斯特·索泰尔[3]等，都毫不犹豫地把大笑作为最佳良药，以对抗厌食症，安慰接受他们精神指导的病人。[2]疗愈之笑的故事、医生的笑或猴子模仿的医生的笑，在16世纪的短篇小说集里随处可见，甚至在18世纪一些严肃的论著中也能找到其位置，比如在波因斯内特·德·西弗里的作品中[3]。

盖提医生以大笑为基础形成了一套治疗方法。"他只知道两个关键点：让病人保持快乐，尽可能让他暴露在寒冷中。"就这样，他治好了爱尔维修夫人[4]的梅毒。为让她发笑，他做了各种"怪相"和"一千种调皮捣蛋的事"。[4]用以调节情绪的挠痒痒治疗法是启蒙时代的发明，由著名的蒂索医生为诸如孩子和女人等体弱者推荐[5]。整个身体都能从这种自发的大笑中获益：源自快乐的"感觉之气"能激活所有机能，使皮肤光滑、脸颊红润、肌肉紧实、浑身暖和，从而使得"生命在身体的机器里熠熠生辉"[6]。

除去这些论说，我们对女人日常的笑又有多少认知？我们怎么才能听到其回声？笑就像"飞逝的话语"很难被留住。它偏爱某些社交型场合、节日、女性聚会、私人庆典及公共舞会。塞维涅夫人于1676年5月底在维希疗养时记录道：放荡的奥弗涅民间舞在奥弗涅地区盛行，从春天开始，"人们便群魔乱舞起来"。"还有一个高

1　法国耶稣会士，论战者（1585～1631），以对其他神学家和思想家的抨击而闻名。
2　法国耶稣会士，作家（1569～1639），他的作品具有清晰、优雅的风格和新颖的思想。
3　法国耶稣会士，诗人（1613～1662）。
4　著名哲学家克劳德-阿德里安·爱尔维修的妻子（1722～1800），许多启蒙运动的伟大人物都曾参加过她举办的沙龙。

个子男孩装扮成了女孩，快把我逗死了。他的裙子老是打开着，让人看得到下面那双玉腿。"男人是夜总会的常客，不过有的也会带上自己的妻子。随时都有笑和唱的机会。[7]

笑的场所

男孩女孩一起娱乐的快乐的乡村节日，有时会因饮酒过量而演变成斗殴或色情场合，因为愤怒和欢笑并不总是相距遥远。于是，严守教规的主教和本堂神甫反对这类无序庆典的频繁举行，17世纪的许多节日因而逐渐退出历史舞台。

个体首先通过团体而存在。有关笑的女人、举止粗鲁的女人、女仆、可笑的泼妇与刺绣女工的各种故事和描述，大多出自男性之口，因此有必要质疑这种压在女性身上的、反映男性沮丧情绪的、颇具嘲讽意味的指控。究竟是由于男人的恐惧，还是女人的饶舌，这一线团很难梳理。还应思考女性之笑是如何在大众文化和精英文化的冲突中占据中心地位的。自巴赫金的创新论述提出以来，这一冲突便构成了笑的历史学的传统框架。巴赫金在中世纪狂欢节的笑声中，既看到了对恐惧的胜利，也看到了来自民间的、针对文化教化言论和压抑人的礼仪规范的颠覆力量。[8]

女人之间的默契超越了社会阶层，因为性别团结战胜了阶级的对立。女主人会和女佣一起欢笑，因为负责穿衣、洗漱、整理、倾听诉说的女仆对家里的一切小秘密都了如指掌，她给养活自己的女主人出谋划策。[9]

笑声模糊了界限和条件。瑞士旅行家贝阿·德·穆拉于1725年不无惊讶地发现，法国的精英阶层愿意与底层民众分享快乐。[10]这是时代的问题。很可能由于16世纪体格强壮的女性在尝尽生活的艰辛后，比矫揉造作的女才子和爱眩晕的沙龙女人更适应闹剧之故。随着贵族生活方式地盘的扩大，精英分子开始反省，并与底层民众的粗野风俗划清了界限，显然，退避至民间文化的笑也逐渐远离了官方文化圈。然而，我们可以像贝阿·德·穆拉一样思考，是否女人在承担自发性的、无耻的轻佻和轻率的一部分责任的同时，没有担任更长时间的"摆渡人"。事实上，欢笑依然是社交的基本纽带。社会中的精英阶层，无论男女，其参加民间庆典的时间都比看上去的要长。通过身体的生命功能来赞美身体的那种好笑的、再生的怪诞，与笑的更为精神层面的、更有距离感的概念之间的对话从未停止过。

开心的饶舌妇

笑指的是一种相处方式。两个一起笑的人不可能成为敌人。笑声具有感染力，在两性之间架起了桥梁，使他们处于短暂的集体疯狂之中，增强了他们对于同一团体的归属感。他们会嘲笑同村的某个居民——巴尔扎克说，没有无"受气包"的团体——或自发地因失礼的情形发笑：排斥的笑或欢迎的笑。

根据社交需求的不同，笑具有不同的节日仪式和日常表现。从风趣话、助酒歌、快乐的说教剧、闹剧、滑稽剧、笑话集、喜剧、上门兜售的书籍、滑稽小册子、粗俗读物、广场游戏等传统中，演变出了多种笑的形式。笑从口头素材或文学作品中汲取营养，制造并传播着历经几个世纪都经久不衰的可笑的刻板印象。但由于场合和时代的不同，人们对刻板印象的认识不尽相同。[11]

男人和女人可能会因同样的故事和玩笑而发笑，只要这些故事是猥亵下流的。佩尔·尼克罗格[12]有关中世纪韵文故事的研究表明，因淫秽滑稽的故事而发笑的人不分阶级，也不分男女。那些让铁匠和渔夫的老婆或农民的女儿觉得好笑的下流话，对于贵族女子的耳朵也同样奏效——淫秽故事主要为精英阶层而写——而且，在大部分情况下，女人的羞耻都是表象，农妇和贵妇人都在偷偷地笑，且快乐的益处被所有人共享。

表现夫妻间之不幸和日常生活之不如意的闹剧和喜剧之所以获得成功，部分的原因是，在致力于对女人进行报复性的讽刺时，男女双方都受到了谴责：甘心戴绿帽子的丈夫，脾气暴躁、淫荡和谎话连篇的妻子。如果说女人往往有最后的发言权，丈夫最后也都会偷偷地实施报复。生活是一场闹剧，男人和女人被轮番嘲弄，韵文故事的艺术就在于尊重两性间的平衡。

口头文化虽广泛共享，但差异和差距依然明显，而相关的书面或口头证据薄弱。描写"女性聚会"的文学性书写均源自男性的想象，其中讽刺特征被故意放大。虚构和真实相互交织。被排斥在女性聚集地之外的男人对女性的社交有一定了解，于是，他将自己的焦虑、排斥和欲望投射到其笔下的笑女的性格上，将其塑造成一个总是喋喋不休的、好奇的、无视规则的，特别是不知羞耻的女人。

市场、教堂、洗衣间，男人被排斥在这些场所之外，且有可能在这里被辱骂。这里是家庭主妇们唱歌、欢笑和热情相见的场所，但同时也是报复之地，是谣言和流言蜚语的"加工厂"。19世纪文学中关于这类能说会道的女人放声大笑的刻板印象比比皆是，司汤达在《拉米尔》一书中描写的大喊大叫的诺曼底洗衣妇便是一例。她们不会放过一次斥责路人或嘲笑资产阶级的机会。或者还如《小酒馆》[1]中健壮的职业洗衣女工，她们在看到两名女工互相打屁股时

1　法国作家爱弥尔·左拉创作的长篇小说，作品展现了法兰西第二帝国时期手工业工人贫困、堕落的生活和悲惨的境遇。

会咯咯大笑。这种情形几个世纪以来未见有丝毫改变，即使当时男女不平等现象已不如旧制度时期严重，且人们强调更多的已是两性差异。

被排斥在无论是行业的还是玩乐的男性社团之外的女人，掌管着家庭事务，她们在男人去小酒馆喝酒时聚集在一起。针线活管不住舌头。趁着混乱和黑暗，长舌妇们的叨唠是一支浸染着嘲笑和诽谤的毒箭。《达斯塔夫福音》[1]中那些没了牙的老女人，并不满足于交流如何制作神奇的草药，她们还谈论过去的美好时光、婚姻和她们的爱情。从她们的名字"裸体的贝洛特""臭屁眼的佩雷特"便能猜到，其中一些曾做过色情买卖，且知道村里所有的秘密。与男人相比，女人接触到的变化和流动机会更少，因而是传统的"收藏馆"。

女人的话语中保留着人们想忘掉或不想说的东西，而她们那无礼但却不乏明智的笑则揭示出隐藏在礼节性外表之下的东西。缝纫工场织布、纺纱和理线的夜晚，被勃艮第人说成是"夜间纺纱时的叙谈"，即女人做活时的聚会，经常被村里的神甫看作有害，因为这会让年轻姑娘们听到流言蜚语、闹剧和淫秽之事。

邻里间的夜间叙谈

讲故事者最青睐的场合是夜晚邻里间的叙谈，这时，男性空间和女性空间并不完全隔绝。诺埃尔·杜·菲尔曾经描述过香槟地区人们的一场晚会，村里人都聚集到村中的要人罗宾·薛凡[2]家。[13]

1　由福卡特·德·坎布雷、杜瓦尔·安托万、让·德·阿拉斯编写的中世纪故事集，作品构成了欧洲中世纪民俗学研究的民族学和历史学资料。

2　杜·菲尔的作品《迈斯特·莱昂·拉杜尔菲的乡村言论》中的人物。

女人纺纱织布或做针线活，男人磨干活用的工具，老好人罗宾则"腆着像鼓一样大的肚子，醉醺醺得像个头脑迟钝的人，背对着火喋喋不休地说着"。人们低声哼着歌，听着好听的故事。而且，几乎可以肯定的是，在葡萄酒的作用下，有人睡着了，有人则爆发出阵阵大笑。

塔布罗·德·萨果尔[1]同样描述过第戎地区的快乐聚会。葡萄种植者的漂亮女儿们在纺纱的同时，接待着"愚蠢而讨厌"的求爱者的来访。"等冬日聊天的地方挤满了人之后，没完没了的玩笑和好听的故事便开场了。"都是些粗俗的闹剧和与性有关的玩笑，其中好多都讲到了屁，风格之淫秽全然不顾及小姐们的羞耻心。"要想觉不出冷该怎么办？——应该用手帕包点屎放到鼻子处，那样就只闻得到屎味而觉不出冷了。"[2]（《大居民区宗教协会妇女大会详录》）

女孩们不是最后发笑的人。"每个人都笑，特别是女孩，她们有些是放声大笑，有些则挤在一起捂着嘴笑。"[14]人们用笑和亲吻来回报最佳故事讲述者。[15]不同年龄段的人混杂在一起。年长的老人通常跟小孩一起笑，前者因某种建立在两个弱势群体间的契约而负责照看后者。在《驴皮记》中，巴尔扎克描写了波旁纳村永恒不变的，颇似一种"幸福的常规"的快乐：当孩子们嬉笑时，老太婆们也有说有笑。好奇的少女们则在一旁拾其牙慧，听老人们讲秘密的知心话。"年轻的嘴巴自个儿在发笑。"但教区主教却对"年轻人的夜间叙谈场所"心存怀疑，觉得那里简直就是个准妓院。

由于性格不同，有的男人害怕家庭主妇们的闲聊，有的则以此

1　又称艾蒂安纳·塔布鲁。法国文艺复兴时期的法学家，作家和诗人。
2　这里用了一个双关语，原文中所用动词sentir既有"感觉到"的意思，也有"闻到……味"的意思。

为乐。第一种人从中找到了充满恶意的女人作恶的证据，第二种人则分享她们的小秘密，并乐意大声地开几个玩笑。通过讲述猥亵的爱情故事来逗乐男女读者的博纳旺蒂尔·德佩里埃这样评价道："我高兴地看到，女人们在人前都装模作样地缝补衣服和纺纱走线，可只要人们稍不注意，她们便竖起耳朵听起了故事，然后等到只有她们时便开始大笑。哦，我的上帝，女人们，姑娘们，你们在私下里笑得可真爽啊！"[16]

而且，姑娘们有的是办法来逃避母亲的监督。虽然民俗学家范热内普[1]曾指出，在圣卡特琳娜[2]及圣阿加特[3]的庇护下，萨瓦地区曾出现多个女性团体，但在古代的农村世界，却几乎没有专为女孩而设的机构或修道院的痕迹。爱俏爱笑的姑娘们自娱自乐的方式是手牵手一起散步。

比如在法国南方，被排斥在年轻人大型聚会之外的姑娘们，以小组形式在榆树下唱歌跳舞，同时观察周围的情况。在勃艮第，人们发现成群的男孩、女孩和新婚夫妇经常乔装改扮去参加冬日夜间的聚会。[17]城镇的街道上常常上演好看的滑稽剧，流动的剧团无所顾忌地表演各类闹剧，以他们的方式进行着大量生动的教育。小商贩的叫卖声透着一股欢快而下流的味道："烟火筒，烟火筒，屁股越发暖融融。"友好的舆论也赞同这种自然的快乐，认为这是健康和良好性格的标志。有句谚语说："多唱，多笑，多跳，心情自然就好。"

---

1 法国民族学家和民俗学家（1873～1957），被认为是将法国民俗学作为一门科学学科的创始人。
2 基督教圣徒和处女，于4世纪初在马克森提乌斯皇帝手中殉教。
3 基督教圣徒，处女，殉教者，死于251年。

与《达斯塔夫福音》一样，《产妇床前的闲话》[1]并非一部简单的厌恶女性的文学作品。它是一部沿袭了古老滑稽传统的讽刺作品，介于虚构和现实、小说和报告之间，较为忠实地描绘了聚集在新产妇内室的一群无所事事的女人闲聊的景象。故事的叙述者是所谓的产妇的表兄，忧伤的他躲在与产妇内室相邻的屋子帘后，偷听长舌妇们开心的闲聊，以排解自己的忧伤。产妇刚刚生下她的第七个孩子，她的母亲就在她床边，两人一起在被称作"坏话街"的坎康普瓦街的住所里接待本小区的女性访客。后者的年龄和社会阶层千差万别。总共来了七十六位对话者，其中七位是贵族，十三位是公务员或法官的妻子，两位是中产阶级妇女，十二位来自商界或手工业界。

每位来访者都操着本阶层的语言恶意中伤身边之人。她们对各种有关婚事、丈夫们的事业、钱财、政治和不安等传闻了然于心。其中一人抱怨其父留下的财产还不如"穿猪血香肠用的纱线"多。另一人嘲笑一个花好几个小时修整自己胡子的主教。一个没了牙的老女人开玩笑说圣人没有得到颂扬，反而遭了炮轰。公务员渎职和食品昂贵问题则受到所有人的嘲笑。经常有人在话里话外说些猥亵下流之事，使得女人们爆发出震耳欲聋的笑声，"听到的人会以为这是一群在草地上大叫着、等着交配的母驴"。

女仆端上来丰富的点心，更增添了共享的快乐。愉快的闲谈在极其自由的气氛中持续了八天。"这个！这个！喝一杯吧！咱们有的是时间，而且，老公又不在！"事后，女友们各自散去，产妇和从藏身处现身的表兄一起放声大笑，嘲笑来访者身上的各种怪癖。略带羡慕的作者很喜欢这类饶舌，而且，在他的反女权主义面前，

1　一部匿名的讽刺小说，详细介绍了巴黎生活的各个方面。

任何社会阶层的女性都未能幸免。"大声笑吧/笑我所讲述的/素材是那么下流/找不到比它们更合适的/来让你们开心。"该讽刺作品于1622年以散页的形式发表，大获成功。《产妇床前的闲话之第二个晚餐后》是该书的第二部分，后面还有其他部分。作品全集有一个和解性的副标题："到了不再生气的时候了。"曾多次再版的《闲话》一书常被后人模仿。

为了娱乐：狂欢节

作家们历来就喜欢这种爱嘲笑人的出言不逊的女性社交，他们将其作为搞笑的诱因来公开揭露社会秩序。长舌妇们的聚会恰恰体现了社会的"反面"。自从阿里斯托芬描绘了平民妇女夺取权力和决定进行性罢工以来，女性的聚会为区分领导阶层、绅士和妓女的等级森严的男性社会提供了一个反模式。由于她们只靠自己的笑声和身体来统治，其权威因而只是一种滑稽的模仿。具有感染力的、爆发式的和经常有点过度的笑声证明她们头脑简单，从而使得对她们的征服合法化。更妙的是：能够对抗男性暴力的"好的女性之笑"，还可禁止任何伤害，最终起到确保既定秩序的作用。笑，是潜在的无政府状态，是武力、娱乐和快乐之关系的核心。

在城里，将市镇各群体集合在一起的狂欢节使得这一颠倒的世界正式化。事实上，这些快乐的群体在讥笑官方政权的同时，会遵守相应的规则来延续本群体的价值观。大量研究表明，笑的功能并非在于质疑等级层面的从属性，而更在于通过某种仪式性的颠倒来说明这一秩序的统一性和连贯性。身体在这几天拥有所有的权利：人们可以吃到撑，哪怕吃出病来都没问题，可以互相往对方脸上扔垃圾，并用粪便弄脏对方的衣服，还可以跳舞跳到筋疲力尽。等级被消除，老爷穿上了乡巴佬的衣裳，男人扮成了女人，但颠倒毕竟是例外。这些快乐的团体也设有带卫队和官员的法庭，他们戴上面具和带铃铛的驴子帽，来模仿权力机关。

在这种狂热的游戏、无序和大吃大喝中，女人究竟占据什么样的地位？我们知道，至少在古代，主要的节日"贵宾"和"疯子"群体，如傻母、蠢母和童年之母等，都是由年轻男子装扮的。甚至有神甫装扮成女人参加狂欢节的例子。[18]女人们走在队列中游行，参加筵席和舞会，跟大家一起闹哄。市镇有关化装舞会的管理规定通常是针对男女两性的，这就表明她们至少是作为观众参与其中的。在一些北方城市，人们还提到专属于女人的节日，如忏悔节前的星期四。在一年当中的其他时间，如市镇举办的五月节中或主保瞻礼上，各区推选自己的女王。女王在一天内享有各种权利，包括选择男舞伴的权利。

对可笑之人的惩罚

在许多狂欢节表演中，没有真正的女人出演，因为露天舞台上只有男人。但同时，女人在象征层面上却是随处可见的，因为大部分游戏和演员的反串都是以夫妻冲突为背景的。从一个酒馆到另一个酒馆，年轻男子参与闹剧和傻剧表演，嘲笑女老板们、姑娘们和给丈夫戴绿帽子的穿短裤的妻子们。当人们用小丑式的装扮、怪诞的小怪物的出生、男性化的可笑的女人、被视作动物的女孩来嘲笑女人的身体时，观众便会发笑。

纽伦堡的一出剧描绘了一群在斋戒前未结婚的青年女子。她们成为一起吵闹行为的牺牲品，因而被绑在犁上，或像鲱鱼一样被撒上盐水以保鲜。[19]"被征服的丈夫或亚里士多德的抒情小诗"意在渲染一个老套的主题：就连无比贤明的哲学家都无法抗拒女人的任性。每当涉及表现疯狂的女人、异乎寻常的女人、暴躁的女战士、爱撒谎的女人、爱抱怨的女人、骂骂咧咧的女人，以及一些总是寻找借口不履行妻子义务，一旦遇到喜欢的村里小伙却又欲壑难填的女人时，暴力便与解脱的笑相距不远了。性和权威是这类幕间小喜剧的中心问题。这是男人实施的短暂报复，由于经常被羞辱，他们在剧中将情形颠倒，让平时不听话的女人受尽侮辱和谩骂。

狂欢节并不表现女人的欲望，因为这样做太具颠覆性。装扮成女人的男人总能凭借滑稽的动作和模仿引人发笑，相反，戴上面具扮成男人的女人却隐藏着反叛的根源，因为其滑稽的外形可以超越活力和生殖力的象征，变得淫乱、放荡，从而导致各种厌恶女人的反应：于是，女人们从狂欢节的快乐女王变成了暴力批评的对象。[20]

在几小时内，由官方权力控制的狂欢节的笑，象征性地在社区成员之间引入了平等，并庆祝新的生命和春天的到来。这些年轻人的目的是能体面地结婚；他们利用狂欢节上的放纵来驱除危险，并让女人知道，他们打算掌握家庭的主导权。因为虽然法律条文、宗教教义和医学都证明，男人对女人的支配具有合法性，但男权却总是被女人摧毁或夺取。被排斥在公共领域之外的女性以非正式的方式行使权力。她们负责食物和家庭事务，拥有男人没有的神秘知识，使得丈夫在做许多决定时，不得不听取女人的意见。

喘不上气的笑

莎士比亚的喜剧不落俗套，且接近日常实际。无须通过狂欢节，其作品中的女性之笑便能有效地撼动某些等级秩序，挑战先入

女人的笑：一段征服的历史

为主的观念。诚然，在《驯悍记》中，是彼得鲁乔强迫凯撒琳服从，但更常见的还是活力四射的年轻女主角指挥他人，如《皆大欢喜》中的罗瑟琳或《第十二夜》中装扮成男孩的维奥拉，《爱的徒劳》中嘲笑绵绵情话的罗瑟琳，以及《无事生非》中爱挖苦和讽刺人的贝阿特丽丝等。一群机灵而快乐，有时还勇敢地穿上男性服装的女孩，不把社会规范放在眼里，并敢于揭露社会偏见。

她们的笑是出于对笑的渴望，而不是为了说教。在《特洛伊罗斯与克瑞西达》中，身不由己成为特洛伊战争导火索的美丽的海伦在挠特洛伊罗斯光溜溜的下巴时，发现了一根奇怪的白色汗毛，忍不住扑哧笑了出来。被她带笑的还有悲惨的赫库芭和所有这场悲剧的主角（I，2）。《温莎的风流娘儿们》一剧很明确是在向狂欢节闹剧色彩倾斜，并将那些规定男性拥有权力、贵族统领平民的法则一一推翻。

很久以来，狡猾而自负的福斯塔夫爵士不就想向已婚的正派的中产阶级妇女抛媚眼，企图分享其丈夫的钱财和床位吗？其所觊觎的福特夫人和培琪夫人对他的狂妄言论不以为然，并策划了她们的报复。这个夸夸其谈之人落入了她们所设的陷阱中。其第一次好色企图以被装进盛放脏衣服的篮子，并被仆人扔进泰晤士河而告终。接着，在第二次冒险中，他遭到了一群假仙女的围攻和痛打。这位朝臣原本像鲸鱼一样大腹便便，像公鸡一样爱慕虚荣，最后却饱受平民的侮辱和奚落。

因此，正是这些拥有可靠的主妇美德、会吹牛、性格泼辣、爱开玩笑的女人，在家庭中起着主导作用，并为性别斗争找到了出路。如果她们破坏了丈夫的特权，她们也证明了妻子可以在保持美德的同时过快乐生活。"我们爱笑，也爱开玩笑，但我们不做坏事。"（第4幕，第2场）

愉快的饶舌、民间节庆、滑稽的游行队伍：在任何"有狂欢节光芒"闪耀的地方，在任何可以排斥基督教原罪的说教阴影和崇高的理想圣母形象的粗俗传统中，女人都在场，并因"人性中卑鄙、粗俗、肉体和物质的东西"而笑[21]。因为她们被排斥在理性的话语之外，所以她们"用来娱乐"的话说出了人们不敢说的东西，一种带有要求的和放荡的东西。嘲笑伤害不了她们，因为她们逃避严肃的规则。

被禁锢在家务中的女性不再是喜剧表演的"积极参与者"。即使出现在巡回剧团中，她们也只是充当耍把戏者、歌手或杂技演员，而女性的滑稽角色则由男人反串。而且，女演员的名声欠佳，经常类同于妓女。只有极少数女演员的名字为人熟知。要到1630年之后，女人才真正可以扮演乳母或女仆的角色。1663年，莫里哀的《牧歌喜剧》中那位又唱又跳的埃及女人的扮演者，依然是一个名叫诺布雷·埃内的男子。

但在这一普遍现象中有一个例外：女人可以成为"被雇用的"宫廷小丑中的一员。这些小丑拄着人头杖供君王娱乐，并肩负向权贵们提醒世界之无理性和命运之不确定性的使命。但这类女性也很少见，在历史上只留下了几个人的痕迹，如"彩色夫人"和"玛尔戈·拉缪塞特"。

17世纪初，一个名叫马图林娜的女小丑名噪一时。这个穿着绿色天鹅绒紧身短上衣、骑着白马的"巾帼战士"佩剑穿过巴黎的大街小巷。她所代表的远非一个让人嚼舌的滑稽可笑的淫荡之女形象。她穿着滑稽的衣服，与伙伴纪尧姆先生一起在新桥上出售由她自己或一些不愿透露姓名的人撰写的抨击时事的文章。她那有时显得有点无情，但却十分搞笑的"马图林娜文"是善良的巴黎民众舆论的风向标。

她的扮相虽然有些放肆，但却得到了亨利四世的赞赏，后者以亲密的态度对待她，并赠送她礼物和爵位，这些反过来更加剧了其传奇色彩。[22]女人是骗子吗？但女小丑说的却是实话。然而，她从事这个职业的时间并不太长，在受雇于路易十三一段时间后，她于1627年前离开了舞台。疯狂母亲剧团于1630年解散。越来越严苛的规定压到了街头艺人的身上。被认为有悖于礼貌规则的小丑及其滑稽言行的时代一去不复返了。

高隆比娜、杜瓦内特[1]、尼科尔[2]、桃丽娜[3]，笑女角色

然而，仍然需要丑角来讲露骨的实话。当节庆活动不再活跃，职业小丑消失，闹剧中的经典人物如充好汉之人、侏儒及小丑从舞台上消失后，其他搞笑的声音又响起了。笑女的角色由一个正在崛起的人物担任，她处于道德规范的边缘，是社会各阶层之间的中介。这便是讲真话的女仆。其在文学上的刻板印象可以追溯至拉丁喜剧、中世纪闹剧和意大利戏剧中的女仆形象。

在某种程度上，她们是职业笑匠，她们的笑是自发和坦诚的。这种不体面的笑不为经特伦特改革而变得井然有序的社会所认同。女仆们的生活没有禁忌，她们的忠实换来雇主家庭的信任，她们便可在这个家庭中享有舒适的安全感。她们不识字，这就使她们不会变得迂腐、感伤和忧郁。而且，她们中的大部分都没有需要捍卫的特殊利益，因此她们可以完全自由地放声大笑。让·艾默里纳[4]曾

---

1 莫里哀的喜剧《无病呻吟》中的人物。
2 莫里哀的喜剧《贵人迷》中的人物。
3 莫里哀的喜剧《伪君子》中的人物。
4 法国学者，作家。

准确地指出，喜剧中的仆人和女仆起着"双重"人物的作用，代表着男女主人被抑制的冲动。[23]

这些有着七情六欲和生活乐趣的双重人物体现了"孩子意识中的快乐原则"，而主人们则往往被社交应酬和财产管理搞得焦头烂额。仆人们"净化"了贵族阶级的低俗本能，并要求肚子的权利，笑、吃、喝、爱。

喜剧女仆的一般模式涵盖了各种类型和情境，交替出现在意大利喜剧、莫里哀剧团和勃艮第府剧院的舞台上。贴身女仆、心腹侍女（此名来自著名小说《阿玛迪斯》[1]中的侍女）、仆人、侍女，她们的角色随着社会和公众喜好的变化而变化。一项由王太子妃玛丽·安娜·德·巴伐利亚颁布的法令，于1684年规定了意大利喜剧演员的人数和角色。他们共有十二名演员组成，两人为一组。其中"两名女演员扮演严肃人物，另两名女演员扮演滑稽人物"，前者的角色是恋爱中的女人，后者则是女仆，她们为女主人出谋划策，敢作敢为。但在实际中，该框架并未得到严格遵守，而是根据演员的性格和故事的安排，不同角色之间互相渗透。

首批女演员之一的卡特琳娜·比安科莱利是一位睿智、机灵的淡褐色头发女郎，她成功饰演了"有点疯疯癫癫的"或"顽皮的"高隆比娜一角。在她之后有一长串举止轻佻的女演员饰演该角色，直至1697年意大利剧团解散。莫里哀剧团同样不乏知名人士：令人喜爱的最早的女演员之一马德莱娜·贝贾尔演绎性格专横、伶牙俐

---

1 《高卢的阿玛迪斯》，中世纪欧洲最著名、最流行的骑士小说之一。原作者未知，原书创作年代不详，于约13至15世纪以抄本形式流行于伊比利亚半岛。15世纪末由西班牙卡斯蒂利亚的人文学者加尔西·罗德里戈斯·德·蒙塔尔沃增校成书，出版后风靡欧洲，掀起了骑士小说阅读和创作的高潮。

齿的桃丽娜（《伪君子》）；众所周知，博瓦尔小姐[1]和贝勒库尔夫人[2]曾帮莫里哀修改剧本，为剧本增添了幽默和淘气的色彩，特别是在图瓦内特倒封闭马桶这一细节上（《无病呻吟》）。

女仆有时是喜剧情节的暗中策划者，有时则充当主人的成规的讽刺性对应物，来指明其可笑之处。有些女仆更加淘气、可爱和无私，有些则更有野心，更轻佻，更加贪婪和狡猾。这些都是作家进行主题渲染所依赖的基本的老套观念。喜剧的主题几乎都是有关金钱和爱情的，而女仆的笑则是自由之笑。在雷纳尔[3]或法杜维勒[4]的法国喜剧中出现的年轻的高隆比娜的阅历超出了其年龄。[24]身为女仆或女冒险者的她总是喋喋不休，但从她嘴里说出的话合情合理。这是一个天真而健康的平民女孩的见识，她在为心灵的权利辩护，并谴责包办婚姻。

莫里哀喜剧中的女仆以睿智而招人喜爱。《贵人迷》中的尼科尔不可抑制地发出"嘻嘻嘻"的笑声，《女学究》中的马尔蒂娜连珠炮似的说着话，泽耶比内特看到一个老头被装在著名的斯卡潘的袋子里遭到痛打时突然大笑起来[5]。她们的暗笑与某种假装的幼稚有关，同时也与某种保守主义有关，但这种保守主义并非倒退的愚蠢行为，而是在人类的疯狂面前表现出的某种理性。女仆们富有感染力的快乐传递给了观众，后者因自己的优越感得到仆人的确认而笑得更加畅快。

1　法国舞台剧演员（1648～1720），于1670年受聘于莫里哀的公司，1680年成为法兰西喜剧院的一名演员，1704年退休。
2　法国女演员（1730～1799）。
3　让-弗朗索瓦·雷纳尔是"继莫里哀之后，17世纪最杰出的漫画诗人"，以1681年的旅行日记闻名于世。
4　法国意大利喜剧作家（1715～？）。
5　莫里哀的喜剧《斯卡潘的诡计》中的情节。

女仆们通过手势和面部动作、单足脚尖旋转和两腿相击的跳跃动作等来逗人发笑。高隆比娜用撩裙子的方式挑逗观众。她卖弄风情，滑稽地模仿主角们的步态，乔装改扮，曾一连装扮过多位人物。她咳嗽、吐痰、唱歌、龇牙咧嘴地大笑，就连顶嘴时都会辅以各种放肆的动作和声音。桃丽娜在门口偷听。《无病呻吟》中的杜瓦内特往阿尔冈身上扔枕头。《贵人迷》中的尼科尔是最搞笑的，她把整座房子都抢占了，还不计后果地当面嘲笑茹尔丹先生。且因有茹尔丹夫人撑腰，她对茹尔丹先生的讽刺甚至到了肆无忌惮的地步，使得后者不得不面对双重攻击。马尔蒂娜[1]对克里沙尔的生活发号施令，并训斥那些自以为是的女学究。一些女仆在舞台上互相殴打。[25]大部分女仆都和杜瓦内特一样贯穿全剧始终，她们热情洋溢，极具感染力：对身体的快乐的贬低，对消化和性功能的隐射及滑稽的动作和杂技表演，都突出了与文明准则的距离，但她们那处于无政府状态的、发育良好的且绝对健康的身体，却主张人们去相互靠近，感受温暖。

机灵的女仆

过分的滑稽保证了信息的无害性。与手势一样有效的喜剧效果，也在于集虚张声势、玩笑和胡言乱语于一体的无礼的直言不讳。宫廷里的谈话艺术在于减少粗俗的用词，掩饰真正的想法，而在女仆的王国里，日常进行的都是下流的对话。高隆比娜说着令人讨厌之事，且满嘴粗话，俨然一个平民的女儿。桃丽娜谈论"打嗝"。二者都会开些非常下流的跟灌肠有关的玩笑。

---

1 和下文中的克里沙尔一样，都是莫里哀的喜剧《可笑的女才子》中的人物。

不恰当的句法错误、不准确的语法表达、方言、行话、新词及古语都使美丽的语言变得滑稽，凸显了存在于仆人世界与主人世界之间的鸿沟：前者的语言极为坦率，后者的语言则十分做作。但作者与作者也有区别：下流的话和色情的暗示是意大利戏剧引人发笑的原因，并使其有不雅之嫌，而在莫里哀的作品中，这类特征已有所减弱或消失。

雷纳尔笔下的高隆比娜的用词不落俗套，她嘲笑其求爱者打了个"温柔的嗝"，嘲笑阳痿的丈夫"阉鸡"般的进攻，还嘲笑只会玩手枪、"心脏上布满火药斑"的士兵居然奢望拥有爱情。有些玩笑话经常令人起疑。《女士科学院》[1]中有位女学者，她的名字起得好，叫品达雷夫人，曾写过一首情诗来表现"某位情妇的不专一，她只因其情人从后面叹气便将其更换"[26]。女仆们从头至尾都在发表自己的看法，谁也无法让她们闭嘴，谁也欺骗不了她们。她们的笑得到了观众的认可，后者虽然不完全相信她们所说的话，但却为她们的理性喝彩。

仆人世界呈现的是世界的反面。大部分喜剧都是对社会生活、时代风俗，甚至有时是对政治时势的滑稽模仿。意大利喜剧通过表现受折磨的仆人之短暂的浪漫、富有的寡妇或老头对花季少女的恶心之爱，来饶有兴致地嘲笑伟大的爱情神话。一般都是姑娘追求小伙，因为舞台上的乔装改扮促进了性别倒错现象；人们拥有几乎是彻头彻尾的爱情自由；每一场婚姻都离不开出轨与放荡行为。在这些人物身上找不到任何心理或道德的基础：没有空灵的爱，也没有骑士的荣誉，而只有一个"疯狂的，有时又粗俗的缪斯"（保罗·阿

1　法国作家、历史学家、律师尼古拉·朔里耶（1612～1692）的作品。

扎尔[1]）。仆人爱情的单纯与主人在情感、社会及经济方面的复杂形成了强烈反差。

姑娘们期望从婚姻关系中获得财富和自由，因为"结婚不是为了放弃情人"。高隆比娜对其追求者明确了自己作为自由的妻子的权利："先生，您知道，巴黎的女人结婚可不是为了守在家里。"[27] 而且，既然"男人是一个愿意被骗的动物"[28]，这些又有什么关系呢？显然，有个性、有笑声、有权力的是女人，而男人只能忍气吞声。到17世纪末，特别是18世纪，作为时代标志的高隆比娜轻佻的程度有所减轻，但却变得更加傲慢无礼，甚至玩世不恭，而且，她还影响了她的法国同行。

女仆对放荡的社会已不抱任何幻想，意识到金钱权力的她嘲笑强权阶级的放荡生活，并用自己的人生经验帮助天真的少女，使其避免与一个嫉妒心强的老头缔结不协调的婚姻。有时，意大利戏剧舞台上的笑声因其发自无意、毫无节制、有失体面而让人无法容忍，愤慨的台下观众会大声起哄，导致表演无法正常进行。

启蒙世纪的人们认为滑稽表演是对理性的可恶践踏。霍尔巴赫[2]对此感到不快："我们已经看到，让国家和我们这个世纪蒙羞的是，庄严的歌剧院被可鄙的杂耍艺人亵渎了。[……]歌剧院的观众在笑，而且是在放声大笑。"[29] 这类骚动并不罕见。

1　法国历史学家（1878～1944），专攻思想史，主要作品有《欧洲思想的危机》等。
2　法国哲学家（1723～1789），无神论者。

粗俗的笑

在风俗喜剧中，女人的笑有别于男人的笑，它凸显故事的精彩之处，并以其轻快活跃影响故事发展的节奏。男仆一般都比较愚笨，是其主人庸俗且低等的翻版，而莫里哀喜剧中机灵调皮的女仆们则一眼便能判定形势。她们擅长抓住时机，大胆介入。她们口齿伶俐，且喜欢纠正自己的同类。

从女仆到女商贩

善于活跃气氛的女仆一角以另一种方式将渐趋消失的快乐保留了下来，她捍卫一种与有抱负、有智慧之人的微妙态度截然相反的、坦诚而自然的平民之笑，并使其具有疗愈价值。马里沃笔下的侍女与贵妇一样高贵典雅、仪态万千，其魅力与智慧堪与自己的女主人相媲美，以至于后者的追求者常将二者弄混，但侍女身上却从未失去来自农民出身的活泼调皮的本性。马里沃刻画的年轻可爱的黎塞特[1]善搞阴谋诡计，但对女主人却始终忠心耿耿。主仆关系十

1　马里沃的经典戏剧《爱情偶遇游戏》中的人物。

分亲密，但后者比前者更快乐，在行动上更自由。

正如在哥尔多尼[1]笔下高隆比娜变成了诙谐和浪漫的科拉林娜[2]一样，女仆的类型也随时代的变化而变化。与费加罗[3]订婚的苏珊娜[4]虽拥有许多之前女仆们的特点，但却已将贵妇的教训内化。博马舍[5]希望把她塑造成一个快乐、"灵活、机智和爱笑"的女子，却又不像"使人堕落的女仆那样无耻"，他如此解释以自我辩解。她与费加罗的婚礼是她精心设计的圈套的出发点，她在剧中的地位至少与罗西娜[6]等同。

她狡黠、光彩照人，且略显调皮。为挑逗男人，她能装出一副天真样，做各种媚态。正如莫里斯·迪科特[7]在研究了从莫里哀到博马舍所创作的主要戏剧人物之后所指出的那样，让因扮演这一角色而大获成功的女喜剧演员（从孔塔小姐到乔治小姐，从马尔斯小姐到1906年的贝特·塞尼，再到贝娅特丽克丝·迪萨纳、米西琳娜·布岱、马德莱娜·雷诺和罗茜·瓦尔特）感到真正困难的一点是，苏珊娜这一角色几乎从头至尾都没离开过舞台，而且她还必须始终保持快乐，始终在笑，且笑得不让人感觉乏味，"这种笑不像泽耶比内特近乎机械性的笑，[……]而是一种更为庄重、由衷的笑，同时又能对各种可能出现的危险做出防卫"[1]。

她调和了身体之笑和心灵之笑，其心理的复杂性使其从众多女仆形象中脱颖而出。在笑脸的背后，在娱乐节上佩戴的微笑面具背

1　意大利剧作家（1707～1793），1762年被流放到法国。
2　哥尔多尼的喜剧《多情的女仆》（1752）中的人物。
3　法国剧作家博马舍《费加罗的婚礼》中的人物，是一位青年男仆。
4　法国剧作家博马舍《费加罗的婚礼》中的人物，是伯爵夫人的侍女。
5　法国喜剧作家（1732～1799）。
6　法国剧作家博马舍《费加罗的婚礼》中的人物，是一位伯爵夫人。
7　法国文学家，小说家（1923～2000）。

后，有着一种面对行将就木的社会冷酷无情的清醒。女仆们代表常理，表明了女性对男性不公正的反抗和对强权阶级的嘲笑。有时，她们会变得更加淘气，且对成为媒人这一点并不反感。

总之，18世纪的女仆已经开始像贵妇那样装腔作势，她们温柔地用嘴而非用整个身子来发笑。既然资产阶级女人的谈话方式已与侯爵夫人无异，女仆已开始撒娇献媚，那就必须去别处寻找那种爆发式的、不得体的、返祖式的笑，那种总能勾起人们对儿时黄金时代的感伤之情，并能扰乱现实的笑。其他女性形象具有了反抗功能，城市暴动为喜剧作家提供了相关典型。哲学家断言：只有人民才懂得笑。

在"妇女集会"的基调上，卖水果的、缝补的、卖菜的、贩盐的、洗衣的市场女商贩等成了狂欢节的象征，也成了随和的下层民众的代言人。她们对所干的低贱工作并不感到羞愧，并保留了对节日活动的爱好，这些活动有的甚至具有下流和抗议的色彩，与官方文化相对。

直接继承17世纪滑稽血统的粗俗的风格或神话是由文人制造的。这种风格将达尼埃尔·罗什[1]所研究的"巴黎人民"的直言不讳和土语俗话移至文学形象上，并培育了"谩骂"这一滑稽可笑的艺术，其中包含辱骂、淫秽的句子和放荡的笑。粗俗的滑稽表演在巴黎的沙龙里十分流行，角色扮演者均为侯爵和侯爵夫人，甚至连王后的小剧场里也有类似的表演。在1765年的沙龙里，狄德罗曾十分高兴地对格勒兹画笔下的一位漂亮的女商贩做了如下描述："她身材丰腴，脑袋后仰。她那白皙的皮肤、凌乱的头巾及痛苦和欢乐相交织的表情，表达了某种极致的情感，让人更多感受到的是她的

1　法国历史学家（1935～　　），其主要贡献是将文化史和社会史牢牢地联系在一起。

温柔，而非画作之逼真。"人们嘲笑洗衣妇卡托、梅吕什大妈和戈迪什小姐，并在瓦岱和盖吕斯伯爵经常光顾的社交晚宴上[2]模仿她们发小舌音的方式。老百姓在看到狂欢节上表演的滑稽而下流的街边喜剧时，笑得和文人一样欢，但方式可能有所不同。这些喜剧很快便有了兜售的文学版本。

政治类抨击文章

笑女角色依然有着十分美好的前景。从内克尔[1]重新上任后，一直到1793年，用粗俗语言写成的政治类抨击文章取代了游行。人们在圣日耳曼庙会的流动剧院上，大声朗读或表演专栏文章和政治宣传单上的内容。1789年至1791年间，这类文章主要针对国民大会和第三等级而写。集体想象力通过勇敢、自负的女人的滑稽的刻板印象得到释放。这些攮拳叉腰的女人大声斥责老顾客，满嘴俚语，长篇大论中不时夹杂着"见鬼"等粗话，评论时事时情绪极其激昂。

革命的节日是声音洪亮的马戈顿、索蒙大妈、迪歇纳大妈、昂格勒夫人、昂戈夫人的天下。[3]正是这些市场的女商贩在陈情书和意见书上签了字，与体制的既得利益者们作对。后者包括牟取暴利的商人、神职人员、长袍法官、医生、议会的伪君子、警察、密探、穿戴羽毛和饰带的侯爵夫人。这些被认为源自"人体最有意思的部分"的搞笑的请愿书，因被女性化而显得十分有趣。

请愿书的语言直白、粗俗、暴力，有时还故意显得笨拙，以模仿那些说话直截了当、深知自己连珠炮似的讲话能逗人发笑的平民妇女的刻板风格。在对达官贵人的特权所做的无情批判中，夹杂着

1　法国国王路易十六的财政部长（1732～1804）。

有关鸡蛋或面包价格的评论，全文充斥着语法错误和离题话，意在提醒听众，这只是一群可怜而无知的粗俗女人在"发牢骚"。这些看似漫不经心、语调似饶舌般调侃、颇具马图丽·拉·弗勒[1]风格的短文，内容翔实、构思精巧、结构紧凑。[4]

　　市场的女商贩如此出色地扮演了放荡而无礼的愚蠢母亲形象，以至于人们毫不怀疑是一位男子在替她们执笔。在这种完全不同于旧时狂欢节、服务于意识形态的政治狂欢节上，仍由女人按照最符合规范的笑的传统，来担任与饮食文化和淫秽文化相连的滑稽主体。正直快活的姑娘和破口大骂的悍妇是同一刻板印象的正反两面，她们以一种令人难以察觉的方式，在既定秩序和权力的拥护者面前说出真相。"女商贩风格"使得爱"开玩笑"的街头妇女形象在大革命之后还持续了很长时间。对节日庆典上的民众来说，怎么过分都不为过，放纵是生命力的表现。善良的昂戈夫人是所有市场女商贩的王后，她能滑稽地模仿高贵的夫人，却又忠于自己的出身。她与传统闹剧中的人物一样粗俗下流，就连19世纪末的观众都能被其逗乐：

> 卖海鲜的女商贩
> 有成千上万的理由
> 讨人喜欢
> 从市场到鱼儿……
> 十分美丽，特别无礼，
> 钱袋鼓鼓，
> 毫不拘束，伶牙俐齿，
> 这便是昂戈夫人。

1　先后是法国国王亨利三世、亨利四世和路易十三的宫廷弄臣（1589～1627）。

在精英们那边

人们会说，这些是女商贩和好女人的故事！可宫廷贵妇并不比平民妇女笑得少。陶醉于淫秽故事的公爵夫人或公主的数量是巨大的，她们的笑声撼动了历史上过于尊重的沉默。1696年，比埃尔·培尔在一封信中抱怨她们行为自由："看来，妇女们已经忘记了自己与男人是不同的性别，她们竭力采用他们的礼仪，已经与他们如此熟悉……"乔装改扮并非民间狂欢节的专利，波旁宫的游戏中也有其身影。而且巴黎并非圣洁之城。

谁会相信，直到18世纪初，教堂有时还像一个戏剧舞台，神甫们会毫不犹豫地施展自己逗笑的演说魅力，以吸引信徒们的注意力。1702年的封斋期，旨在吸引众多巴黎嘉布遣会信徒的娱乐活动得到了巴拉蒂娜公主的响应。"讲道台上有两位神甫。其中一位假装是个不信神的坏人，另一位企图使他皈依，他们之间的对话听了都能让人笑死。我经常被吸引着去听这些可爱的神甫的表演。但人们知道我不是虔诚的信徒，也许会猜到我去那里只是为了消遣，所以我后来没敢再去。"（1702年10月4日，给汉诺威的索菲的信）

这类护教论应该相当多见，以至于颂扬"眼泪修行"的博絮埃[1]、尼科尔和朗塞[2]公开反对这种慰藉方式。拉布吕耶尔[3]如此谴责发笑之人："基督教的讲道变成了表演。心灵中合乎福音的悲伤已荡然无存，取而代之的是表情的优势、声调的变化和动作的调节……这是千万种消遣之一。"（《论讲道》，第1章）

很长一段时间里，戏剧都是学说玩笑话的学校。斯卡龙曾于

---

1 法国国王路易十四的宫廷布道者（1627～1704）。
2 法国修道士（1626～1700）。
3 法国哲学家，道德家（1645～1696），代表作是讽刺性的《品格论》。

1657年徒劳地宣称，喜剧"在今天已得到净化，不再含有淫秽的成分，至少在巴黎是如此"[5]，因为总有剧团以说下流的双关语为乐。莫里哀的继承者们敢于玩文字游戏，以刺激人们的想象。滑稽情节总是通过不合礼仪的言行来展开。《可笑的女才子》一剧的最后，被揭穿的仆人连衣服都给扒光了："快，马上给我剥掉他们的衣服。"直到1697年，意大利喜剧演员都能毫无风险地"在舞台上说脏话，有时甚至还有亵渎宗教的言行"[6]。

由于女人太柔弱，容易被腐蚀，因此大部分喜剧表演都不对她们开放，这既因喜剧情节太过放荡之故，也因必须避免跟放肆大笑的观众杂处之故。有的丈夫允许自己的妻子进入勃艮第府剧院，条件是她们不能看序幕，因为里面尽是放荡的语言和多少有点淫秽的歌曲。女士不能落座在剧场正厅，因为那里都是男性观众，他们会毫无顾忌地开粗俗的玩笑、哈哈大笑或者吹口哨，哪怕正在上演的是悲惨的一幕。

位于过道正上方的一等或二等包厢专为女士所设，常年出租。她们可以把脸藏在面具或扇子后，在里面肆无忌惮地笑。也有一些女人戴着帽子，小心翼翼地不让别人认出来。[7]但有时，包厢和剧场正厅的差别会引发两性之间的对抗，一位贵族妇女成了不受约束的氛围的牺牲品。

杜·博卡奇夫人[1]在"某某夫人写给朋友的一封谈论演出的信"中说，她们中有位夫人，只因出现在一部稍显猥亵的喜剧的观众席上而被正厅观众嘲笑。女人们如果想放开嗓子大声笑，除了装扮成男孩以外别无他法。《女士日记》的编辑波美夫人[2]被撞见穿着男装

1　法国诗人，书信体作家，剧作家（1710～1802）。
2　法国女权主义者，记者，编辑（1720～1766）。

去看戏。乔治·桑说起过她的姑姑和奶奶偷偷溜进剧院的事。事实上，被禁止的笑、粗俗的语言以及应被净化的身体的滑稽模样，都逃脱了礼仪的约束，礼节并未能如教育家们所希望的那样，轻而易举地阻止人们发笑。19世纪的道德家们依然认为，有教养的年轻姑娘绝不应该观看莫里哀的喜剧。以唱为主的歌剧因藐视理性和严肃而遭到质疑，但却到处受到喝彩。

尽管遭受审查，滑稽的身体在快乐的气氛中不知羞耻地展示自己的时间，要比文明条约的潮流所希望的要长得多。这里不包括塔勒曼·德·雷奥[1]和其他几位回忆录作家描写的发生在宫廷里的淫秽故事。奥地利安妮王后[2]的贵妇、国王面前的红人安热利克·德·拉法耶特的遭遇逗乐了所有贵妇，因为她"笑得有点猛"，有时会在自己的座椅上留下一摊水。杜维邦小姐坚持说这是柠檬压碎后流的汁，整个宫廷的人都忍不住大笑或唱歌。[8]

在描写奥特福夫人[3]在得到一张凳子[4]后心满意足的样子时，斯卡龙的诗句也同样粗俗：她"以喜鹊的姿势/坐在蹲圈中"，等等。布西–哈比旦[5]与塔勒曼·德·雷奥一样爱品味流言蜚语，他在《回忆录》中十分愉悦地详述了发生在索尔夫人、拉特雷莫瓦夫人及拉费尔特夫人身上的故事。打扮得花枝招展、扑了粉、洒了香水的夫人们，竟然在包厢里解决自己的迫切需求，并把她们的排泄物扔到正厅后排的观众席上。

---

1 法国作家，办报人，诗人（1619～1692），其作品《轶事》是一部关于其同时代人的短篇传记集。
2 法国国王路易十三的王后（1601～1666），路易十四的母亲。
3 法国贵族（1616～1691），王后的侍女，也是国王路易十三的柏拉图式爱情的对象。
4 指当时的一种马桶。
5 路易十四国王军队的中将，法国宫廷的廷臣，哲学家和书信作家（1618～1693）。

著名的笑话

所有这些小故事都让剧团成员感到高兴。有些笑话在文学史上很有名：朗布耶夫人[1]和波莱夫人[2]在传统的地方美食节上，趁吉歇伯爵在用过丰盛的蘑菇晚宴后睡觉时，让人把他所有的衣服都改小了。第二天早上，可怜的公爵在试了一件又一件上衣之后，发现怎么也穿不上，以为自己病了，贪吃使自己的身体膨胀和变形了。这让女士们笑了个够。

孟邦西埃小姐[3]多年后想起萨尔茨堡公主在奇里摔跤时的情形仍会大笑。公主被突然打开的喷泉浇成了落汤鸡，"面具上沾满了泥浆"，手帕、袖口和衣服都破了。瑞典的克里斯蒂娜女王[4]也是一位不知悔改的恶作剧者，王子们和宫廷回忆录作家们可能都故意夸大了其滑稽可笑的一面，以突显凡尔赛宫的精致高雅。相比之下，瑞典不过是个粗野且略显无礼的国家。

但克里斯蒂娜女王本人也声称自己有搞笑的天赋。"我笑得既频繁又大声［……］我走路太快"，她如此承认道，并表示这是自己所受教育的错。她父亲为了让她继承王位，几乎把她当男孩一样抚养。不过不管怎样，"这些缺点如果放在一个女孩子身上是算不了什么的"。

女王身份使她不必受礼仪规范和羞耻心的束缚，而且她的笑首先表达的是"其生命力"[9]，这一点对其职位而言必不可少。她的

1　法国贵妇（1588～1665），因不满法国宫廷的粗俗，在其府邸创立专为文学界社交而设的沙龙，讲究礼仪、风雅及思想和表达方式的细腻和典雅，对法国古典文学的发展有推动作用。其沙龙历时五十年。但因过于讲究，受到莫里哀的讽刺。

2　法国女才子，歌手，诗琴演奏家（约1591～1650）。

3　路易十四的女儿（1709～1742）。

4　瑞典女王（1632～1654），六岁时登基。

直言不讳和那些被布里安[1]在凡尔赛宫重复的话，让隆格维尔公爵夫人[2]大笑不已。可布里安没敢把这些内容写进他的回忆录中。

王宫里多的是例子，放肆的笑话都来自上层：国王的孙女勃艮第公爵夫人跟自己的丈夫、贞洁的王储开了个大玩笑。她让自己的贵妇睡到他床上，只为闹着玩，看看他会怎么生气。圣西蒙毫不犹豫地提及路易十四的笑，原因是，这同一个勃艮第公爵夫人于盛装观剧后，在曼特侬夫人[3]的城堡里，让女仆娜侬几乎是当众帮自己灌了肠。

17世纪的人们习惯了衣帽间和公共场所的臭味，而且必须承认灌肠的故事是古典时期喜剧的常用素材。人们对巴拉蒂娜公主写给其姑姑汉诺威的索菲夫人的一封抱怨枫丹白露缺乏卫生设施的长信[10]知之甚少。这一华美片段摘自公主写于1694年10月9日的一封信，其最初的几位评论者曾对是否要发表此信犹豫再三。从信的字里行间可看出公主在不停地笑：

> 你们太幸福了，想拉屎就拉。你们可以尽情地拉个够。我们这里可不一样，我只能把屎憋到晚上再拉。树林边的房子里没有擦屁股的东西。我不幸就住在这样一间房里，因此，我只能去外面拉。可我拉得不舒服，因为屁股没地方搁。而且，所有人都能看到我们在拉屎，男人、女人、女孩、男孩、神甫，还有御前侍卫。

---

1 布里安伯爵（1635～1698），原名路易·亨利·德·洛梅尼，是路易十四时期的国务卿。
2 孔代家族的长女（1619～1679），亨利二世·德·波旁的长女，法兰西名将路易二世·德·波旁（大孔代）的姐姐，以貌美风流和在投石党运动中的影响而闻名。
3 路易十四和他的情妇所生子女的家庭教师（1635～1719），并在1683年玛丽亚-特蕾莎王后去世后秘密地成为了国王的妻子。

巴拉蒂娜公主，家里人叫她莱斯洛特，就这样饶有兴致地继续叙说着。她对"拉屎"这两个神奇的字感到十分有趣，便变着花样地使用它，并以反传统的方式快乐地玩着各种文字游戏。她贬低包括食物和贵族在内的一切，称最精美的食物不过是些"嚼碎了的渣渣"，而那些占据最高贵地位的主教和大主教，跟国王一样都有"拉屎"的需求。10月31日，索菲公爵夫人以同样的语气回了信，信中大谈"拉屎"的乐趣。

就这样，莱斯洛特通过写信来排解宫廷里纸醉金迷般生活的无聊和束缚。她的每一封信都见证了她将生活中的不如意变成笑声的能力。她的丈夫是一位有着独特信仰的虔诚信徒，但却对夫妻生活不够热衷。每当他在床笫之事上需要帮助时，不是都会祈求圣母保佑，并拿一些小圣母像放在自己身上走一遍吗？公主只要一听到金属声便忍不住咯咯大笑，于是其丈夫便也笑着回敬道："您曾是胡格诺派教徒，您不懂圣母的圣物及其圣像的威力。它们能保护所有触碰过的地方免受痛苦的侵扰。"公主立即反驳说："先生，请原谅，您说把圣母像放在夺去童贞的部位是对圣母的尊重，这一点我实在无法苟同。"

夫人的直言不讳、抑制不住的批判意识及言语上的幽默感，并不被所有人喜爱，许多人试图丑化她，就连常常因其巧妙的回答而发笑的国王本人，有时也对其毫无遮拦的言语有所不满。但她是德国人，身体健康，而且，她的笑总是带着一点孩子气。

夫人并非唯一拥有爱笑天性的女人。塞维涅夫人的笑非常有名，她嘲笑花花公子般的表兄布西–哈比旦时，都快"笑死了"，以至于完全失去自制力。"她兴高采烈地开着玩笑，在这种状态下，别人对她随意说点什么，只要有所掩饰，她都欣然接受。"[11]

18世纪的女人们将在她们的玩笑中加入一丝优雅。让利斯夫人[1]在其回忆录中称，1775年前后，所有宫廷贵妇都酷爱一首描写封闭马桶的歌。当时的一大热卖品是兜售文学中的一篇模仿性说教，曾被多次重印。作者在书中阐述了几种不同的放屁术。

始终盛行于启蒙时代的文学性人物肖像刻画风潮凸显了几个与众不同的欢笑的女子，她们与精神病院的病人更为相近，而非出入沙龙的名流淑女。让利斯夫人得意扬扬地讲了许多令沙龙贵妇们哈哈大笑的滑稽小故事。[12]这不是恶意的、含讽刺意味的笑，而是毫无敌意的、近乎不雅的笑。大家难道没有看到"人高马大、披着一条毛披肩"的弗勒里公爵夫人，如何在盖梅内公主家，当着五十位宾客的面，脱掉自己裙子的下摆，一条长约好几古尺的拖裙，并以同样的方式脱下硕大无比的裙撑吗？她一连好几个小时都"只穿一条麻纱布料的短衬裙，衬裙上晃荡着两只大口袋"。

如果一位贵妇做不到体面地从自己的小腰包里掏出手帕来，那她也不会在乎冒犯某些禁令。假正经的19世纪对不得体的行为和下流的玩笑话并没表示更多的不满。虽然女人们在上流社会的沙龙里无法当众大笑，却在私下里重新获得了笑的权利。如果说在诺昂，乔治·桑和她的客人们面对木偶戏和木偶滑稽的装扮时"笑得前仰后合"，他们也有一些不太高雅的乐趣。

泰奥菲尔·戈蒂耶[2]在一次马尼饭店的晚宴[3]上这样讲述了其假期中的某一天："10点，午餐时间。桑夫人来了，她看上去像在梦游，而且整个午餐时间她都在睡觉。餐后，大家去花园玩滚木球游戏，这才让她来了精神。她坐下来开始闲谈［……］她的谈话很吸

1　法国作家（1746～1830），以其小说和儿童教育理论而闻名。
2　法国诗人，作家，评论家，记者（1811～1872）。
3　从1862年起，巴黎的记者、作家、艺术家和科学家们会在马尼饭店聚餐，晚宴每月举行两次，只允许男性参加，唯一的例外是乔治·桑。

引人，说的都是些淫秽的玩笑话，只不过丝毫不带性字。我想如果您扯上性，您定会被赶出门去！"（1863年9月14日）[13]

经常抱怨现代社会太过悲伤的龚古尔兄弟，酷爱在饭后听这类小故事。1863年2月22日，他们在福楼拜家里听某位小姐讲了一堆"下流的笑话"。让讲述者津津乐道的是同时代几位著名女喜剧演员消化道出问题的故事。乔治小姐、拉歇尔小姐不停地腹泻、拉稀、水泻，身子被舞台上的激动之情掏了个空……

遭遇危机的笑？

粗俗或挑衅的笑并非只有拥护者。在许多哲学家看来，这种笑似乎是不协调的，不太符合启蒙运动中新人类的诞生。妇女们暧昧的笑对此负有一部分责任。于17、18世纪确立的资产阶级家庭模式是建立在基督教道德及家庭严肃性的基础上的，妻子被越发置于丈夫的淫威之下。

阅读实践往往取代了集体娱乐。虽然狂欢节传统还将维持两个世纪，但随着时间的推移，节日的欢腾气氛逐渐冷却，以至于忘记了民间庆典的意义。埃蒂安·若拉[1]于1757年的沙龙中展出的画作《巴黎街头的狂欢节》，仅展示了一个微不足道的街区节日场景：喝得微醉的男人们站在敞篷马车上高谈阔论，女人及儿童们则在年老的拉戈妈妈身旁轻轻起舞。节日般的盛装、爱情的放纵、盛宴，这类有趣的文化活动不再具有确保社会凝聚的功能，而且，贵族的节日已经彻底与民间狂欢节分道扬镳了。

警察严防各类出格事件的发生，因为狂欢节是人们尽情放纵

---

1 法国画家（1699～1789），以其生动的街景画而闻名。

的日子，当局对此已无法容忍。巴黎司法档案馆证实，在那些日子里，会有女孩假扮成男孩去小酒馆聚会，或"冒充孕妇"。她们谈笑风生，在火把的照耀下胡说八道，开各种下流的玩笑。[14] 但民众的嬉笑主要是表面的，它将堕落为喧嚣、"卑鄙和粗俗的娱乐"与吵闹的行为。人们很快便会由笑而变得无序、堕落。

很可能正是这个原因导致哲学家及百科全书编写者们哀叹笑已堕落，并痛斥传统节日的滥用现象，包括暴力、花天酒地及纵欲等：

> 民不聊生使得警署更加在乎公众幸福感的外在表现，于是他们自掏腰包组织了多场化装舞会［……］。因为想要描绘疯狂的笑声和欢笑的场景是徒劳的；内心痛苦时是无法做到的；丑角的人头杖毫无活力和优雅可言；冷冰冰的酒席上铃铛在无力地摇晃着；敏感的耳朵听到的只是些不和谐的哀怨之声。命令民众在某一天必须发笑，后者卑劣地服从这种可耻的命令，没有什么比看到这种事情更令人悲伤的了。[15]

雷蒂夫·德·拉布勒托纳[1]、梅西耶、卢梭和伏尔泰本人都曾不无忧伤地谴责笑的衰落。社交失去了应有的欢乐。女人更多的是朦胧的、轻佻的和放荡的，而非爱笑的。马里沃已经发现，那些穿梭在杜伊勒利宫的妖艳的巴黎女郎并不真的快乐，虽然她们在谈话过程中会不时爆发出笑声。"她们在笑什么？不笑什么。她们只是在卖弄风情，为了闹出点动静，好让自己显得更活泼，更聒噪，

1　尼古拉·埃德姆·雷蒂夫（1734～1806），又称"雷蒂夫·德·拉布勒托纳"或"雷蒂夫"，法国小说家，以色情作品而闻名。

更放荡……"[16]

城市的混杂性通过吸引异质而分散的公众，使相遇的机会成倍增加，并且催生了诸如讽刺、嘲笑和排挤等现象，而非让人放松和欢聚的好心情。人们同时既是演员也是观众，每个人都紧盯着他人，以变本加厉地互相嘲弄。

人们在公共场所的笑总是夹杂着放肆的玩笑话，女人的在场并未给社交生活带来清新之风。瑞士人贝阿·德·穆拉惊奇地发现，法国女人说话大声，唱色情歌曲，像男人一样玩乐。"您在她们身上看不到任何尴尬之情，也几乎看不到天真或纯洁的气息。"[17]

雷蒂夫·德·拉布勒托纳对手工业者阶层感兴趣，他提到了经常去逛圣罗兰庙会或圣日耳曼庙会的一群群健谈而好奇的女裁缝、女擦洗工或煤气设备安装女工。他严厉谴责了一位母亲的做法，她曾带她的女儿去逛这种庙会，使女儿遭受围观者的辱骂，而她本人却笑开了怀。[18]他还对一位年轻姑娘去格莱夫广场参加一名死刑犯的处决并允许自己笑和开玩笑表示不满。

梅西耶对快乐的精神也有类似的反思，他担心微笑正从人们的脸上消失。他认为是个人主义，包括经济方面的担忧和形而上学的推理，"内心的苦恼"，带走了巴黎人的好心情，使他们变得矜持，陷入孤独。

人们聚在一起已不再感到快乐，因为女人们变得"一脸怪相"，姑娘们则变得闷闷不乐。生活上的放荡是公开的，刚刚告别童年的女孩和刚刚步入婚姻殿堂的女人，已经开始卖弄风情，寻找情人。甚至在剧院，笑声也在减弱，与此同时，交际手段变得高雅，喜剧艺术希望和谈话艺术相类似。[19]冷酷的喜剧只想着通过嘲笑不同阶级、不同职业和不同身体间的差异，来使它们对立。笑被痛苦地夹在贵族阶级的放荡和下等人的放纵之间，远离了公共空间。人们奉命而笑。梅西耶笑着提及了发生在一个店主家庭的滑稽一幕：一家人在离栅栏不远的一座小房子里消遣娱乐，父亲讲了一个故事，"妻子笑得流泪"，大女儿开始解放自我："今天是讲下流笑话的日子。"（《巴黎风景》，第331章）

快乐，社会道德

笑处在危机之中？欢笑的女人依然是社会机器运转所必需的象征角色。需要由受自然熏陶，而非受教育和理智影响的女人来确保传统之健康，来唤醒人们麻木的双眼。"将快乐从社会中驱逐，就是将道德驱逐。我认为，真诚的快乐永远是美好心灵的标志［……］因此，我们看到快乐的女人拥有最纯洁的道德。"[20]快乐是人际交往中不可或缺的社会和伦理道德。然而快乐却是多种多样的。

这个世纪需要一种摆脱了情感因素的、接近理性的敏感的快乐。雷蒂夫·德·拉布勒托纳希望让一种巴黎生活中新的形象成为女性之笑的象征，这一形象被他称作"快乐的女人"，以与"笑的女人"相对。巴尔萨米[1]是孤女，虽出身有产阶层，但却"运气不佳"。她被从一家转到另一家，过着悲惨的生活。得到一位年轻公主宠爱的她最终嫁给了一位伯爵。她总是嘲笑一切。她在最困难的处境下也显得很快乐，这一点刚开始给人以轻佻和冷漠之感，但很快，她在面对考验时的勇敢、对他人痛苦的关切及在逆境中表现出的格丽塞利迪斯[2]般的忍耐，都让人清楚看到了她的优点。

---

1 雷蒂夫·德·拉布勒托纳的作品《巴黎女人》中的人物。
2 法国作曲家儒勒·马斯内的同名歌剧中的人物。

但要等到她放弃无缘无故的大笑，用温和、宽容的微笑来表达自己的好心情时，她才成为一名完美的女性。这一主题对雷蒂夫来说非常宝贵，以至于被他多次采用。《玛丽的伴侣们的故事》中的快乐女人亨利耶特和巴尔萨米一样可爱，并起着相同的作用。二者都体现了欢快的、自然的、敏感的且不带任何嘲讽意味的笑。

启蒙世纪与17世纪一样，希望德谟克里特保持缄默，扼杀不由自主的放纵之笑。[21] 对喜剧持怀疑态度的法国大革命，大力宣扬符合道德的庄重，努力通过组织"爱国的"庆祝活动来对笑进行疏导。但笑却并未因此而消失，特别是女人的笑，因为它对政治行为并不构成直接的威胁，或者因为它对承担过多的情感并不感到内疚。女人常常发笑，并学讲讽刺话和玩笑话，但她还没有解放到足以抵制审查制度，允许自己逗笑另一性别的人，并对其愚蠢的言行公开嘲笑。

机智的女人

  塔列朗[1]在其《回忆录》中提及自己的母亲时，称赞她一生中从未试图逗人发笑，也从未说过一句风趣的话。辩思敏捷的启蒙时代男子竟然吐露出如此隐情，着实令人吃惊。虽然18世纪的礼仪建议女人保持愉悦的心情，但却总是反对她们主动逗人发笑。巴黎的沙龙则构成另一个世界，一间各种思想的火花相互碰撞的实验室，人们以在那里相聚为乐。在那里，男女混杂是合乎惯例的，机智促进交流。但女人必须首先以其待人接物的高雅及那种让若弗兰夫人[2]扬名的"慷慨大度"而引人注目。

  机智的女人总被怀疑是在嘲弄，这种态度有悖于女性温柔的使命或有教养的女性的尊严。关于这一点，女人并不比男人更宽容。1691年，在圣西尔学校[3]创办五年之后，曼特侬夫人对自己在教育方面的努力做了负面小结："我们培养了一群自高自大、好奇心强的谈话者，我们教出来的有才之人连我们自己都无法忍受。"

---

1 法国神职人员，政治家和外交官（1754～1838）。
2 沙龙的举办者（1699～1777），被视为法国启蒙运动中的主要女性人物之一。
3 由曼特侬夫人创办的一所寄宿制女校。

普林吉夫人[1]谴责为了搞笑的对答而牺牲一切的名媛们（1691），而吉贝尔夫人[2]，一个女文学家，则在下个世纪把批评推得更远："一个愉快地开玩笑的女人是一只漂亮的小猴，男人喜欢看到她在镜子前龇牙咧嘴。"[1]（1771）女性要想实现笑和让别人笑的自由，其谈话必须在既快乐有趣，又不含恶意这一微妙的挑战中取得成功，"既要戏谑，又不浮夸"（罗兰夫人[3]）。

法国人爱笑的天性

法国人有爱笑的天性：摩墨斯[4]曾从奥林匹斯山上下来造访他们。这一古老的刻板印象在18世纪重又出现，[2]这既归功于全体民众践行的体液学说，也得益于出自亚里士多德的"机智"说或罗马人的"礼貌"说的某种集体生活方式。让·皮埃尔·加缪主教[5]曾为爱笑的人辩护：机智是一种道德，"能将欢乐和谦和恰到好处地进行中和，使得嘲笑不至于变成玩笑；我说的不是滑稽之谈，那是一种卑劣的、奴性十足的行为。我不知道你们有什么权利来谴责笑，它是能彻底区分人类和无理智的动物的特征性功能之一"（学术讲座，1630）。为更好地适应听众的需求，仁慈的杜贝莱主教也不讨厌使用双关语！

著名的"法式快乐"曾在好几个世纪里影响着作家和道德家们，它虽然并不等同于笑，但却为笑准备了沃土。希望论证各民族

---

1 法国小说家（1660～1709）。
2 法国作家（1725～1788）。
3 法国革命家，沙龙举办者，作家（1754～1793）。
4 古希腊神话中讽刺和嘲弄的化身。
5 法国神学家，作家（1584～1652）。

各有其特性的斯塔尔夫人[1]，将意大利人无所顾忌的诙谐与法国人的有趣和英国人对一切都大彻大悟的幽默区分开来，认为这是不同社交模式的产物："英国人退隐至家庭中［……］人们称为社会的媒介的东西于他们而言并不存在；但优雅和情趣却在家庭这一无足轻重的生活空间中形成。"

德国人通常比较严肃，蒂罗尔人喜欢欣赏粗俗的滑稽剧，只有无可比拟的法式快乐才将分享精致的快乐作为追求的目标。[3] 司汤达认为，意大利人太多情，因而过于忧郁，以至于无法体会真正的快乐，而法国人的悲伤则是虚荣心的不幸。不言而喻，法国的女人率先参与到欢乐的魅力中来。热尔曼娜·德·斯塔尔夫人总结道："没有女人，这个社会将变得既无聊，又无趣。"

意大利根源

必须到14世纪早期第一次文艺复兴时的意大利小公国中寻找这种快乐社交的条件，该社交模式的成功应归功于男女两性的好胜心。令人惬意的交谈离不开女人的陪伴。日后当上教皇的人文主义诗人艾伊尼阿斯·西尔维乌·比科罗米尼[2]，证明了让女人说话的好处，他将她们的谈话形容为能"驱除悲伤或烦恼"[4]。在礼仪条约限制女性发笑之前，所有故事都是基于两性之间生动有趣的对话之上的。

一个重要的细节是，薄伽丘的故事集《十日谈》（1350）是献给女人的。因为当男人遭遇爱情失败后，他们会通过诸如出游、猎

1　法国评论家，小说家（1766～1817），法国浪漫主义文学的先驱。
2　意大利文艺复兴时期的人文主义者（1405～1464），后成为教皇庇护二世。

鹰或犬猎等各种方法忘却痛苦，而从纺锤中得不到满足的女人，必须通过阅读才能得到放松，以从中发现"关于应该采取何种生活态度的有用建议"（序言）。薄伽丘是为上流社会的显贵及富商，特别是他们的妻子写的，他获得了巨大成功。

《十日谈》讲述了由七女三男共十个青年男女组成的一小队人马，在逃离瘟疫肆虐的佛罗伦萨（1348）之后发生的故事。十天中，他们轮流讲好笑的故事来解闷。随着故事的展开，一种和谐的生活艺术得以呈现。由第一天的"女王"帕姆皮内娅负责确定为赢得男士尊重，女士所需完成的使命。玩笑式的巧妙对答是女性才华的一部分："玩笑话是优雅的礼仪和有趣的谈话之点缀，因其简短扼要而更适合女性，而非男性……"[5]

接下来是对谈话空洞、影响严肃道德的虚荣心强的女人所做的长段讽刺。笑是人们相聚的乐趣之一。作者忆及奥维德，对其生活智慧了然于心。他十分细致地描述了不同的笑之间的细微差别：从闭嘴的优雅的微笑，到快乐的大笑，笑得太大了，以至于"下巴都笑疼了"。

薄伽丘的这一百个取材于口头故事的短篇故事，并不质疑社会秩序和道德准则。尽管男性在数量上占下风，但在需要做决定和采取行动时，他们的话语权却毋庸置疑。但女人因其考虑周密而拥有女王的权利。正是她们主动提议通过快乐的交谈来排解失望和悲伤之情。这种快乐比其他需要一决胜负的比赛要高雅得多。交谈者之间是一种准平等的关系，这种关系由挑逗和才智、诱惑和欲望以灵活多变、错综复杂的情感方式构成。俏皮话、快速回答及各种创新的表达刺激着交流，但性别之间仍存在差异。

只有男人享有用违反礼仪规则的故事来逗人发笑的特权：迪奥内奥是三个男青年中的一个，他不停地用淫秽的暗示挑逗女士们的廉耻心，年轻姑娘们非常喜欢这类大胆的故事，但却"装出一副像是在笑别的东西的样子"（第七天，第三个短篇故事）。一旦故事带上了猥亵色彩，她们便会面露"僵硬的微笑"，害臊地听叙述者讲完，然后再找机会偷偷地笑。

弗洛伊德在其论著《诙谐及其与无意识的关系》（1905）中提到了一种与梦相似的机制的动力，称其能解除抑制，释放性冲动，引起兴奋，使听众感到尴尬；这种尴尬会变成笑声，前提是欲望被掩盖。被掩饰的女性的笑使小组成员必须在思想上重构这位女士企图隐藏的东西，包括乐趣及可能是可耻的行为，间接地带来某种乐趣。

女士的在场对故事效果的产生不可或缺。因此，薄伽丘使用故事、玩笑、暗喻或俏皮话来掩盖露骨的场景。但像"种马与母马交配"这样的暗喻是蒙骗不了故事的女听众的。"菲洛斯特拉托有关帕尔特母马的暗示掩饰得不够彻底，机灵的女听众们都被逗笑了，不过她们假装笑的是别的东西。"（第七天，第三个短篇故事）

有时也会爆发大笑：在听一名医生掉进大便槽的故事时，这群漂亮的女人足足有十二次都笑出了眼泪。该故事的讲述者是一位女士（第八天，第九个短篇故事）。在玩笑话的刺激下，突然发笑是绕过社会要求的压抑、迂回地谈论性事的一种方式。

约两个世纪之后，佛罗伦萨的卡斯蒂廖内[1]对上流社会的社交礼仪做了系统描述。《廷臣论》（1527）与修辞学、伦理学和美学类似，将交谈的乐趣置于礼貌的中心。小乌尔比诺王宫中的主要人物

1　文艺复兴时期欧洲诗人。其代表作《廷臣论》体现了文艺复兴时期人文主义思想文化的内涵和特征，不仅享誉当时的文坛，还对以后欧洲思想文化的进程产生了独特的影响。《廷臣论》以美妙的文笔虚构了发生在1507年间乌尔比诺公爵与其廷臣之间的谈话。谈话的主题是如何成为一名"完美的廷臣"和"完美的宫廷贵妇"。

曾围绕交谈这一主题进行过辩论（第二卷）。卡斯蒂廖内虽然面向另一个社会阶层，即贵族阶层，但却与薄伽丘一样，建议构建一个和谐社会。该社会以著名的轻松概念为标志。所谓轻松，是某种"随意"或自在，指一种令人难以察觉的、自然而不做作的集体生活艺术。

绝对不能显得枯燥：谈话时需要夹杂些玩笑话、优雅的戏言、刻薄话、讽刺话或俏皮话，因为按照古人的教训，谈话的任务便是"以礼貌的方式引人发笑，制造快乐"（第2卷，第42章），同时避免滑稽和伤害性的嘲弄。

法国式谈话

与意式谈话大相径庭的是法式的"故事性交谈"[6]。15、16世纪被多次译介的薄伽丘的短篇小说，启发弗朗索瓦一世的姐姐玛格丽特·德·纳瓦尔写出了《七日谈》（1558）。这部作品因其出自一个女人、一位王后之手，而具有更加创新的精神。作者让其他女性说话，她们发挥着积极的、有个性的作用。她不惧怕使用大胆的言辞，因为"话语并不发臭"，只有"心灵的污秽"才令人害怕。

其最初的意图就是《十日谈》的意图：包括五男五女在内的十个贵族阶级的阔佬从科特雷岩石浴场回家途中遭遇大暴雨，湍急的洪水将他们堵在了荒郊野岭。这十个不得不同住一个修道院、年龄和家庭情况各不相同的逃难者，决定通过轮流讲故事来驱赶恐惧、打发无聊。在等待建桥的过程中，他们组成了一个微型社会，讲故事的目的主要是为了消遣，而非教育。随着故事的展开，讲故事的人之间的关系出现在背景中。

这一打发时间的想法来自一位女士，她叫帕拉曼特，是伊尔坎的妻子。该想法立即得到了另外两位女士的赞同。其中一位名叫隆伽琳娜，她承认谈话可以避免让忧伤的女人"生气"。另一位名叫恩娜苏伊特，年轻的寡妇希望"用笑声"来减轻自己的悲哀。接着，男士们也表示了同意，并委托十人中最年长也是最虔诚的欧瓦西勒，在祈祷时辰之后安排这一游戏的各个环节。

玛格丽特·德·纳瓦尔对薄伽丘的教训进行了说明和丰富。《七日谈》中的笑声比比皆是：七十二篇故事中有一半以上的故事带来了笑声，笑的人有男有女，整部作品像是对笑进行的一种间接思考。在包括悲惨故事在内的所有故事及故事结束后的谈话中，有七十九次提到了"笑"这个字。[7]

女性笑的频率几乎是男性的两倍。恩娜苏伊特笑了四次，虔诚而智慧的欧瓦西勒笑了三次，帕拉曼特笑了三次，隆伽琳娜笑了两次。其中一个笑的女人没有被告知姓名。诺梅菲德没笑，但却用快乐的故事把大家逗笑了。闲聊者一起笑了四次。没能让大家笑的人，如达古辛，遭到了训斥。故事集中有三篇具有淫秽色彩。这些笑的分量大小不一，但却总有意义。

玛格丽特·德·纳瓦尔对人性的弱点不抱幻想，她选择用滑稽的方式来谈论爱情、欲望和婚姻，每个故事都成为处理两性关系的案例的一部分。她娴熟地运用所有喜剧手段：开玩笑的叙述、多样的情境、害人反害己的效果、苦笑、两面手法、失礼的话、口误、讽刺话、间接肯定法、夸张、暗示、出人意料之事，特别是文字游戏等。这使她能够经常性地变换语调，并使说出的话另有所指：当诺梅菲德大喊着说自己宁愿跳进河里，也不愿意屈从于一个绳索腰带修士时，善于识破爱情真相的欧瓦西勒用一语双关的方式反驳道："那么您知道如何打结/游泳吗？"诺梅菲德听了很生气，欧瓦西勒则笑了。

笑与禁忌

任何禁忌都无法抵挡女人的笑，它能将男人的怒火化为乌有，还能谴责恶劣的行径。笑代替了话语，并使笑的人获得优势。如在第五十四篇故事中，一个自认为无人察觉的男子，在房间的一个偏僻角落调戏女仆，烛光下，其身影投射到墙上，将其行为暴露。其妻见状哈哈大笑，受惊的丈夫慌了手脚，停止了调戏行为。

谈话过程中，受见识和经验的启发，女士们对男同伴们开出的玩笑极有针对性，但玛格丽特满足于让读者去猜测某些暧昧关系。听到淫荡的故事时，女士们便在面罩下笑。嘲讽的笑比男人的怒气更强大，它构成了一股抗衡势力，在战略上几乎总是占上风。《七日谈》中，无论是男人的小谎言，还是怒火、激情或无能，都无法抵挡这种笑。

事实是，大胆的故事更多出自男士之口，只有最猥亵的第十一篇故事的讲述者是一位女士，且涉及另一位女士。遭无礼奚落的羞愧的女主人公抛开自尊，"不再生气，和众人一起大笑起来"。没有任何禁忌：淫秽的故事讲述的是文明社会无法修复的东西，即那种最古老的或是最低级的孩子气的快乐，因此，笑声的释放掩盖了退化的隐秘的乐趣。在崇尚新教、有时还信奉柏拉图哲学的玛格丽特·德·纳瓦尔的笔下，是女人解放了这种可疑的笑，接受了抑制的解除。圣·奥古斯丁说："我们出生在尿液和粪便之间。"[8]

玛格丽特的王后身份很有分量。在这个多人游戏中，无人赢，也无人输，每个人都轮番充当法官和被告、演员和批评家、嘲笑者和被嘲笑者，女人只要恪守自己的本性和信念，便与男人在精神上是平等的。大家可以嘲笑其中某一个人，但更多时候，笑使人团结而不是排斥。笑排除了虚假的智慧，因为笑也是一种智慧，只要它不伤害人，而且简单一笑便可缓解紧张。

《七日谈》中的故事性交谈看上去像是在不断变换主题，事实上却遵循一种将和平、和谐、同情、好心情及和解置于首位的灵巧的辩术原则。说到底，快乐是内心平静的结果，也是一种道德标志：诺梅菲德赞扬说，"疯狂大笑的人"比智者还长寿，因为他们并不隐瞒什么。至于能否幸福，那只能看上帝的意愿。而笑，确切地说是人类的笑，从来都只是一种权宜之计。

这群男女之间的谈话虽然快乐，却并不排斥严肃的话题。关键是要结束性别之争，使男人不再心怀敌意地将女人的生存条件简化为以下三种义务：贞洁、顺从和沉默。

法兰西王国在经历了玛丽·德·美第奇[1]摄政期的无序之后渐渐重获和平，贵妇们认为积极参与智力活动的时刻已经到来。她们为谈话定下了专门的语调和审美特色，使得习惯于征战沙场，一味喜好打猎、决斗和体能练习的粗鲁的男性社会变得文明起来。虽然这些绅士和贵妇在交谈时的语调不如玛格丽特·德·纳瓦尔笔下的自由，但他们却对传统的语法规则进行了思考，意在让书写和阅读变得精妙。词汇得到净化，礼仪渐趋高雅，以至于在马德莱娜·德·斯居代里的笔下，竟然清晰形成了一套可作为社交生活理想范式的上流社会的交谈术。在文化和礼仪之间，趣味的权利胜过知识的权利。

朗布耶公馆，快乐精神

朗布耶公馆的成功大部分应归功于侯爵夫人的意大利传统，它

---

[1] 意大利豪门美第奇家族的重要成员，法国国王亨利四世的王后，路易十三的母亲（1575～1642）。

在很长一段时间里为有才智的女人提供了社交场所。人们在一起玩乐，互相交流着有关表达艺术、感情剖析及女权方面的诉求之合理性的种种看法。古典主义时期，人们的交谈是一种机敏的戏剧化的即兴演说，旨在将某些情形、情感或令人感动且危险的激情化作传神的言语。它既非学术性会谈，也非博学型深谈，且杜绝粗鲁之言或宗派言论。

常常卧病在床、惧怕阳光的神圣的阿尔泰妮斯，即朗布耶侯爵夫人，想找点乐子。她在自己蓝色的内室沙龙里接待各类宾客，"希望能尽情玩乐"。围在她身边的除了她的女性朋友如克莱蒙夫人[1]、维让夫人[2]、波旁小姐[3]和波莱小姐[4]之外，还有一些文人墨客，和几个因在快乐、欢笑和礼貌方面表现突出而被选中的人。一点意大利式的不拘礼节，一句西班牙式的礼仪性讽刺话，和法国式彬彬有礼的自由，使这些被称为"集会"的会议充满乐趣，并与宫廷仪式形成对比。"自娱、自乐和学习"是客人们赋予谈话的目的。个人感情必须始终服从于共同的快乐。他们玩押韵或问答猜谜的游戏，讨论雅致的规则，热衷于讲刻薄的话。

演喜剧、乔装改扮、猜字谜、猜谜语、搞化装舞会、蒙骗别人，成了充满活力的年青一代的主要消遣。士兵式的艰苦生活已经不再，对于新的一代来说，惊喜和欢笑为集体精神面貌的构建提供了最可信的方法。与萨布雷夫人[5]一起嘲笑自己如何防范疾病的传染成了朗布耶小姐的一个游戏，她写的"关于好空气"的书信在

1　法国路易十四宫廷成员，也是反对路易十四的政变——"叛乱阴谋者"的主要参与者。
2　法国宫廷官员。1671年至1679年，她担任法国女王、西班牙的玛丽亚·特蕾西亚的荣誉女主教。
3　法国国王路易十四和情妇蒙特斯潘侯爵夫人的幼女（1677～1749）。
4　法国歌手，诗琴演奏家（1591或1592～1650）。
5　法国哲学家，作家，沙龙举办者（1599～1678）。

其朋友圈获得了巨大成功。瓦蒂尔[1]于1625年成为"圈内的灵魂人物"，他以其高雅的艺术鉴赏力和滑稽的言行备受青睐。

他温柔、风趣，也许有点贪图吃喝，还经常色眯眯的，总是充满柔情爱意。他在向女人献殷勤时，就像"一只做梦的羊"。他对博学的女人（如奥希子爵夫人）的贬损逗得夫人们哈哈大笑，但他却并不质疑自己想要融入的贵族阶层的价值观。正如贝内黛塔·克拉韦里[2]所言，他可能是"潜心服务女性观众的法国作家第一人"[9]。新的女性形象正在形成，她不再是一个遥远而虚幻的偶像，而是一个富有朝气、狡黠且性感的女人。

另外还出现了其他几位沙龙明星，如马德莱娜·德·斯居代里、蒙庞西耶公主[3]、莫尔夫人、舒瓦西夫人、沙佩兰、梅纳日和圣依瑞蒙。女才子之风在1650年至1680年间风靡一时，直至成为神话。贵妇内室沙龙不断增多，并蔓延至外省，且面向不同的群体。斯居代里小姐每周六在马莱区的家中举办沙龙。出身小贵族的她有时会被召进王宫。她观察同时代人的风俗习惯，目的是加以"描绘"，以供其朋友波莱小姐嘲笑。[10]这些女士发挥了真正的影响力，因为她们使得被斯居代里小姐称作"快乐精神"的东西盛行。批评界对她们敏捷的对答艺术大加赞赏。按照若望·皮科[4]在《论礼仪》中的说法，女人比男人高明，因为"她们通常更富激情，她们的回答比我们的更敏捷，更自然，更巧妙"[11]。

拉布吕耶尔认为她们在写作时能信手拈来"那些我们需要经

1　法国诗人，书简作家，朗布耶夫人沙龙中的活跃人物。1634年当选为法兰西学术院院士。
2　意大利文学评论家，学者，作家。
3　安娜·玛丽·路易丝·德·奥尔良，蒙庞西耶女公爵，人称"大小姐"，是法国国王亨利四世的第三子奥尔良公爵加斯东和他的妻子玛丽·德·波旁的大女儿。
4　法国剧作家，歌剧本家，活跃于1682年至1701年之间。

过长时间思考才能发现的措辞和表达方式"（《品格论》,《智慧之作》, 1689）。她们的书信写作或多或少都带点才气, 与她们的谈话一样充满快乐, 且从不失社交功能: 娱乐和宣传; 她们的信件, 作为一种供消遣的故事, 一般在常客的圈子里被公开宣读, 个人的感情和娱乐的义务达到了巧妙的平衡。[12]

塞维涅夫人虽然不是女才子, 但却承认, 自己最大的乐趣是在酷爱的词汇、趣语、"流言蜚语"、普罗旺斯闲话中进行选择。这位无可救药的嘲笑者在一封写给自己女儿的长信中坦言, 写作的乐趣就像"挠痒痒"一样, 旨在让人发笑。[13]她凭经验懂得快乐的感染力: 调皮地捉住可笑的东西, 发明一个由滑稽的词汇和表达方式组成的文体上的狂欢节, "洗聊""再集""虚骗""说转"。而且, 人们可以听到她在幸灾乐祸。

女才子

女才子们的"史官"是米歇尔·德·普尔神父[1], 其作品《女才子》（1658）堪与《产妇的嚼舌》相媲美。普尔神父的叙事介于虚构和事实之间, 生动塑造了堪称法国历史上第一批"女文人"的才女形象。人们能够辨识出这些虚构人物背后的真实身份。其中, 最无礼的欧拉里可能是拉苏兹伯爵夫人[2]。卡列雷斯[3]对这位伯爵夫人的描述十分诙谐: 胡格诺派出身的她后来改信了天主教, 之所以改变信仰, 是因为她"既不想在这个世界, 也不想在另一个世界再遇

1　法国路易十四的牧师和顾问。

2　法国作家（1617~1673）。

3　法兰西学术院的成员, 外交官, 作家, 也是路易十四的特使, 是1697年签署《雷斯威克条约》的三位法国全权代表之一。

到自己的丈夫"[14]。普尔神父不满足于仅观察女才子们有关婚姻、性欲、生育、家庭的观点的独特性，还观察一个使用对话和诙谐特征来提高女性地位的团体的运作机制。

彼时正处于社会历史转型期，但高雅之风并未陷入希望凸显某个文学现象的辩论之中，[15]而是充当了女才子们的宣言。女人们聚在一起，只为建立一种摆脱男性淫威的礼仪模式，构建女性特有的典型。普尔神父称这是一种"新的学派"，其成员仅限于女性。确实，这是一个高雅的女性学派，因为这些女士有着自己的语言和行为编码。她们骄傲，甚至傲慢，还爱嘲讽人，喜欢颠覆定型的观念。当对话者的回答不够敏捷时，她们会无聊地打哈欠。面对男人，她们并不掩饰自己的高傲之情。这种高傲在整部小说中都是通过大笑或嘲笑来体现的。

米歇尔·德·普尔笔下的女才子们组成了一个个快乐而默契的小团体，她们互投眼色，交换着"令男士们费解的"暧昧之笑，在某个角落里扑哧发笑，或窃窃私语着小秘密。神情最为严肃的梅拉尼尔以其恶毒的批评见长，而索福尼斯贝则相反，她的俏皮话里带有些许温柔色彩。阿拉西性格开朗，她和梅拉尼尔一起学习如何用简洁明了的字眼"缩短"乏味的对话。欧拉里嘲弄地笑着。她们仔细研究自己的形象，并控制脸部的表情。即使不说不笑，她们的手势和面部动作也明显有别于常人：面部神色、眼球运动、叹息、大笑、沉默，一切都有编码。米歇尔·德·普尔并没忘记描写女才子们之间的争吵，双方言语的尖酸刻薄似乎能确保谈话的真实性。

她们还嘲笑自己，嘲笑自己有语言纯正癖。如安娜·德·拉维涅把她对见异思迁的男人的不信任化作高傲的大笑：

让自己变得假正经和自命不凡的人

> 可以永远是安全的，
>
> 只要她是个令人头痛的爱笑的人，
>
> 总会得到多数人的支持。

比普尔神父更会挖苦的，是那位被收入在蒙庞西耶小姐的《肖像集》中的无名女。她嘲笑女才子们讥讽的语气，并模仿她们的表情：

> 如果她们中间来了另一位女才子，她们便一起嘲笑她。也不管自己是不是最厉害的，她们就开始围攻自己的同类，且无人能幸免。场面十分放肆，因为她们太有笑的激情了，真让人受不了。［……］她们特别爱嘲笑他人，即使那些毫无可笑之处的人，也免不了被她们嘲笑。

典雅之风可能只是文学史上的一个瞬间。不管女才子们说过什么样的行话，是多么假正经或自负，发过怎样的笑声，又是怎样的矫情，她们都为女性写作开辟了一条讽刺性道路。

笑或嘲笑

如何区分笑和嘲笑？布吕耶尔指出："嘲笑是道德低下的标志。"所有试图通过论文或小说来定义礼仪规则的人都同意禁止嘲笑。但有些人认为这是女人的特殊弱点，因为她们希望显得比男人高一等，另一些人则将其看成无法提升的狭隘思想的自然倾向。

面对女人所做的社会的和文学的生活计划，[1]诽谤者嘲笑她们的玩笑话及夸张方式。这是一种厌恶女性的反应吗？他们在禁止女人做一切事情之后，还要在她们表现出对他们的霸权构成威胁的才华时嘲笑她们。他们坚信女人竭力想推翻社会秩序，哪怕只是一段时间。莫里哀也对她们博学式的自负进行了讽刺。

相反，当代却有许多人赞美女性的这一才华，但同时又暗指她们的嘲笑近乎歇斯底里。[2]她们总是遭人诽谤："她们无秩序，无绝对权威，无心灵上的引路人，在教会中无权力，不担任任何公职，无权知晓秘密，也不参与科学活动。似乎人们在把才华出众的女人称作女才子时，是想夺走她们的才华。"[3]

叫人头痛的女人和爱笑的女人：永无休止的两性之争

普尔神父称在她们的轻浮（卖弄风情的女人）或冷漠（假正经的女人）的背后，隐藏着一种前卫的女权意识，她们急于剥夺男人的霸权。[4]有天赋的女人表明她们能够欣赏文学作品，她们还培养出了倾听音乐的兴趣，如波莱小姐或爱笑的尼侬·德·朗克洛。尼侬是这样一类女性中的一员，她们才华横溢、性格坚强，要求与男人一样拥有自由行动权。塔勒曼·德·雷奥告诉我们，她的故事"能让人笑死"，笑死比殉情好。在斯居代里小姐的作品《克雷莉娅》中，她以克莱丽斯的名字出现。作者如此赞美她的活泼个性："她愿意说话，很容易发笑，一件小事都能使她芳心大悦。"然而，尼侬·德·朗克洛却生活在上流社会的边缘。

因此，女人虽有其特有的才华，却远不能让人信服。人们承认她们身上有"灵感的火花在闪耀"，她们的玩笑话一经说出便被人重复，正如她们的文字一经写出即被在内室沙龙里传阅。从她们那里人们学会了妙语连珠。普尔神父也描写了她们的缺点。想象力上的不完美、引发惊讶和笑声的思维上的不连贯性、嘲笑博学的文化自由，这些都构成了女性幽默的特征，但这些特征从来都成就不了经典好书。有人甚至声称存在着两种法语，一种是用来交谈的女人的法语，一种是用来写作的男人的法语。毕竟，按照鲍赫斯[1]阐释的有关情绪的古老理论，女人几乎总是被说成是智力低下和轻浮的。

> 我不认为，欧仁插话道，女人能成为有才智的人。无论您说什么，我都怀疑她具有有才之人所必需的一切特质。［……］

1　法国耶稣会士，散文家，文法家，新古典主义评论家（1628～1702）。

她们所饱含的能给她们带来娇嫩皮肤的黏液，与头脑的机灵和灵敏不太协调，它能磨钝思维的利剑，使其光泽暗淡。您若多加思考，便会发现，女人的才华具有闪电的性质，它的亮光只能闪烁片刻，无法持续。她们在谈话时可能会表现突出，而且只要谈的是琐事，她们都比较擅长……[5]

女人缺乏才智，没有能力谈论诸如道德、科学、政治等话题，只能局限于口头闲聊，一种可以放声大笑的闲聊。按照最苛刻的一些人如梅雷骑士[1]的观点，女人甚至都没有主持一场严肃谈话的才能："必须要有男有女，因为如果仅有女人，是无法使她们活跃起来的，最机灵的人曾向我保证过这一点。"[6]但她们却能"将快乐带向各处"。她们的作用主要在于缓和敌意。[7]

她们能将天真的玩笑话和伤人的嘲讽话区分开来，避免气氛向着危险的方向升级。"我希望玩笑是文雅的，也可略带调皮色彩，我希望它是有分寸的和精致的；既不伤害耳朵，也不刺激想象，而只是让人因气恼而脸红……"[8]斯居代里小姐强调指出。如此，女人们才能忠实于自己的使命。女人的在场带来了相聚的乐趣，使脾气暴躁的人远离。像毕录夫人或科努埃尔夫人那种爱开玩笑的女人，由于太想标新立异，反而偏离了自己的角色。

"我不知怎么说"

第二条规则：应当将彬彬有礼的神情与嘲笑的神情相结合，将

---

1 原名安托万·贡博，法国作家，出生于普瓦图。尽管他不是贵族，但他在对话中采用了"骑士"这个头衔来代表自己的观点。后来，他的朋友们开始用这个名字称呼他。

愉快的嬉戏和严肃的事情相搭配，以更好地制造惊奇、娱乐他人。斯居代里小姐认为嘲笑情郎的叹息是合情合理的，因为"甜蜜"需要被刺激。正如情郎需懂得"对尊贵的夫人讲究分寸"，献殷勤时要做到"既不心急，也不做作"一样，反过来，"女人在与男人一起嘲笑时，也应当表现得不紧不慢，以免遇到不够尊重自己的人"[9]。

那种总希望谈吐风趣的执念会破坏优雅。辩论时若想讨人喜欢，就需要"我不知怎么说"这句话来使交流充满"神秘的魅力"。极负盛名的"爱情国地图"¹对此有详尽的描写。好的谈话是娱乐，惊喜效果和生动的想象力能增强其娱乐性。它通过有节制的嘲讽来调剂，并以赞美结束，被嘲笑者必须能够优雅地微笑面对。会听玩笑话，且丝毫不恼怒，这些都是诚实的品质。

第三条规则，女人们的笑应谨慎有度。古怪的笑、出乎意料的笑、没完没了的笑，有时是歇斯底里的笑，她们被笑的热浪裹挟着，"玩笑"越开越大。许多女才子是寡妇，也有几个是老姑娘，还有一些已跟丈夫分居。这使得她们的嘲笑带有一定的报复性，有时还有点下流。但笑只能是调味品，缺乏节制是对诚实的一大罪过。

因此，在后来于1680年单独出版的、汇集了《克雷莉娅》和《阿塔梅纳或居鲁士大帝》有关谈话章节的作品中，[10]马德莱娜·德·斯居代里对笑及嘲笑的使用方法进行了严格的规定，在不合适的危险的笑和作为社交生活润滑剂的优雅的、合适的笑之间，划出了一道不可逾越的微妙的界限，"因为在娱乐和逗笑之间确实存在区别"[11]。娱乐，可以。逗笑，不可以，这种才能始终且仍

---

1 斯居代里在其小说《克雷莉娅》中描绘的如何从友谊走向爱情的线路图。

然为男人所有。过度的和无法控制的笑与快乐的心态无关，因为人们甚至不知为何而笑。疯狂的笑就像疾病一样让人害怕，正如作者借法洪这一男性角色之口给出的解释那样：

> 的确，我有一天在锡拉居斯和五六个女人及两三个男人在一起，他们都认为，要使交谈愉快，就必须不停地笑。于是，他们无论互相说什么，哪怕是些不太好玩的事，也都一起笑。他们笑得那么大声，以至于大多情况下根本听不到自己在说什么。[……]我笑得眼泪都快出来了，但却并不知自己为何而笑。说实话，一刻钟后，我为之羞愧不已，转眼间由喜转悲。[12]

梅雷骑士、安托万·德·库尔旦[1]和斯居代里小姐都对那种认为一切皆笑柄的过分之笑的危害充满担忧。梅雷对女人经常采用的嘲笑口吻表示了遗憾，建议她们"主要应当更多地想着去讨人喜欢，而非逗人发笑，因为许多让人发笑的事情并不讨人喜欢"[13]。

梅雷曾多次谴责某些缺乏教养的小姐的滑稽行为。他对女人要求苛刻，却容许男人开略显过分的玩笑，说挑逗的话，即使这些玩笑不够礼貌。他举洛克罗尔的例子，称他"与女士们开玩笑"，迫使她们发笑。还提到了白金汉公爵的怪诞行为：他穿得像"百叶窗"，也即把紧身长裤一直挽到了膝盖处。[14]只要气氛良好、活泼、轻快，少量放肆的言行并不会导致合乎礼仪的社交条约的终止。

1　法国外交官，文学家（1622～1685），以《新文明论》一书而闻名。

"这里的人嘲笑一切"

随着诞生自王宫的社会约束体系的确立，滑稽可笑的事物成为古典时期人们的笑料。[15] 人们打着纠正可笑之物的幌子，变本加厉地嘲笑或耻笑所有违反习俗之物。曼特侬夫人在给圣西尔学校的女生督学封丹夫人的信中不无担忧地说："还应该让我们的姑娘们别再耍嘲弄人的诡计，我讨厌教给她们这些，因为我现在觉得那是与纯朴相悖的，显得傲慢至极。"萨瓦的小玛丽·阿德莱德[1]初到凡尔赛宫时，曾不无惊讶地对曼特侬夫人说："我的姨母，这里的人嘲笑一切！"凯吕斯夫人[2]以其玩笑出名。她用极其奢华的方式打扮洋娃娃，以丑化凡尔赛宫的风俗。

讨厌听夫人们开玩笑的路易十四下令让她离开王宫，因为她对蒙谢弗里尔夫人[3]笃信宗教这一点加以嘲笑。"人们把这些我认为毫无恶意的玩笑看成是罪恶的。他们从中看到了对宗教的亵渎。"

蒙特斯潘夫人[4]和她姐姐蒂昂热夫人一样，到哪里都嘴不饶人。库朗热夫人[5]也总是话里带刺。曼特侬夫人和科努埃尔夫人[6]的忏悔神父戈贝林称："夫人每次都忏悔自己说了挖苦别人的话。"女人的本能使得她们爱嘲笑别人及其闺中事，因为她们能更快地从不起眼的小事中发现别人的弱点。她们擅长以嘲弄的口吻描述他人，开玩笑地将别人的越轨行为或爱慕虚荣的表现编成讽刺的歌谣。但带刺的话会把一切都搞砸。17世纪末的礼仪论著纷纷指出"嘲讽的危

1　法国国王路易十五的母亲（1685～1712）。
2　法国文学家，回忆录作家（1671～1729）。
3　曼特侬夫人的朋友和知己（1633～1699）。
4　路易十四的情妇之一（1640～1707）。
5　法国书信作家（1641～1723），塞维涅夫人的密友。
6　沙龙举办者（1605～1694）。

害"，即以他人为代价的嘲笑之苦果。

女人的这一喜好在18世纪的文化生活中逐渐占据重要地位，但却并非通过作品创作这一方式来体现。启蒙世纪向现代的思想和艺术世界敞开了大门，才智出众的女性因而能以女主人的身份开门迎客。她们凭借自己的财富、出身和关系网，同时也凭借自己独特的爱好和得体的言行，成为一小群性格迥异之人追随的对象。她们的威信得益于她们表现出的亲和力及保证交谈持续的能力，她们"有办法在很短的时间内让谈话者互生好感，[……]并能随心所欲地释放出某种像电一样的物质，其四射的光芒既可缓和过分健谈之人的激动，也能让寡言少语之人变得活跃"[16]。

有些人完美地承担了她们的角色：她们拥有"像闪电一样迅捷的眼神"，且"比男人在谈吐上更为自然、风趣和洒脱，这就既保证了真情实感，又不失幽默"[17]。她们继承了"法国人辉煌灿烂的快乐传统，将智慧与嘲笑的手段以毫无恶意的玩笑方式相结合，犹如科摩斯¹大笑着摇响疯狂的铃铛"[18]。

性别之争并未因此而结束。同样是这群可爱的女士变成了在书信中讲述琐事，使之变得枯燥乏味的罪魁祸首。人们嘲笑这些"漂亮的谈话者"。她们走马灯似的变换着谈论的主题，企图用从名不见经传的读物中学来的知识替代学者和作家长期的劳动成果。"她们的欢乐取代了才智。"孟德斯鸠总结道。"但是，"他反过来补充道，"严肃是蠢人的挡箭牌。"[19]感觉多于思考，对她们而言，一切皆游戏。

布弗莱尔伯爵夫人²"很迷人"，朱丽·德·莱斯皮纳斯³讽刺

1　希腊罗马神话中的宴乐之神。
2　沙龙举办者（1725～1800）。
3　沙龙举办者，书信作家（1732～1776）。

道，"她的话没有一句不是自相矛盾的"。这些女人有的属于自学成才，而大部分人都从她们身上看到了某种不落俗套和自由之气。令胡达尔·德·拉莫特[1]十分欣赏的正是聪慧的朗贝尔夫人[2]的沙龙里的这种差异："……她将那些已被确立为重要的东西看得毫无价值［……］有时却把许多正直的人认定是无足轻重的东西看得十分重要。"[20]在这种价值观的颠倒中，人们常常能够发现女性幽默的关键，以及快乐而新颖的谈话的动力；而对其他人来说，嘲笑更像是一种思想的浪费。

友谊之笑

哲学家大卫·休谟写道：法国是"女人的国度"。只需在拉·图尔[3]、纳蒂埃[4]或拉吉利耶[5]等人创作的精美肖像画前稍作停留，便可明白这些嘴角露着嘲讽、目光灵动的女性，是如何为启蒙世纪的沙龙带来智慧和活力的。莫尔雷神父[6]在写给谢尔本勋爵[7]的信中说，"社会需要她们，就像咖啡需要糖。我知道有好多人不往咖啡里加任何东西，但我并不因此而多敬佩他们一点"（1779年7月21日）；但莫尔雷也抱怨她们"爱开玩笑"，使得任何严肃的谈话都无法进行。一些外省人从人们的话语交锋中只看到做作、"大量的刻薄话

1　法国作家（1672～1731）。
2　沙龙举办者（1647～1733），撰写过许多关于哲学问题的文章。
3　法国画家（1593～1652），擅长描绘光线与阴影。
4　法国画家（1685～1766），因其为国王路易十五宫廷的女人们绘制肖像画而闻名。
5　法国画家（1656～1746），是17和18世纪著名的肖像画家之一。
6　法国哲学家和作家（1727～1819）。
7　乔治三世时期的英国首相（1737～1805）。

和奇怪的俏皮话"，于是便开始感到恼火，就像脾气暴躁的杜克洛[1]在唐桑夫人[2]家那样。

但当谈话集智慧、欢乐、自然、纯朴于一身时，信任的氛围得以形成，男女宾客间达成了莫娜·奥祖夫口中和谐的"文化互交"，而这是有文化的、上流的、贵族阶层的巴黎人的特权。卓越的沙龙女主人弹奏羽管键琴、创作绘画作品、写作精美的书信、主持延续至深夜的无休止的辩论。"聚会晚上6点才开始，大家一起用晚餐，然后一直相伴至次日凌晨2点。人们玩乐、读书，更多的则是笑。只要愿意，大家都可以在早上睡个大大的懒觉，或者处理些私事。"舒瓦瑟尔公爵夫人[3]在给德芳侯爵夫人的信中如此写道。

当然，大家都笑，因为这是18世纪美好时代的基调，为笑而笑，无意进行道德的改革，散步时笑，观剧时笑，在饭桌上聊天时笑，交流时笑，因为"嚼过的碎片更易消化"[21]！17世纪小团伙性质的"辉煌"逐渐失去其价值，取而代之的是热情洋溢的社交，自发的笑在这里找到了其合理的位置。谈话另有标准。在这个新的世纪，人们可从无聊琐事谈到诸如母乳喂养、疫苗或建筑法等严肃的话题。允许个别交谈，也不排斥言语不和及亲切的言归于好，但却对幽默的言行严加甄别，因为没有什么比"本不可爱"却非要装可爱更糟糕的事了。

没有比狄德罗更称职的证人了。他饶有兴趣地观察与其一起用餐的女士们如何着装，如何梳头，听她们倾诉，跟她们一起谈论她们的情人、最新的戏剧或书籍。即使有献殷勤者摸她们的手，她

1　法国作家（1704～1772）。

2　法国作家（1682～1749）。

3　法国公爵夫人和女继承人（1807～1847），被其丈夫普拉兰公爵夏尔·德·舒瓦瑟尔谋杀。这是1847年发生的促成1848年法国革命的几大事件之一。

们也不避讳。他曾在位于谢弗莱特的德皮奈夫人[1]家用过餐，在写给苏菲·佛莱[2]的信中，他如此描绘某个周一晚上人们在那里相聚的情形："大家笑着，开着玩笑，亲吻着，抚摸着，说任何想说的话……"（1762）

当人们想要变得严肃时，可能就无聊了，于是，"人与人之间保持着距离；进出门或路过时互相致意、强作欢颜；虽然互相倾听，却几乎不说话"……无法抵挡好故事诱惑的狄德罗描绘了乔芙兰夫人[3]出现在这类无聊晚会上的情景。她打着哈欠，感觉无聊透顶，急着想要离开。有人问："夫人，您要离开我们吗？"她这样回答道："今天这里没人。我下次再来吧。"这几句风趣话传遍了所有沙龙。当十二或十五人围在火边随意地聊着八卦时，维吉·勒布伦夫人[4]不无感伤地忆及的，正是流行于旧制度末期晚会中这种充满智慧的欢乐和幽默。

闲暇、男女混杂和友谊是友好交谈的基础。伽利阿尼神父[5]与德皮纳夫人、德芳夫人与伏尔泰或达朗贝尔、夏特莱夫人[6]与伏尔泰、本杰明·贡斯当[7]与伊莎贝尔·德·夏里埃[8]都互相倾慕对方的幽默。在社交生活中，一个人的轻松和欢乐应归功于另一人。追问是否存在专属于女性的谈笑形式是徒劳的，因为可以说全社会都已"女性化"，都爱奇思妙想，爱逗弄人，爱大笑，爱说玩笑话，爱风

1　法国作家和沙龙举办者（1726～1783）。
2　18世纪哲学家狄德罗的情人和通信者（1716～1784）。
3　沙龙举办者（1699～1777），被视为法国启蒙运动中的主要女性人物之一。
4　18世纪末、19世纪初法国杰出的女肖像画家（1755～1842），因给皇后玛丽·安托瓦内特绘画肖像而出名。
5　意大利经济学家（1728～1787）。
6　法国数学家，物理学家，哲学家（1706～1749）。
7　法国文学家和政治思想家（1767～1830），近代自由主义的奠基者之一。
8　荷兰和瑞士的启蒙运动作家（1740～1805）。

雅，有时也爱忧伤。

在这个既不绝对公开也不绝对私密，似乎专供女人发挥聪明才智的空间，女人的影响到底有多大？让客人感觉舒适自在的女主人、诙谐且充满好奇心的听众、既自我满足也能满足客人自尊的社交女郎：除少数几个是男人才华的陪衬外，这些女主人是否还另有身份？她们欢迎新思想，其年龄有时也赋予其开玩笑的特权，她们个个对答如流，听任他人褒奖自己，但仍是男人在智力游戏中占主导地位，他们有时甚至还迫不及待地想要离开可爱的女士朋友，去别处交流严肃的话题。

马蒙泰尔[1]承认跟女性朋友在一起时非常开心，但同时也坦言需要到别处去提升自己的智慧和心灵。因为笑禁止了一切讨论。在乔芙兰夫人和霍尔巴赫夫人的沙龙里，几乎没有女人，除了后者的母亲爱娜夫人。狄德罗记录下了这位夫人说过的俏皮话、唠叨和玩笑话。莫尔雷强调指出，如果妇女人数众多，要想有愉快的聊天是很困难的："坦率地说，我见过的通常意义上成功的谈话，都是在这种情形下：女主人如果不是唯一的女人，也至少是小团体的中心人物，（除非）所有在场的女性都受过教育。而这后一种情况，必须承认，是很少见的。"[22]

坏名声

有才智的女人并不总有好名声：她激起人们对琐事或晨间读物的兴趣，以至于"一个饶舌妇很容易被列入拉法耶特夫人和塞维

---

1 法国作曲家，钢琴家，音乐教育家（1816～1898）。

涅夫人之列"^[23]。在唐桑夫人的沙龙里，当听到庇永¹说下流话时，夏特莱夫人、波普利尼埃尔夫人和杜邦夫人²连眉头都不皱一下，而女主人也装出一副无所谓的样子说："我们是男人！"还有一个与男人相关的玩笑。1770年，继"内克尔修女"和"乔芙兰大妈"的聚会之后，莱斯皮纳斯小姐发出的聚会通知被如此曲解："莱斯皮纳斯修女告诉大家，她的财富既不够请大家吃晚餐，也不够请大家吃夜宵，但她依然希望接待愿去她家消化的兄弟们……"

在爱尔维修夫人位于奥特伊的家中，每场聚会都"特别愉快"，这在很大程度上应归功于莫尔雷神父和二十只穿着皮长袍、"像议员般严肃的"安哥拉猫。莫尔雷即兴创作了幽默的《猫的诉状》^[24]一文，谈论应该给这些猫安排怎样的命运，是淹死它们，还是让它们移民到大西洋对岸去。而伽利拉尼神父则打算发表《母猫对小猫的政治和道德教诲，由国王图书馆猫语翻译艾格拉蒂涅先生从猫语译成法语》一书。在这些由开明人士组成的小圈子中，一份心照不宣的契约将热情好客的女主人与其常客相连。女主人远非为出风头，而是提供一种自由的氛围。她会确保每个人都有发言权，且"无人能不顾他人利益占据过多空间"。

兰图鲁精神，或童年精神

上流社会奉行一些自以为是的规范。一些古怪的女人因其地位和财富而享受着诸多自由。乔芙兰夫人的女儿，后成为安博堡侯爵夫人的玛丽-特蕾莎，确实可以声称自己拥有大笑王后的桂冠。她

1　法国诗人（1689～1773），多写淫秽类讽刺诗。
2　沙龙举办者（1706～1799）。

是一位特立独行的女子，唯一的愿望便是与自己那位专横且爱教训人的母亲保持距离。淘气、乐呵、爱搞笑且擅长活跃气氛的她，在母亲的圈子里学会了交谈。她的笑有点夸张，因为她无论做什么，包括跳舞、玩耍、唱歌或开玩笑等，都走极端。她俏皮话不断，乐意承认"自己心情很爽"（逗笑的说法），为的是能让所有朋友都受其好心情的感染。朋友中甚至还包括最后被她叫成"我的小猫咪"[25]的巴黎大主教博蒙先生。

成年和守寡并未使她丧失好心情。身处痛苦中的她依然在笑，并继续各种怪诞的行为、滑稽的模仿和乔装改扮。六十岁上，为坦然老去，她撰写了《生活计划》一书。书中她坦诚："当我投身于世界和友情时，我只喜欢笑和玩，而且不要常理。"[26]但她却否认自己在性格上有任何过分之处，并讨厌被看作才女。当伏尔泰对她说寡淡的恭维话时，她针锋相对地回击道："先生，假如您非要给我一个名声，我希望最好把我说成某个动物，而不是什么才女，前者更方便我维持，且没那么可笑。"[27]

安博堡夫人的大手笔是于1771年创建了"兰图鲁崇高骑士团"。该社团有着某种中世纪骑士团的神秘色彩，骑士的仪式被以滑稽的方式进行了改编和沿用。其创意来源是：一天晚上，年老的克洛瓦斯马尔侯爵对自己因病无法前来拜访她表示歉意，夫人便以一首结尾副歌为"兰图鲁，兰图鲁"的歌唱兰图鲁之痛的诙谐的小曲来答复他。

这一叠句成了新社团的格言。这是一个为打趣和歌唱而设立的社团，夫人本人立即成为了社团女主人。社团云集了快乐的各路宾客。他们都是法国大名鼎鼎的人物，包括荣升为资格最老者的格林、贝尼斯大主教、西班牙大使、特雷莫瓦勒公爵、萨克斯王子、纳伯恩伯爵和伯爵夫人等。很快，兰图鲁骑士团便名扬全欧洲，众多有名望的外国人纷纷加入，如沙皇叶卡捷琳娜二世和保罗大公爵。克洛瓦斯马尔则被称作男主人。侯爵夫人将兰图鲁骑士团与瓦蒂尔在朗布耶公馆即兴创作的一首歌相联系。先是每周一，后变成每周四，她在自己的府邸接待社团成员，并制定了类似于骑士精神格言的规则。

爱打趣的社团

爱打趣的社团并非新事物。它们属于古老的庆祝酒神巴克斯和嘲弄神摩墨斯的男性"歌咏社团"的传统。社团的成员多饮酒，且或多或少有点放荡不羁，如科雷[1]、皮荣[2]、索兰[3]和克雷比荣[4]每周日都相聚的酒窖社团，或者还有各类粗俗的社团，这些社团聚集了贵族阶层的"玩世不恭者"，旨在恢复笑的名誉。新的现象是，女人也开始创建这类爱打趣的社团，且制定了不失礼节的规定。

蜜蝇骑士团由"精美的苍蝇"梅内公爵夫人创建和主持，其宗旨是要"优雅地娱乐"。教区社团的活动地点设在杜布莱夫人[5]的府邸，参加者就各类新政畅所欲言。快乐的莫罗索夫社团只允许二十一岁以上的年轻姑娘加入。位于洛桑的春天社团吸引了来自诚实家庭的年轻女孩，大家一起欢笑、歌唱和表演喜剧。由"一位迷人的夫人"（但不知其姓名）创办于1734年的淘气社团采用猴子的模型作为团标，其成员都被冠以动物之名。其活动规则如下：

---

1 法国剧作家，作曲家（1709～1783）。
2 法国词作家，剧作家（1689～1773）。
3 法国巴黎律师，诗人，剧作家（1706～1781）。
4 法国小说家（1707～1777）。
5 法国学者，作家，沙龙举办者（1677～1771）。

但愿没有一天

不搞恶作剧，

也没有恶意的玩笑

在事实或意图上

玷污美好的荣誉。

我们的社团只欢迎

温柔而机敏的

会笑但不伤人者。[28]

　　兰图鲁骑士团遵循快乐协会的规则：在不伤人的前提下欢笑和纠正他人。其成员，包括骑士或普通的“淘气鬼”，都具有嘲讽人的兴致。他们创作歌曲、讽刺短诗、诗体或散文体的笑话，或者还有“谏书”，献给其女王，那位“十分怪诞的兰图鲁之王，所有疯神的君主”。1779年5月，为庆祝安博堡夫人从麻疹中康复，社团举办了一场集朗诵、表演和音乐于一体的大型庆典。庆典组织者是俄国大使，主持人是教皇的教廷大使。欢笑并非该社团唯一的野心：笃信宗教且保守的侯爵夫人，痛恨一切有关哲学和宗教的讨论，她创作了一部反百科全书，以大肆攻击其母亲的朋友——百科全书派成员；但她的追随者们却害怕正面交锋。

　　善良的兰图鲁骑士们的快乐可以抵御政治气候带来的日益强烈的焦虑感，只要他们不进行论战。1786年，斯塔尔夫人请求加入社团。或者是有预知，或者是无能力像小丑那样笑，她的那封被皮埃尔·德·塞古尔[1]引用的申请信缺乏热诚：“……王后之言让我很是不安，但却并未使我沮丧。既然张冠李戴骑士、东拉西扯侯爵和

1　法国作家，历史学家（1853～1916），1907年当选为法兰西学术院院士。

不知所云男爵都能被吸纳入会，我不明白为何我不应该成为其中的一员。"斯塔尔夫人并不真正拥有兰图鲁精神。而且，社团的生命已接近尾声。1789年，安博堡夫人宣布退位，并建议其臣民投身共和国……

让利斯夫人是她那个时代很好的见证者，她记录说客人们已不再相互倾听，因为人人都想独占社交空间："每个人私下里都忙着找精粹妙句［……］我经常看到女人们焦躁不安、痛苦不堪。她们冥思苦想，只为找到一句智慧而绝妙的回答。"一切谈话都在轻松的外表下进行，但竞争消解了快乐的感觉。神经质的或假装的笑不再起沟通的作用，甚至都无法起排斥的作用；它产生于喧嚣和混乱中。讽刺作家科雷曾无情地刻画过一位上流社会的女子形象。此人便是多菲内总督的妻子拉波尔特夫人。她一心只想赶时髦，"没有礼貌，可笑之极，整天开玩笑，没有常识；玩快乐的游戏，疯狂无比……"[29]。

欢笑王国中有些东西在贬值。舒瓦瑟尔夫人抱怨一种喧闹的"热情"，一种有时取代判断的虚情假意的悲情。"人只在没有感觉时才会表达。"[30]在让利斯夫人内行的眼光看来，两类人破坏了快乐精神：一类是具有伟大情操的人，他们表现出高雅的品味，自鸣得意地高谈阔论，显得彬彬有礼、一脸严肃，但更多的则是做作；而相反的一派则是些粗心和轻浮的人，他们对待一切都很随便，还执拗地嘲笑感性和德行。第一类人因总是自高自大、装腔作势和矫揉造作而让人厌烦，第二类人则因过分孩子气而让人疲惫。但让利斯夫人仍然无法自控地青睐第二类人：

他们的轻浮无法形容。他们所说的"具有童年精神"这句话，反映了他们心目中最向往的快乐方式。他们小范围地聚在一起，强烈希望只说童年趣事和傻话。我经常参与其中，并羞愧地承认我不仅乐在其中，而且只有在那里我才能真正欢笑。那些跟我一样欢笑并且丝毫都不讨厌孩子气的人，绝对比我更有智慧。[……]但人们很难想象，有常识之人竟然总是能够发现放弃理智乃至放弃思想的巨大魅力。[31]

童年精神，兰图鲁精神，尽其所能地寻找治愈烦恼的良方。令人愉快的时代结束了：心情愉快是假装的，笑成为惯例，而远未起到社交润滑剂作用的玩笑破坏了社交。

法国人不再会笑了

必须戴上英国人霍勒斯·沃波尔[1]的眼镜，才能看到一个国家的萎靡不振，在那里，哲学和思想的专制主义正在逐渐摧毁一切。他说，由于不停地高谈阔论、批判和嘲笑一切，法国人已经不知道如何交谈和娱乐了。"他们没有时间笑，因为他们必须首先想到把上帝和国王扔在地上。"他在1765年10月给托马斯·布兰德的信中如此写道。

第二年，在写给格雷先生的信中，他做了同样的评价："男人都戴上了严肃的面具，认为那样才是哲学的和英国式的，结果在自然的轻松和快乐方面，他们一无所获。"路易·塞巴斯蒂安·梅西耶认为，巴黎小资产阶级并没有更加快乐。如果他们之前曾显得"快乐、开放和轻松"，在他们今天的举止中，却有着"某种悲伤和拘束"（第562章）。

一大群黄蜂

然而女人却逃脱了由沃波尔以略显粗暴的方式展示的破坏活

1　英国艺术史学家，文学家，辉格党政治家（1717～1797）。

动。她们"似乎并非（和男人）来自同一个国家；她们不像之前那样快乐，但却更有教养"。事实上，教育收获了果实。自从莫里哀嘲笑迂腐的阿尔芒特以来，许多女子都摆脱了束缚，学到了各种形式的知识，虽然礼仪仍要求她们保持慎重和谦逊。有些女人间接地对政治生活产生了影响，另一些则依靠写书为生，且她们的书并不满足于反映男性文化。

但恰恰由于她们悄悄渗透进了男性的权力之中，她们便面临着失去自己本性的危险。卢梭对这种变化表示关注，它使女人有机会进入公共领域，并获得新的权力。在她们的影响下，社交生活变得与诽谤、讽刺、流言蜚语和丑闻密不可分。她们更加关心"被逗乐，而非被爱"，然而，必须无所爱才能享受一切快乐。"漂亮女人都不喜欢生气，所以她们对什么都不生气。她们喜欢笑，既然在罪行中没有笑这个词，流氓就跟所有人一样都是诚实的人。"[1] 更别提奉承话，用"随和、友好、轻松、自然"的口吻说出的谎话，或者还有鼓励暗示和悄悄话的通奸关系了。

天真的笑去了哪里？交谈鼓励一种去敏感化的过程，人们只关注事物好玩的一面，他们摩拳擦掌，只为抓住好笑的东西，而非缺点瑕疵，这就是所谓的取悦。这位品性正直的哲学家还谴责法国式的混杂，包括性格上的放荡、感情上的错乱和叽叽喳喳的喧闹："巴黎女人只喜欢和男人一起生活，只有跟男人在一起她们才感到舒服。在每个社团中，沙龙女主人几乎总是男人的中心。[……]因而，也就是在那里，女人学会了像男人一样说话、做事和思考，而男人则和女人一样。"[2]

他们的快乐是装出来的，他们的微笑是骗人的。由于内心空虚，两性界限模糊，谈话变得空洞，其唯一的目的是"为不道德的行为披上优雅的外衣"。在克拉伦斯的榆树下交谈的那个可爱的社团是巴黎沙龙的对立面，那里有无邪的欢乐和顽皮的笑。法国第一大讽刺作家伏尔泰的态度并不更加温柔："除了诽谤、玩笑和恶意，巴黎社会还以什么为生？"（于1768年7月13日写给德芳夫人的信）

所有这些在贵族沙龙中占据中心地位的夫人，包括卢森堡夫人、格拉蒙夫人、米尔波瓦夫人和弗勒里公爵夫人等，都对无礼言行有着与生俱来的操控本领。她们被龚古尔兄弟称作一群黄蜂，到让利斯夫人那里则被开玩笑地说成是"充满活力的跳蚤"。对自己不合时宜的担忧赋予了她们敏锐的洞察力。很少有人像舒瓦瑟尔夫人那样，无须大笑，却依然拥有幽默女子的美誉。嘲笑是心绪不宁且无所事事的聪明人发泄的手段，在某种程度上是才智之笑。德芳侯爵夫人便是一个极端的例子。她抱怨忍受着无聊的折磨，称"这只绦虫让我们得不到任何享受"，并担心自己也会惹人烦。头脑过于清醒、缺乏好奇心、观点犀利、讨厌夸张辞藻的她，无法沉溺于对激情的幻想之中，但又不能没有同伴。于是，与人交谈、鸿雁传书，以及与同时代最尖刻的男人们的友谊，是唯一能将其从抑郁中拯救出来的良方。她的抑郁是在"后悔来到人世"后，由生活的烦恼和死亡的焦虑所致。

她与伏尔泰、普里夫人[1]，后又与高雅的同谋斯塔尔-德洛内夫人[2]交换各自编写的讽刺歌曲，一起分享诽谤的乐趣。因为要想娱乐，就必须说人坏话。"让我们互相嘲笑对方吧，让他们嘲笑我们吧，这样对谁都好。"若斯·德·斯塔尔-德洛内以宣言的方式宣布道。她还说："我和你们像疯子和傻子那样共享世界已有不短的时间了。""男人和他们的雌性是多么有趣的动物啊！睡眠充足的日

1　法国贵妇（1698～1727）。
2　法国作家（1684～1750）。

子里，我会从他们的一举一动中取乐。"[3]若斯爱挖苦人，用词精练而刻薄，这些都十分取悦"王后"德芳夫人。人们在阅读她那有关讨厌的夏特莱夫人的肖像描写时，便能猜到她的脸上正浮现出微笑："她审查她的原理。这是她每年都重复的练习，否则，这些原理便会逃脱。"

或是当若斯挖苦聚集在保护人梅纳公爵夫人身边的社会名流时："由于不断地向外扩展，达官贵人们变得十分瘦削，以至于人们能透过他们的身体看到光亮。"跟若斯一样，德芳夫人将世人分为三类："行骗者、受骗者和观骗局者"，并用嘲笑来应对生活的不幸。对任何好意的痛苦有益论的拒绝、消解一切的智慧和贵族式的嘲讽，赋予了这群无所事事的聪明人说出妙言警句的灵感。

一个似乎于1730年左右被创造出来的新词，描绘了盛行于18世纪后半叶的这种残酷的游戏，并将机智的人辨别出来。[4]这个词是"挖苦"。这类事情自古有之，但在启蒙世纪却成了好风度的完美体现。存在多种挖苦的方式。第一种方式是程度较轻的打趣，将一些词交叉、组装或停止交叉，以令人意想不到的方式组建新词，只为让人惊讶，且不告知原委。"挖苦"一词便是以"拆除（织物上的）金银线"这一短语为基础改造而成的：1750年前后，拆除金银线的做法流行一时。一群人将布片一缕一缕地剪开，把不同的线轴纺在一起，将饰带、胸饰或花边拆开，来回收黄金。

在同样的沙龙环境中进行的脱节的谈话是一种游戏。跟欲望相似，这种谈话同时遵循两条线索，以致总是离题，且毫无逻辑和顺序。其无法预料性和荒诞性引人发笑："正在谈论战争的人会被一位想谈论感情的女士打断话头；而这位女士的思维正在因如此高贵且得心应手的主题而万分活跃时，却不得不闭嘴去听一段表面高雅实则淫秽的歌曲；这位唱歌的男士或女士会在大家的遗憾中让位给

　女人的笑：一段征服的历史

某位道德说教者，后者的话头也会被急忙打断，因为人们不想错过一段恶意中伤的故事……"[5]

人们笑自己不懂的事，因为笑是一种很好的礼貌。在德芳夫人看来，作为上流社会贵妇之消遣的拆除金银线的活计是诽谤的完美隐喻：

> 拆金银线万岁！
> 否则乐趣稀少！
> 这一重要的活计
> 赶走了无聊。
> 边撕着
> 饰带和绶带，
> 边使着
> 诽谤和诋毁的坏。
> 以前的人们
> 只有一个情人，
> 现在却发了疯
> 经常更换情人。
> 爱情像绶带
> 被藐视和分享，
> 即使对金银线开拆，
> 也要放进感情的芬芳。

挖苦更多基于共同的仇恨，而非友好的默契，而谈话则类似于一种没心没肺、缺乏理智的机械活动。对持自由思想的人来说，挖苦不再是某种诙谐的令人窘迫的娱乐，而转变成了对智力的刺激。

其策略是：选择一位不太适应团队规则的人作为对象，当着所有人的面，极有礼貌地愚弄他，给他设套。挖苦的人不露声色地进攻着。他以朋友自居，而他的快乐则是虚伪和盘算。

被戏弄的人很自信，他主动掉进别人设的圈套里，投入地参与到这场自以为友好而善意的交谈之中，殊不知谈话规则早已被颠覆，里面不含丝毫的同情心。公开的伤害性的大笑是嘲弄和侮辱人的工具，与你来我往的谩骂同样暴力，可成为一种极致的报复方式。"就这样逗笑了全社团的人。"曾多次提到神秘之笑已衰落的梅西耶总结道。只要女主人稍不注意，毫无经验的外省人和腼腆的年轻人便会这样被傲慢的笑声和莫名的嘲笑所裹挟，沦为他人快乐的牺牲品：

> 可以说只允许讲俏皮话。托南夫人及其追随者们同时开始：一大堆刻薄话、俏皮话和狂笑。[……]我想请旁边的人帮我解围，至少帮助我听清他们在说什么。他大笑着给我讲了一段话，但这段话比之前任何一段都难懂。[6]

挖苦更多的是男人的游戏、猎人的游戏，但挖苦者很讨女人们喜欢，因为他们被看作有才之人，人们希望与其结为盟友。笑的社交性从未被人遗忘，因为它有一个秘而不宣的目的：彰显嘲笑者，提高其威望。"他让我们笑个不停，真让人受不了。"一个妖艳的女子边听某位矫揉造作、自命不凡的年轻人开玩笑，边咯咯地笑着说。[7]在滑稽的面具下，那些充满风趣话、东拉西扯的闲聊和几乎没人说的行话的可笑语言只有助于增强某个蔑视集体欢乐的花花公子的自尊心，没有什么比激增的自尊心更能让人变得如此冷酷无情了。

谈话不再是对等的价值，恶意取代了功绩。是否存在挖苦的女性形式呢？18世纪的女士是谨慎的，皮西厄夫人¹建议其女性朋友用轻蔑的撇嘴动作来回应他人的出言不逊："我们不能与人争斗。安静地忍受无礼的言行仍是我们这一性别的特性之一。"[8]让利斯夫人同样坚信：快乐和爱嘲讽人的性格有损女性名誉，因此，理智建议她们只能"低声地与朋友交谈，在饭桌上，她们让朋友跟自己坐一起，其他时间就到窗户边［……］因此，她们的才华只在友情内部显露"[9]。

试图讲挖苦话的女士在接待客人时，还必须遵守一条礼仪规则："最傲慢、最幽默的女人，在自己家里总是礼貌而殷勤的。这可能是我们中间能给社团带来最大快乐的事了。她不气也不恼，在自己家里不会嘲笑任何人，也不表现出不开心、傲慢或冷漠。"[10]

比如最会诋毁人的沃瓦耶夫人²，只能控制自己的情绪，扮演最可爱的沙龙女主人角色！事实上，由于女人通常是"上流社会社团"的牺牲品，她们在以机敏、刻薄和虚伪为特色的唇枪舌剑中表现得跟男人一样出色。杜克洛³将莱莉夫人塑造成了一个生动典型：

> 她活力四射，谈吐轻松欢快，非常有趣，但因而也爱讲别人坏话。她总是跟身边的人开玩笑，对不在场的人则无情抨击，尽情地嘲笑他们，其嘲讽话因残忍而越发逗乐。鲜有人为不在场的人辩护，而对漂亮女人的轻率之言，人们只是卑鄙地表示赞许。[11]

在互相攀比中，有的女人变得不择手段。随心所欲的挖苦使得

1　法国作家，女权主义者（1720～1798）。
2　法国18世纪末著名女文学家（1734～1783）。
3　法国作家，历史学家（1704～1772）。

梅特伊夫人[1]成了18世纪文学中常见的恶毒女人典型。梅特伊在挖苦游戏上远胜瓦尔蒙，她玩弄后者的感情，将其蒙骗。爱情不过是许多可笑的事情之一，"没有什么能比爱情的无望更能（把她）逗乐的了"。

当瓦尔蒙沉浸在自己的游戏中时，他的搭档却好奇心十足，她渴望窥探别人的闺中秘密，成为他人的主宰，从而通过操纵其牺牲品达到驾驭男人、逃避没落世界之无聊的目的。诚然，梅特伊夫人只是在暗笑，但她写的每一封信都蕴含着两三种语调，能将其读者变成心照不宣的观淫癖者，从她的牺牲品的失算中取乐。

挖苦或拆除金银线的时尚将持续几十年，直至大革命之后，这给被剥夺了权力的贵族阶级以一种幻觉，认为自己至少在言语上还拥有统治权。沙斯奈夫人[2]在其《回忆录》[12]中承认，1797年，当她还是年轻女孩时，在达沃夫人的沙龙里见到了这些放荡的妖艳女郎，当时她非常惊讶："在一群不承认自己年龄、爱嘲弄人、操着挖苦行话的轻浮女人中间，我常常不知自己身处何地。[……]挖苦是主要的语调，而我从未听懂过。"

笑，社会的标志？

"嘲笑是行将就木的社会的全部文学。"巴尔扎克在《驴皮记》的序言中如此写道。司汤达则用好几页的篇幅谴责法国人所擅长的追求滑稽的运动。交谈的乐趣远未能促进社会的和谐，反而因其教导虚伪、讽刺和残忍而从内部削弱了社会。"人们为说话而思考，

————————————

1　和下文中的瓦尔蒙同为法国作家拉克洛的小说《危险的关系》中的人物。
2　法国作家，散文家，回忆录作家（1771～1855）。

为得到掌声而说话，因此，所有无法言说的东西，看起来像是人们心里多余的东西。"斯塔尔夫人不无苦涩地总结道。[13]她本人太过真诚，以至于无法表现出妙趣横生或仅仅是爱开玩笑的样子。但她喜欢社交才华，她反思了快乐的来源及其社会历史条件，同时对法国式的偏离表示遗憾。

毫无疑问，她仍然在社交上自得其乐，但事实是，"玩笑在保留所有弊端的同时失去了优雅"，因为它攻击一切真实的情感。"以前，人们追求行为方式和写作的精致高雅，若想逗乐，只需嘲笑粗俗的形式或通俗的表达即可。今天，这方面的一切都被混淆了，人们竟然开始嘲弄感情和思想。"[14]有才华的女人假如为了出风头而放弃心灵的底线，会特别容易面临危险。

这种有害的、具有破坏性的快乐和苦笑只能带来短暂的乐趣，正直的人对此嗤之以鼻。她的女儿阿尔贝蒂娜·德·斯塔尔，即布罗格利公爵夫人，在1824年的一封信中同样出色地表达了这一点。她重新发现了拉布吕耶尔对俏皮话的定义："真正的快乐发自想象。它所觉察到的是事物之间的另一种关系，而非消极面。这是真正的独特之处。"[15]19世纪，人们开始以感情的深刻为名，对才智进行批判。

大革命是否摧毁了快乐的交谈？然而，也不乏一些沙龙，在那里，机智的女性恢复了旧制度的精神，如朱丽·雷加米埃夫人[1]、杜拉斯夫人[2]、布瓦涅伯爵夫人[3]、阿布朗代斯公爵夫人[4]、德尔菲

---

1 法国著名沙龙主办人（1777～1849）。
2 指克莱尔·德·杜拉斯，法国作家，最著名的作品是1823年的小说《乌丽卡》，该小说探讨了种族和性别平等问题，并启发了1969年约翰·福尔斯的小说《法国中尉的女人》。
3 法国贵族，作家（1781～1866）。
4 法国作家（1784～1838）。

法国人不再会笑了

181

娜·德·吉拉尔丹[1]，她们的妙语美句被人们引用……巴尔扎克承认自己在那些聚集了最后几位宾客、开到很晚的晚会上过得很开心；司汤达仍向往那种八到十人规模的沙龙，那里的谈话是欢快的、八卦的、友好的。午夜12点半时，人们喝上一杯淡淡的潘趣酒，那里的女人都有情人；"这是我感觉最好的地方"（《亨利·勃吕拉传》）。然而氛围已经改变，即使朗布耶公馆始终是典范，并将由安塞洛夫人[2]的戏剧带来新的变化（1842）。

过去激发了人们的怀旧情结。昨日的沙龙为妇女提供了一个介于私人生活和公共生活之间的混合空间；复辟时期，它们成为被政治侵入的辩论场所，野心勃勃的年轻人利用女人的保护在社会上崭露头角。许多蠢话被说了出来，谄媚可以确保成功，无动机的精神让位给了对职业的担忧，讲似是而非的话是成功的秘诀，与此同时，一连串的妙语取代了即兴发言的乐趣。到七月君主制时期，甚至流行说双关语和犯联诵错误，这与18世纪才智横溢的辩论截然相反。[16]

资产阶级化

男女混杂现象锐减，随之减少的还有启蒙运动精神。维吉·勒布伦夫人在移民归来后惊愕地发现，在沙龙里，男女两个圈子被明确分开："他们在对方面前就像敌人一样；除了沙龙主人，没有一个男人来到我们身边。"[17]司汤达很高兴在这种隔离中看到了莫里哀喜剧的遥远的分支，即对有学问的妇女和女才子的污名化：对

1　法国作家（1804～1855）。
2　法国画家，作家，剧作家（1792～1875）。

政治或社会运动不感兴趣的女人无所事事，只有花几个小时打扮自己，然后"到沙龙里露上半小时的脸，男人们在一边互相交谈，而女人们则带着批判的眼光互相审视"[18]。

现在，妇女的角色和空间被明确限定，在资产阶级的社团中更是如此。家庭美德将家庭的亲密关系神圣化，这使得达古尔伯爵夫人[1]宣称："才智、取悦的欲望、娇媚、活泼、挑逗，所有这些曾使巴黎人的谈话变得生动和优雅的东西，在平庸的夫妻生活中销声匿迹了。"[19]希望自由交谈和欢笑的男人更喜欢咖啡馆，而他们的妻子则投身于慈善工作。贤妻良母们想着教给自己的女儿以良好的礼仪，为了有一天让她们也成为完美的妻子。

19世纪中叶，位于弗洛肖街的萨巴蒂埃夫人[2]的沙龙尤为引人注目。它与一本正经的社团背道而驰，给一些作家带来了欢乐的气氛：人们唱歌、乔装改扮、玩猜字游戏、不停地笑；女人们并不害怕搞笑；写信是为了让人高声朗读，而那些讲究韵律的诗人，如戈蒂埃、波德莱尔、马克西姆·杜刚等，有时会用一些粗野、放荡的诗句来抒情；但美丽的阿波洛尼[3]的沙龙却并非贵族沙龙，那里既无外交官频繁出入，也无学术界人士的身影！

随着共和国的出现，一切都未发生真正的改变，交谈继续锻造着有才智的人。到20世纪，口才、妙答和阴谋仍然是某种社交准则的"标志"，在社会民主化的过程中，它们在老手、候选人及其他人之间划出了某种界限。它们给女性带来了魅力，但后者并未放弃其性别所要求的谦虚和礼貌。在社交聚会中，笑总是兼具融合和排斥两种功能，这取决于俏皮话中是否含有挖苦的成分。

1　法国浪漫主义作家，历史学家，出生于德国，笔名丹尼尔·斯特恩（1805～1876）。
2　法国艺人，艺术家的模特，名妓（1822～1890）。
3　指上文的萨巴蒂埃夫人。

笑具有传染性和模糊性，它满足了群体自恋的乐趣和嘲笑者在社会等级制度中的优越感，盖尔芒特[1]家的沙龙将是其中的典范。公主无与伦比的话语体现了在谈话中取胜的辛辣之笑的乐趣，其中同时夹杂着取悦的欲望、自信和嘲弄："公主发出了她特有的笑声，这种笑声既是为了让别人知道她在取笑某个人，也是为了让自己看起来更漂亮，因为她的脸部特征通过生动的嘴巴和炯炯的目光得到了集中体现。公主回答他……"[20]

与此相对应的是，作为一个专制的有产者，维尔迪兰夫人满足于在她的沙龙中发号施令，并把"无趣的人"拒之门外；在她的沙龙里，人们"放声大笑"，"从恶作剧中取乐"，还假装出于礼貌忍住不笑。自从一次事故使她的下巴酸痛后，她自己也放弃了"傻笑"。在这个假装的小游戏中，她战胜了可怜的维尔迪兰，后者"真的笑了，但很快便喘不过气来，他被这种无休止的、虚假的大笑诡计打败了"[21]。但她的假牙、面部表情和附庸风雅使她变得极为可笑。

1　与下文的维尔迪兰和维尔迪兰夫人同为普鲁斯特的小说《追忆似水年华》中的人物。

纸上之笑

热尔曼娜·德·斯塔尔所言极是：幽默风趣具有"消除所有差异，但又不破坏其中任何一个"的天赋，这也是法国式谈话的特点。诙谐、讽刺、可笑，有时是嘲讽，妙语连珠，话语飞扬，在这场游戏中，女性以其对答如流见长。沙龙中飞扬的笑声使人暂时摆脱了社会的束缚，而又不失礼节。

写作却并非如此。很少有女性敢于写作，更少有女性用写作来使人发笑：在很长一段时间里，喜剧文化是男性的。笑藐视权威，制造混乱，以道听途说为生，它破坏稳定，甚至违规。女人在写作时，其合法性必须建立在严肃和有教益的知识的基础上，否则，其想象的滑稽性将导致其发生倒退。女作家如果冒险进入充斥着男性文学杰作的领域，必须首先证明自己的能力。

女作家永远不会忘记自己是一个女人，别人会提醒她这一点，所以作家的身份和女人的身份并不完全重合，而是具有双面性。前者要求独立和知识，而后者却并不享有；前者居高临下，有着男性的本质，而后者则承受着命运的摆布，在不同时期可能是女儿、母亲或妻子。

这一双重视觉是滑稽性的源泉：在观察者和感受者两种身份

间来回转换的游戏造成了某种偏差。女性写作在这两层意义上做文章，因假装遵循既有写作模式而更好地利用了这种模糊性。在厌女症盛行的时代，女性的作品与这种扭曲是分不开的。

讽刺，一种反力量

讽刺是女性小说家采取的方式之一。它是幽默的笑，这种幽默不直接嘲讽人，但知道如何保持距离。有人说，讽刺是弱者的力量，是无能之人的脆弱盔甲，在一本精美的书籍中，热娜维芙·布丽扎克[1]继纳博科夫之后，将其称作"骑士的走法"，也即"在棋盘某一侧的突然偏离"[1]，或者是在某个方向行不通时的急转弯。讽刺以一种看似温和的方式发挥作用，使女性作家能够颠覆故事的意义。

纳博科夫分析的例子是简·奥斯汀的小说《曼斯菲尔德庄园》。在这部小说中，才智横溢的女主角——叙述者——嘲笑沙龙里平淡无奇的谈话，并用细腻的笔触质疑那些得到社会公认，而她自己始终无法认同的价值："她很高兴接受邀请，并自问：我为何因此而高兴？"女性文学采用这种质疑模式，即不易察觉的"点状"处理方式，来揭示表象与真相之间的差距。米兰·昆德拉用词准确地表明，讽刺"通过揭示世界的模糊性，使我们不再拥有确定性"（《小说的艺术》）。

苏格拉底的讽刺手法——希腊语称作eironia，即通过假装无知来提问的做法——被自西塞罗及昆体良以来的研究对话的理论家们进行过详细描述和挖掘，并于17世纪被称作"诚实的伪装"，因为

1　法国作家，出版人，1996年凭借小说《单身妈妈的周末》获费米娜文学奖。

真相，即不可告人的想法，不会轻易显露。其场景设计预设了三类角色，即讽刺者、被讽刺者和心照不宣的第三方——作为证人的读者。讽刺者将自己放在一个较低的位置，以便更好地抬高对话者，并向证人发出某种信号，表明这种自我贬低是虚假的；天真的被讽刺者只收到信息的前半部分，而作为同谋的证人则解读出了被模糊化的意义。[2]

笑产生于差异之中，特别适合女性写作，因为女性的写作自然要利用其自身的弱势地位：叙述者假装接受为其安排的令人沮丧的处境，以便更好地降低对手的信誉，引发暗笑。扬克列维奇[1]指出："讽刺就是不在场。"这是一种不暴露自己，也不受惩罚的重击对手的方式。这种结构通过其他两分法，如作者——叙述者、叙述者——女主角等，派生出越来越精巧的操作方式，并根据某种分层结构调换位置，转移视线，其中每一层都解构前一层。

需要读者去调整视角，破译其中的不协调之处。但反讽者也在玩火，因为如果笑是身体的坦率表现，反讽则是心灵之笑，满足于暗示和播种怀疑；它意味着自然和轻快，否则便会有攻击或侮辱之嫌。

讽刺以迂回的方式发挥作用。弗吉尼亚·伍尔夫在视觉游戏中看到了女性视角具有颠覆景象的特点。在捍卫女性写作权的《一个人的房间》中，她把自己比作渔夫，用鱼钩钓到了一些想法。这些想法在水的折射下显得活跃而宏伟，但当它们被放在草地上时，却是那么微不足道。这是一个具有象征意义的意象：习惯于家庭生活琐事的女作家，可以通过拉近或推远其视觉滤镜，将世界放大或缩小，探索隐藏的区域，最终发现这些区域在恰当的照明下并非真的

1　法国哲学家，音乐学家（1903～1985）。

那么小。

她自己对男人来说扮演着像水一样的放大镜角色，向他反射出比实际大一倍的图像："这就是为何拿破仑和墨索里尼都如此强烈地坚持妇女低人一等的原因；因为如果她们不是低人一等的，她们就不再是放大镜了。"[3]男性的优越感是一种放大镜效应，这正是笑的对象。

16世纪的布拉莎小姐[1]用同样的方式表达了她对男权的不满。她使用了一个类似的视觉隐喻："这就是我演讲的基础，因为我坚信，先生们愿意将我们看成可怜的傻瓜，以便将我们当成阴影，让他们的才智发出更加耀眼的光芒。"[4]讽刺类似于利用不同视角的变形术，只有其中一个视角，即倾斜的视角可以重构真正的意义。

其他通过同样的扭曲或颠倒的反映系统发挥作用的机制，为女性提供了笑料宝库，而这总是基于对男性规则的寄生。戏仿与讽刺手法不无关系，因为女性叙述者通过使用委婉语、反语和矛盾语等修辞手段，模仿男性的话语，借此达到利用事物的含糊性来说明其本身及其反面的目的。自嘲同样远非厌恶女性的话语，其用意在于使这类话语失去内涵，变得空洞，因为贬低自己的真正目的，是为了凸显他人的可笑。

为博取读者同情，女性在序言中假装表现出的质朴的谦虚便属于讽刺性的自我贬低的一部分。最高程度的伪装是反串，女作家凭借此法可扮演多个角色，如作者、叙述者和作品中的人物，它们相互偏离和矫正。女作家或使用假名，或利用匿名的中立性，或装扮成男性叙述者，尽情采用各类疏远化策略。这些都是从旧王朝到现代的女作家们加以艺术性使用的文学技巧和形式，因为她们选择让

1　法国作家。

人不失礼仪地暗笑。

女性文学经过几个世纪的蓬勃发展，其探究的主题或针对的目标已发生了改变，但却总是围绕那些反复出现的专属于女性解放的母题：与厌女症和男性滥用权力的斗争；摆脱传统、哲学或医学文化产生的压力和决定论的权利；在婚姻和母性的标准范畴之外思考生命、爱情和死亡的权利；最后，简单的做回自己的权利，这使文本充满了自信色彩，但有时则反映出一种身份危机。面对僵化的父权社会，女性既有幸福，也有惨败。

即使只是为笑而写作的女性，也往往是具有反抗精神的女性，或者至少是准备摆脱枷锁的女性。如果说滑稽戏和公开的喜剧幽默对她们而言是陌生的，内心的笑则启发了一种经常是严肃的、有时是痛苦的创作。有人说，在悲剧中，"讽刺意味更浓"（拉辛的许可），因为它能用一句俏皮话让人们在面临困境时微笑，但同时又提醒他们没有出路。

克里斯蒂娜·德·皮桑：使男性权威失去信誉

克里斯蒂娜·德·皮桑也许是一众女作家中率先公开挥舞讽刺武器之人。她是后来成为法王查理五世顾问的一位威尼斯共和国议员的女儿。她在父亲的鼓励下学习，但却被母亲提醒要做回女人。她知道微笑和优雅的价值。因此，她向同时代遭受男性压迫的女人宣扬谦逊、顺从和忍耐，特别是微笑而非叛逆，因为正是通过微笑她们才能经受住醉酒、愤怒或不公正的丈夫的考验："她将笑着告诫他，仿佛她很享受。"[5] 她认为，这副微笑面具是打破婚姻束缚的唯一办法。

克里斯蒂娜·德·皮桑面临的处境使她对同类的命运非常敏感。

她接连失去了父亲（1386）和丈夫（1389），不得不承担起作为一家之主赡养母亲和抚养儿子的重任。三十岁的她重新开始了学习。1399年的一首长诗《献给爱神的书简》使她在一丝丑闻中出了名。在书中，克里斯蒂娜介绍了一群被让·德·默恩[1]的诽谤和谩骂所激怒的女人，她们要求众神大会给予公正。

当《玫瑰传奇》的支持者和反对者之间的争论不断升级，直至闹到伊莎波女王面前时，克里斯蒂娜不顾文学界的权威，开始为她的姐妹们辩护，使她们免受厌恶女人的偏见，并使诗人失去信誉：让·德·默恩只因经常接触妓女，才会如此卑鄙地谈论女人，而奥维德的诗篇《爱的艺术》不如改名叫《欺骗的艺术》。

该书在愤怒和讽刺、谩骂和拐弯抹角的谴责之间举棋不定，最后采用讽刺的方式攻击所谓的女性卫士们。那些傲慢、懒散的骑士坐在温暖的房间里，互相开着轻松的玩笑，其中与性有关的暗示不难被解读；[6]正是他们，非但没有保护弱者，反而通过欺骗和诡计，使她们受到伤害。

1405年，当低调却又不乏嘲讽的《女士之城》一书出版时，争论的气氛已经有所缓和，该书也不再具有论战小册子的外表。"女权主义"意识在反思过程中成熟了，女作家使用各种批判和讽刺的手法使读者感到亲切，并渐渐被其说服。她讲述自己写作冲动的125个章节中的第一个章节是讽刺策略的杰作，她通过假装同意男性读者的想法，使其成为自己的盟友，然后很容易地便使他改变了主意。克里斯蒂娜表现得像一个满怀诚意的纯朴之人。

该书的语气严肃而诚恳，偶然因素排除了任何提前酝酿的可能：她的思考过程被不等人的用餐时刻乏味地打断了；家务活完成

---

1 法国作家（1240～1305），以续写《玫瑰传奇》而闻名。

后，她继续阅读，偶然发现了一本名为《哀歌》的小册子。此文为20世纪一位猛烈攻击女性的教士马特奥卢斯所写。

> 我想知道究竟是何种原因和理由促使如此多的男人，包括神职人员及其他人，在言语上，或在论文和著作中，贬低妇女，诋毁她们的行为。
>
> 在脑海中对此做仔细思考时，我开始反思生为女人的我自己的行为，也想到了我曾经接触过的许多其他女人［……］我执意要指责她们，并对自己说，这么多杰出的男人，这么多理解力至高至深、对一切事物都有清醒认识的博学之人，竟持如此过激的言辞，该是多么不可能的事啊！
>
> ［……］如此思考之时，我被厌恶和沮丧所淹没，开始鄙视自己和其他所有女性，仿佛大自然孕育了一群怪物。我这样悲叹道："啊，主啊！这怎么可能呢？我怎么能相信，在不搞错的情况下，你无限的智慧和完美的善意竟然创造出了并不完全好的东西，因为你怎么可能会搞错呢？"[7]

讽刺策略建立在一堆参照对象——大量克里斯蒂娜假装欣赏的作家、哲学家、诗人和医生——及一张价值等级表之上。在这张等级表上，女人被置于底部，而具有伟大理解力的男人则位于顶部。谦逊、有礼貌、顺从的作者自己则居于最底层。她以自嘲的方式夸大自己的低下地位，因为尽管她受过教育，通情达理，但也承认自己的天真和无知；她别无选择，只能赞同男性的判断。

在提到马特奥卢斯的论文时，她用一个感叹号，并使用反语手法，给了读者第一个小小的怀疑信号：在中世纪的争论形式中，高层权威必须在相反的意见之间做出决定，但在这里，权威已经变得十分令人怀疑。接着，她谦虚地对自己所讲话语的严肃性表示了怀疑。

但正是对上帝这位至高无上的创造者的质问才使讽刺得以最终完成。上帝会不会像人们声称的那样搞错了，致使一半的受造物被搞砸呢？若如此，等级表上上帝的地位会比医生低，比女人稍高。这种用荒诞的方式证明的反转足以让诋毁女人者们感到困惑。快乐产生于所说之物和所暗示之物之间的差距。在下一章中，当理性之神来给她提建议时，克里斯蒂娜清楚地解释了她所使用的手段：事实上，理性之神请她将"反语"这一修辞手段应用到她的生活和言论中，"比如，想说某人不好，就应说他好，反过来也一样"。

在该书的余下部分继续进行的对反语、讽刺及迂回效果的推广，把厌恶女人的论据反过来用到男人身上，攻击他们的恶意，绘制出一系列男人肖像：他们虚伪、好色、爱说人坏话、妒忌心强，且热衷于传播陈词滥调，而非自己去思考。赋予人品质的既非衣着也非性别，而是理性和美德。一个穿着长袍的傻瓜仍将是一个蠢人。曾一度梦想穿上男装的克里斯蒂娜，通过毫不含糊地宣称两性在智力上的平等，接受了自己的身份。

被严厉谴责的婚姻

在文艺复兴时期爆发的激烈的"女性之争"中，这类讽刺武器被广泛使用。尽管对于女性来说，发表自己"卑微"的作品是不体面的，但一些有教养的上层阶级女性还是毫不犹豫地"手握纺锤和笔"，对傲慢的丈夫、无知的伪君子或无礼的嘲弄者进行反抗。[8]大多数女性因无法接受教育和被迫缔结不匹配的婚姻而感到痛苦，对所有不想被当作傻瓜的女性来说，嘲笑男人是甜蜜而秘密的报复。对女性文学而言，在女作家们想表达的东西与礼仪允许她们表达的东西之间，始终存在着一种紧张关系，这种紧张关系通过隐秘的笑来解决。

卢克雷斯·马里内拉[1]与克里斯蒂娜·德·皮桑一样来自威尼斯，于19世纪时被人遗忘，但贝尔仍在其《词典》中用专门的一节介绍她，称她是"极具才智的女人"。这位女学者的第一部作品《妇女的高贵与卓越》，为她本人赢得了很长一段时间的名声，但这一名声却被那些倡导女性应有廉耻之心的人看成是可疑的。这部作品发表于1600年，为回应某个名叫帕西的女性诋毁者而写。该作对对方的那篇厌恶女性的论文进行了戏仿，将其所用的证据反过来，使得一系列男性肖像拥有了传统上为女性所有的恶习：饶舌、易变、懒惰、贪吃、懦弱、好色、无知、诽谤，甚至多愁善感。[9]

比卢克雷斯略微年长几岁的另一位威尼斯人莫德拉塔·丰特[2]，更明确地站在讽刺和笑声的一边，她在《女人的优点》（1600）一文中巧妙地发挥了这一点。[10]这篇论文的形式直接受到了薄伽丘《十日谈》的启发，只是团队中只有女性——共有七人聚集在一栋华丽的别墅内，一个老妇人，几个寡妇，几名为人妻者，一个年轻的新娘和一个年轻的女孩——而且这个滑稽的故事发生在两天内，而非十天。这些受过教育、有着不同社会背景的女士选择了一位女王，经验丰富的她们喋喋不休地就婚姻的缺点及夫妻生活的悲惨交换意见，互相诉苦。谈话的参与者全都是女性，这保证了她们可以充分自由地交谈和欢笑。

1　意大利诗人，作家，妇女权利的倡导者（1571～1653）。她最著名的作品是《女性的高贵与卓越男性的缺陷与恶习》，文中的作品名为简称。
2　文艺复兴时期威尼斯的贵族妇女（1553～1592）。她主要为当时的音乐作品配写戏剧诗，同时她还参加有关宗教诗歌创作的活动。

对话从欢迎埃莱娜开始。她是一位新婚女子，她的判断需要被开导。当埃莱娜承认自己仍然享受着丈夫的陪伴时，她很快就被同伴们的惊叹声打断了："你可能比其他人运气好"，一位年长的对话者承认道。而另一位则嘲笑说："这对未来将陷入困境中的女人来说是个不错的安慰！"论据是以刻板印象为基础的，但辩论却是生动、有趣而多样的，且不时会冒出几句出人意料的风趣话。每个人都根据自己的情况和条件做出反应，她们或作批判式审视，或进行破神秘化的解读和嘲讽。

第一个看法是，历史是由男人书写的，它充满了偏见，需要被重新审视，因为男人都是骗子。于是，这些女士回顾了男性优越性赖以成立的几个原则，例如所谓的女性的软弱，以及因其性格而产生的对保护的需求等，这些陈词滥调立即被驳斥。她们得出了第一个结论：婚姻和母性不再是唯一可能的生活。

不想结婚的人过着悲惨而孤苦伶仃的生活？"但是，如果嫁给一个丈夫，而且是一个贫穷的丈夫，就像经常发生的那样，她通过恩惠到底得到了什么，除了从一个买主和情妇的身份沦为奴隶之外？［……］欣赏一下婚姻对一个女人来说的美好命运吧：失去财产，失去自我，除了给她带来折磨的孩子和一个使她服从于自己意志的男人的帝国外，她什么也得不到！"

其中一位谈话者扮演值班的天真少女角色，她的话是游戏能进行下去的推动力：难道没有诚实的男人吗？答案立即冒了出来，且充满了嘲弄："如果你们的全部论证，科内莉亚笑着说，一上来便只是基于男性的诚实，那你们必输无疑。"至于那位在婚姻生活中好歹找到了某种满足感的女人，她的反对者很快反驳道："我惊叹于这位为人妻者，她作为某一个男人的伴侣，竟然想为所有男人辩护！"

这里妙语不断：丈夫是"一盏熄灭的灯，它本身毫无用处，但当灯芯被点燃时，它可以为这个家提供服务"；女人们笑了，讽刺话里毫无恶意，毕竟，她们想要的是多一点爱，多一点忠贞，少一点不忠和淫欲。到辩论结束时，女人们都希望夫妻间的冲突能有一个乐观的结果，因为女人的品质和优点最终会影响到她们的丈夫……

大胆的话语并没有导致任何越轨的行为，而且，故事里还有一点很有意思，那位寡妇在对婚姻生活大发牢骚之后，竟然同意再婚！所有女人都如实地夸耀了自己行为的审慎。"在价值上战胜他们之后，我希望我们能在礼节上也战胜他们"，其中一人最后总结道。莫德拉塔·丰特的对话在轻松娱乐的外表下，倒是给男人上了一课。

争吵之痒

女作家需要强大的个性和勇气来发出她们的声音。她们为之斗争的并非只有婚姻和学习，还有社会生活的不公正。在公共舞台上几乎缺席的女性没能提出什么政治性的信仰主张，这一点并不太令人惊讶。然而，在她们写的为数不多的文本中，必须给一本公开戏谑的小册子留出一席之地。这本小册子在亨利四世的宫廷里大获成功，可以列入女性讽刺文集。它是以匿名的方式发表的，这对于一个完全由男性霸占的论战体裁来说，并不令人惊讶。

其作者是博学多才的卡特琳娜·德·帕德内·苏比斯，勒内·德·洛昂子爵的妻子，一位悲剧作家，她在16世纪最后三分之一的时间里在新教教派中发挥了积极作用。她精力充沛、心地高尚而无私，曾向亨利四世的妹妹卡特琳娜·德·波旁伸出过友谊之手。

当时这位君主无视妹妹的信仰和感情，试图从自身利益出发将年轻的姑娘嫁人。这本小册子被讽刺地命名为《为亨利四世国王辩护，有人谴责他更多地奖赏敌人而非自己的侍从》，其中包含了对国王宗教信仰的转变和皈依、其对待侍从的寡情薄义，以及对其作为一个不称职的坏兄长所做的责备。但洛昂夫人假装为君主辩护，反对其诋毁者，并冒充是皇家事业的拥护者[11]：

> 一进入城堡的回廊，您就会听到军官们的叫喊声：
>
> "——我已经为国王服务了二十五、三十年，但却没有领过薪饷；有一个三天前才与他交战的人，刚刚已得到酬金。为他效劳是多么痛苦的事啊![……]
>
> ——好了，先生们，该听我说几句了。我相信，如果你们想花点心思仔细研究一下，你们会发现是错在你们而不是他。[……]你们想用别人的尺度来衡量王子。你们假设他有一个普通而平凡的灵魂，他必须爱他的亲人，奖赏他的仆人，以善报善，以恶报恶。这些如果不是一个普通灵魂的影响，那又是什么的影响呢？先生们，要知道这个人被赋予了超自然的美德[……]。应由我们去适应他的情绪，而不是由他来适应我们的[……]。
>
> 拿出勇气来，先生们，他的好风度太令人向往了！"

这篇长达三十多页的嘲讽性文章颂扬了一位好王子的品质，包括自由、正义、宗教信仰、谨慎、力量、节制等，为的是反用这些品质，将亨利四世变成一个忘恩负义、不光明正大、不公正的暴君。通过使用反语，文章从讲这位君主的神圣优越性，转而暗指其身上缺乏起码的人性；从讲他是信仰的捍卫者，转而暗指其不讲信誉，竟然接受所有的妥协。

王国是一个颠倒的世界，国王遵守特殊的法律，位居其他凡人之上，处于最高等级，而其臣民必须从下面仰视他。我们怎么能不联想到被皮洛斯推开的爱弥奥娜发出的痛苦咆哮？她嘲笑他作为国王在态度上的极端转变：

> 征服者，在信守承诺的奴性法则下
> 卑躬屈膝，这样做究竟合适吗？
> ［……］离开我，带我回去，再回来，
> 从海伦的女儿到赫克托的寡妇？
> 让奴隶和公主轮流加冕，
> 把特洛伊城献给希腊人，
> 再把希腊献给赫克托的儿子？
> 所有这一切都出自一颗永远主宰自己的心，
> 出自一个不受信仰奴役的英雄。（《安德洛玛克》[1]，第4幕，
> 第5场）

嘲讽，无论是悲剧性的还是喜剧性的，都是对暴君的回答。卡特琳娜·德·洛昂是既作为新教徒，又作为女人在反抗，她声援一个被以国家利益为托词的理由而牺牲的女人，这个理由掩盖了皇家的利己主义。但她也是一位贵妇，其姻亲关系非常强大，所以不担心任何反击。她的匿名身份很快被识破，而其同时代的人都欣赏这类抨击文章。作为一名出色的王子，亨利四世太喜欢嘲笑和"打趣"女人了；当罪人出现时，他满足于将他王室中的所有人拉作证

1　拉辛的五幕悲剧。

人："洛昂夫人走来了；夫人们，小心她向你们吐口水！她如果不吐口水，至少也会讲坏话的。"[12]

玛丽·德·古尔奈与讽刺

讽刺和挖苦之间的文体界限并不总是容易确定。前者属于一种多义性话语，作者本人似乎想做到不在场，而后者则是一种严肃的话语，作者相反会以某种暴力方式参与其中。[13]当洛昂夫人采取匿名的方式，满足于机智地逆转推理时，其他人则选择更为冒险的策略。蒙田的干女儿玛丽·德·古尔奈愤慨而精辟的抱怨声为女性之争带来了一丝苦涩的笑，这种笑更接近于愤怒而非玩乐。玛丽被其激烈的情绪淹没了。

独特的用词和坦率的幽默感为其巧妙的论证添砖加瓦，以消解男性诽谤者的超能力：这些"食人肉者"通过认可任何厌恶女性的话语来吞噬他人的荣誉，这些虚假的学者"在胡须层面的剖析比在理智层面的剖析看得更清楚"。玛丽声称有权"顺便笑一笑"，因为她说，"嘲讽不会不合时宜，它告诉我们，没有什么比待在窗口的母猫更像猫的了"。她太激进，太容易受情绪影响，以至于不会拐弯抹角。她要"直言不讳"，强行通过，拒绝讽刺性话语的模糊性，以重新思考女性作家所受到的排斥。

玛丽·德·古尔奈的讽刺变成了斗争机器。她抨击宫廷社会及其自命不凡的价值观：首先是假作家们，她称他们为小丑、卑微的灵魂或"虚无的大脑"，他们使语言变得贫乏，只满足于嘲笑；然后是跪在主人膝下的朝臣，"夜总会的骑士们"；接着是可笑的献殷勤者，"他们以追年轻女子自夸，或者说以此为荣，却远离年过三十或三十五岁的女人，不管后者的谈话有多么令人愉快"；还有

"内阁里的文雅人"，对他们来说，礼貌就是"磨光山羊的粪便"[1]，最后还有所有"嘴甜的不正经女人"，她们不敢读"灯底"[2]或"法国百合"[3]这样的词！[14]

所有修辞手段都有利于反击：挖苦话、漫画、滑稽的形象，但也有讽刺。意识到自己知识能力的玛丽·德·古尔奈勇敢地面对她的处境：一个喜欢猫的、疯狂的，但却有道德的"老处女"，一个被诋毁者们恶意取笑的不好惹的女战士。黎塞留主教被要求付给她养老金，他不是嘲笑她吗？她不慌不忙地回答道："你嘲笑这个可怜的老女人，尽管嘲笑吧，伟大的天才，嘲笑吧，每个人都必须为你的娱乐做出贡献。"

主教对玛丽的智慧感到惊讶，要求她原谅他，塔勒曼·德·雷奥补充说道。[15]她使用了沉重的修辞机器来揭开诽谤者的面纱，目的是为"争吵之痒"这一伟大艺术的不幸受害者辩护。苦笑及并不快乐的笑成了她这个性格开朗、热情洋溢和雄心勃勃之人手中的工具，她通过阅读蒙田学会了克服偏见，并勇敢地捍卫两性平等。但是，玛丽·德·古尔奈与她那个时代的世俗和文人的风气反差太大，无法受到男性堡垒的欢迎。

一个女人可以通过戏谑维护自己的权利，但如果她敢于交锋，又该如何应对呢？[16]笑声在蒙田的干女儿身上显得太过刺耳，以至于无法成为救星，发挥真正有效的作用。

1　"文雅人"的法文原文是Polis一词，与动词polir有相同的词根，后者是个多义词，既有"使有礼貌，使文雅"的意思，也有"抛光、磨光、擦亮"的意思。这是作者在玩一词多义。

2　该词原文Cul-de-lampe在法语中是"灯底"的意思，其形状与女性阴部相似。此外，cul一词在法语中还有"屁股"的意思。

3　在法文的一个固定用语Avoir un coeur d'artichaut 中，包含有artichaut（法国百合）这个词，其字面意思是"有一颗法国百合的心"，引申义为"朝三暮四"。

诙谐的与悲惨的

如果说讽刺玩儿的是一种转弯抹角式的笑，诙谐则希望解构话语，通过让读者接受一种"误解的美学"来引人发笑，这是多米尼克·贝特朗[1]的独特表达。[1]在这种可笑、放纵而又相当不体面的文体中，似乎找不到任何女性作者。该文体不顾禁忌，不分高贵与低贱，在讽刺和荒诞两个极端之间摇摆，并以或多或少公开的颠覆性意图破坏主人公的声望。

玛丽·卡特琳娜·霍坦斯·德雅尔丹，也即人们所熟知的维尔迪厄夫人的勇气，在一众女作家中堪称例外。她对其同时代的情感理想主义和田园诗进行了去神秘化。她追求的是写作的乐趣；对乔装改扮的烦琐描写和对流浪汉故事的幻想都模仿了骑士小说的风格。女权主义的主张从未直接出现在她的故事中。卡特琳娜·德雅尔丹虽然大胆，却依然像女人那样写作，谨慎、品味高雅：她掩饰了自己所使用的自由的手段，因此才能回应其同时代人的愿望，并拥有大量的读者，特别是女性读者。

1　布莱斯–帕斯卡尔大学（克莱蒙费朗第二大学）的16世纪文学教授。

"不幸的是，我总在笑"

维尔迪厄夫人在亨利特·西尔维·德·莫里哀[1]这个人物身上投射了许多自己的元素："我笑的时候嘴巴很大，不笑的时候嘴巴很小，但不幸的是，我总在笑。"[2]作为一名年轻女子，她毫不掩饰自己对快乐的追求。1658年，她在所作的著名的十四行诗《快感》中，坦承了自己对爱情的渴望，这对当时的礼仪是一种挑战。她的生活并非没有痛苦：她在1667年写给情人维尔迪厄的《爱情信札》中，谴责了他的背叛给她带来的痛苦。这位情人曾答应要娶她，但却忘记了自己已经结婚。

正是由于她有过作为被抛弃的女人的悲惨经历，她的笑才引人注目。维尔迪厄夫人没有沉浸在悲伤中，她既哭也笑，且嘲笑自己的哭泣；她控制自己的感情生活，在用自身经历丰富小说作品的同时，她还采用了几乎所有的滑稽手法。在《亨利特·西尔维生活回忆录》一书的开头，她毫不含糊地向读者表明了自己的戏谑之意："据说必须有点戏谑之心才能读懂戏谑，至少必须带着戏谑之心去阅读，才能获得更多的乐趣。"

因此，这首先是一个笑和让人笑的问题；不管这会给她的爱情生活带来多少丑闻，维尔迪厄夫人没有其他规则。自由而坦率的她把读者当成同谋，使其参与到自己的轻率之举中。她首先谈论了爱情，但却拒绝那种让斯居代里小姐的读者们为之陶醉的献媚式的矫揉造作；她写得很短，从第一篇短篇小说《克雷奥尼斯》开始，她便通过讽刺田园诗中的乡村风景来模仿《阿丝特莱》[2]或《克雷莉娅》

1　维尔迪厄夫人的小说《亨利特·西尔维生活回忆录》中的人物。
2　法国小说家奥诺雷·杜尔菲在1607年至1627年出版的一部田园小说，共5卷。

的开头："太阳已经开始镀上它美味的光芒了……"她非但没有过多考虑"爱情国地图"所主张的矫揉造作的优雅，反而讽刺地观察情人间的交往，用近乎轻浮的笔触描写他们的叹息，指出他们的可笑之处——并不无怨恨地请"对热情的告别感到好奇"的读者参考居鲁士大帝和克雷莉娅这两个人物（斯居代里小姐两部作品中的人物）。

《风流故事纪》的情节取材于过去，直面日常问题：婚姻、性、宗教和历史。已婚的卡斯蒂利亚伯爵夫人是否会被诱惑人的朝圣者勾引（第一个故事）？的确，所发生的事情令人遗憾，毕竟，两个情人是在朝圣时逃跑的。讽刺的对象同时有两个：爱情和宗教，而故事的结局却让受骗的丈夫感到满意；他在巴黎的同一张床上找到了自己的妻子和那位朝圣者，因此，"他只需要一枪就能把他们两个都干掉"——具有双重功能的一枪很好地说明了叙述者的策略。对历史事件的处理也同样无拘无束，以便更好地揭露不光彩的事件的反面。这个故事充满了虚构和幻想的"装饰"，通过揭露小秘密来激发读者的好奇心："因此，我在故事中加进了几段秘密的谈话和情话。如果这些不是他们说出来的，也是他们应该说的。我没有比自己的判断更忠实的记忆。"

这类充满诱惑的小句子有时会以插入语的方式介入，以解构一段缓慢编织而成的故事情节，并给出另一个更苦涩、更不道德、基于感情含糊性的版本。维尔迪厄夫人让我们见证了修女的不安、教皇的自由主义冲动和伪善信徒的装腔作势。深层次的思考伴随着诙谐的断言："女人的心足够宽广，可以容纳允许的和禁止的爱情"，或"笃信宗教的特权内藏有巨大的权限"，又或者"没有被警告过应对天堂心怀强烈敬意的宗教徒，通过对所造之物的凝视上升为造物主"[3]……作者总是以清醒而怀疑的眼光看待世界。

　　　　　　　女人的笑：一段征服的历史

维尔迪厄夫人正是通过其独特的叙事风格，成功地将《亨利特·西尔维的生活回忆录》一书打造成了一部小巧的幽默故事杰作，使其堪与更为出名的作品如《弗朗西翁的喜剧故事》[1]等齐名。这部于1671年至1674年间陆续发表的小说，第一次公开阐明了由女性作家创作的关于笑的作品可能的模样，它巧妙地贬低了自己那个时代的成规，包括被誉为严肃的历史体裁的"回忆录"、英雄感伤传统式的陈词滥调，以及自传式的忏悔或矫揉造作的谈话。

这位女小说家几乎运用了所有诙谐手法，如讽刺性的"迂回"、戏仿、嘲笑、伪装、淫秽的场景等。整个故事都由一名急切的、不可抗拒的、坦率的、自由的、不道德的、无可救药的、让人一见倾心的年轻女子以第一人称讲述，当故事变得复杂时，她会像流浪汉冒险故事中的英雄一样骑马逃跑，并不断通过打断故事顺序来吸引读者，以便更好地带他一起去冒险。

叙事话语的内部破裂是从序言开始的。当然，这个序言并不存在，因为女叙述者拒绝了可能曾向她索要序言的书商的请求，取而代之的是一封书信的片段，意在证明所讲述的是真实回忆，而非作者的虚构。这份献词是写给一位伟大的公主的，她在信中请求公主保护她不受诋毁，同时承诺这些"疯狂的冒险故事"会让她发笑；一个女人可以让另一个女人发笑。书信的形式为这一倾诉增加了生动的语气，而穿插在文中的历史人物则为这一真实幻象提供了支撑。

1　一部小说，其第一版由查尔斯·索莱尔于1623年创作，是最早和最重要的喜剧故事之一，它讲述了寻找真爱的法国绅士弗朗西翁的有趣的冒险故事。

接连不断的玩笑

在作为开场白的书信片段中，作者调皮地中断了自己的叙述："我就此搁笔，因为大家在等我吃午餐"，像是对读者的嘲笑，这让人想起克里斯蒂娜·德·皮桑因被母亲叫去吃饭而突然中断写作的事。正如勒内·迪莫里斯[1]所指出的[4]，这一时期出版的唯一的女性回忆录出自亨利四世的第一任妻子玛格丽特·德·瓦卢斯之手，是一部合乎礼仪的传记；年轻的西尔维则以自身经历的名义，采取了相反的立场，作为叙述者和女主角，她表明了自己在行为上的自由。

程式化的小说情节：小亨利特·西尔维一出生即遭身为侯爵夫人的母亲遗弃。她先被一个农民，后被金融家莫里哀先生收留，并认为后者是她的父亲；由于被众多倾慕者觊觎，她躲进了一家修道院，与女修道院院长建立了牢固的友谊，后从修道院匆匆逃离，足迹踏遍了整个法国。其间，她爱上了英俊的昂格莱萨克骑士。一场场冒险接踵而至。过程中，她邂逅过几次愉快的"小激情"。为逃避未来的丑婆婆，她将自己伪装成男孩。这之后，她将从男性的视角看待世界及其隐藏的丑恶。她的保护者不是勾引者，就是潜在的帮凶。女修道院院长成了她最温柔的朋友，并与她分享阅读情书的乐趣。

在西尔维看来，爱的自由"在女士们有太多智慧时是允许的"。后来，在另一名修女的帮助下，女主人公借助几个饶有趣味且被细致描述的体操动作，私自逃出了第二个修道院。接着，她嫁给了一个非常富有的新情人，但这个丈夫并非好的选择。伪装成可爱的诱

1　巴黎三大教授，世界著名艺术史专家。

惑者后，她开始观察女人的伎俩及其弱点，并将这一实验推向深入，以测试为其魅力所倾倒的女修道院院长的抵抗力。该故事的寓意是："面对命运，谨慎是徒劳的。"男性特征和女性特征被颠覆、调换，喜剧效果丰富，引发读者对性别差异作重新思考：整个故事中，女性角色是强大和自由的，能够采取主动并承担风险，而男性则是其自身冲动的奴隶。

当西尔维遇到她的亲生母亲德·塞维尔夫人时，她希望自己的冒险能有幸福的结局，孰料一切都对她不利："为了给我收尾，德·塞维尔夫人竟然在她这个年纪爱上了一个十七八岁的年轻男子，还想向他的父母提出要嫁给他。"各种意想不到的情形接连发生，其间点缀着阵阵大笑。最后一声笑依然洪亮，当她与昂格莱萨克重逢并最终结婚时，后者却因过于激动，无法给其爱人应有的荣誉："不无遗憾，这尽管让我同情，但有时也不免让我笑出声来……"

爱情故事中的陈词滥调

这是激情与欲望的混乱，但同时也是文本层面有控制的混乱：维尔迪厄夫人灵巧地解构了故事的发展，正如她解构所有关于爱情的陈词滥调那样。她使用屡试不爽的讽刺、节略或反话等技巧，不断打断叙述话语，只为插进一句拐弯抹角的讽刺话，来反驳之前的论断。当情节正处于高潮时，叙述者会突然置身于叙述之外，以防读者过多地陷入感伤的爱情中。

在对小说规则的颠覆背后，人们可以读到第二个稍显不正确但却真诚的故事，它源自一个受负心郎伤害的女人的痛苦经历，这个女人通过写作获得了重生。不应忘记，玛丽·卡特琳娜·德·维尔迪厄也是写给安托万·德·维尔迪厄充满激情的和不幸的《情书》

的腼腆的作者，评论界曾恰当地将该书与《葡萄牙修女的情书》[1]做比较。她作为一个女人的尊严在于，在她最痛苦的时候，她擦干眼泪，强迫自己露出体面的微笑。她借助讽刺性的语言、讲刻薄话的艺术和间接肯定法，以及略显做作的语气，成功欺骗了别人，掩盖了自己的感情；这些仍然打动着今天的读者。这封离别信便是如此，信中有对爱情本身的召唤：

> 我昨天觉察到您的爱没有和您在一起，它很可能留在了您刚刚离开的那位美女身上。别以为我想和您争吵：这并非我的本意，我愿意向您承认，我不相信它留在那里是出于自愿。但我想它不敢出现在我面前，它发现我的爱刚刚占据了优势，它对此感到十分困惑。说实话，它非常懦弱地被打败了，而我并不认为它能弥补如此重大的错误。我发现它表现得是那么软弱，以至于我无法为打败它而感到骄傲（第七十四封情书）。

作为卡特琳娜·德·维尔迪厄化身的亨利特·西尔维，遭到了那些不知如何解码以无礼的形式存在的不朽真理的人的严厉批判，但却催生了一批活力四射的、爱嘲讽的小姐妹：玛丽安、玛侬、科琳娜和雷丽亚，她们将或多或少地直接去对抗一个受男性秩序支配的社会。

1　该书最初被当成一名葡萄牙修女写给一名法国军官的五封信，以《葡萄牙书信法文版》为题，由克洛德·巴宾于1669年在巴黎出版。大多数学者认为这是加布里埃尔·德·吉耶拉格创作的一部书信体小说。在被认为是其作品之前，直到20世纪，这些信件通常被认为是17世纪葡萄牙贝哈修道院的一位方济各会修女写的，她名叫玛丽安娜·阿尔科弗拉多（1640～1723），信是写给她的法国情人夏米利侯爵的，后者参与了1663年至1668年葡萄牙人反对西班牙的独立战争。

女士们的小作品：童话故事

如果说17世纪的女性进入文学界的豪华之门首先要借助感伤英雄主义的写作，那么必须承认，笑和幻想走的是更边缘化的道路，但其涉足者甚多。为自由发挥活跃的想象力，女性采用了一种新的体裁：童话。该体裁在17世纪末受到广大读者的喜爱。讲异想天开的故事是女性闲谈的一种变体。如果我们相信塞维涅夫人所说的，讲这类故事无须任何指导："库朗热夫人来我家做十分诚挚的拜访，她将一直待到明天。她十分愿意跟我们分享几个给凡尔赛宫的贵妇们带来快乐的故事。这被叫作精心构思。"（1677年8月6日）17世纪末，精心构思童话故事的女性众多，因为在1690年至1715年间，这类故事有三分之二出自女性之手，虽然最后是一个男人，夏尔·佩罗[1]，让该体裁出了名（1694）。

童话故事从17世纪经常被译介的意大利著名作家那里汲取规则，如薄伽丘、斯特拉帕罗拉[2]或巴西尔[3]等，它的更新则应部分地归功于德奥诺伊夫人[4]，她以D夫人的笔名所取得的成功既源于她对奇妙事物的喜好，也源于她与时代习俗格格不入的嘲讽式的洒脱。为了证明一种与颠覆性相近的独立性，故事的女讲述者以故事的无价值为挡箭牌："我听说有这样一位女士，她写了一些童话故事，却又成了取笑书商和购买这些故事的读者的第一人。她到处说这是世界上最糟糕的商品。"[5]

德奥诺伊夫人并非唯一淡化"在完成之前便已被忽视的小作

1　17世纪法国诗人，作家，以其作品《鹅妈妈的故事》而闻名。

2　意大利诗歌作家，短篇小说的收藏家和作家（1480~1557）。

3　意大利诗人，朝臣，童话搜集者（1566~1632）。

4　法国作家，以其文学童话而闻名（1652~1705）。

品"的重要性之人。许多女作家都承认自己创作了一些"刺绣品"（雷里蒂耶夫人[1]），或写了一些"琐事"（德奥诺伊夫人），或"干了一些不重要的事"（穆拉特夫人）；于是才有了这些冗长而絮叨的故事，因为"这是一个人无所事事的标志"。

伊壁鸠鲁式的、无所事事的，有时也崇尚文雅的女士们想找点乐子，她们这样说着，也这样重复着，而事实上，她们之间缔结了亲密的友谊。她们在菲利普·德·旺多姆酒吧相聚，那是一个欢乐的殿堂，"人们在那里喝酒、欢笑、争论"[6]。穆拉特夫人很欣赏德奥诺伊夫人，她说："和她在一起永远不会感到无聊；她活泼俏皮的谈话远胜于她写的书。"雷里蒂耶夫人则承认，在写故事时，她只想着自娱自乐和让快乐持续下去。卢贝尔小姐[2]在描写一位王子的鼻子长到可以成为当地鸟类的栖息地，并不得不被"卷在卷轴上"时，很享受这种疯狂的感觉。

关于穆拉特夫人，评论家朗格莱·杜弗雷斯诺[3]在《小说的用途》（1734）一书中写道，她"热衷于快乐的生活"。她们的自由有时也会滑向思想的自由主义。德祖利埃夫人[4]拒绝让她的儿子接受洗礼；德·拉福斯小姐[5]似乎很放荡，她将一艘无人驾驶的、无船帆无桅杆的、处于惊涛骇浪中的船作为自己的座右铭；据说德奥诺伊夫人曾试图摆脱自己的丈夫，而雷里蒂耶夫人很可能跟自己的丈夫关系不好，因为后者很惊讶"她还没遇到一个能折断她手脚的人"[7]！

可以说，她们都无视费纳隆或曼特侬夫人提出的女性礼仪范

1　法国小说家，诗人，童话作家（1664～1734）。
2　法国文学家（1702～1785）。
3　法国学者，历史学家，地理学家，哲学家，炼金术书目学家（1674～1755）。
4　法国诗人（1638～1694）。
5　法国小说家，诗人（1654～1724）。

式！至于博学而极为睿智的达西耶夫人[1]，她的座右铭是索福克勒斯的一句话："沉默是女人最大的装饰品。"她毫不犹豫地翻译了阿里斯托芬和普劳图斯[2]的作品（1683～1684），并注意再现作品原有的风味。

尽管如此，经常以匿名方式讲故事的女性同样意识到她们作为作者的角色。穆拉特夫人显然与保姆给孩子讲的睡前故事保持着距离。她将"现代仙女"与古代仙女对立起来，声称要以自己的方式改变世界。童话故事的轻松模式不应遮掩一种女权主义的抗议形式，这种抗议形式不为表象所惑，也不过分关注道德："对你们来说，女士们，你们走的是另一条路；你们只关心伟大的事情，其中最不足称道的是给毫无智慧的人以智慧，给丑陋的人以美丽，给无知的人以口才，给贫穷的人以财富，给最不起眼的事物以光彩。"[8]

如何愚弄女修道院院长

该体裁的模糊性已经确立。这些"现代"仙女首先从她们分发的礼物中将智慧送给了女孩，且给的次数比男孩多：这是穆拉特夫人的故事《安吉列特》中的女主角普鲁辛比起美貌（她将另外获得的）更愿意选择的礼物，而德奥诺伊夫人的故事《鲁丁王子》中的男主角则不屑于看到"自己的智慧增加"。男孩和女孩享有同样的受教育权。而说到底，佩罗本人不是以身作则，把最有成就的公主——睡美人可能见到的所有纺纱工具都烧毁了吗？

1　那个时代备受瞩目的法国语言学家和翻译家（1645～1720）。
2　古罗马剧作家，他的喜剧是现在仍保存完好的拉丁语文学最早的作品。他同时也是音乐剧的先驱之一。以他的名义流传的剧本有130部，现存21部喜剧。代表作有《吹牛军人》《撒谎者》《俘虏》等。

德奥诺伊夫人的讽刺在初次阅读时觉察不到，它潜伏在肖像、场景和嵌入的故事中，由读者去解读。她的《杜格拉斯伯爵希波吕特的故事》（1690）宛如一部英雄主义荒诞史诗，由绑架、决斗、伪装、逃跑，和对朱莉和希波吕特的爱情的暴力阻挠等事件组成，以当时最完美的风格进行叙述，其中的次要情节和大段独白让今天的读者望而却步。她为其主人公的教育嘲讽地选择了更会逗乐而非博学的保姆。在该书的第二部分，德奥诺伊夫人冒险让希波吕特讲述了一段三十八页的故事，目的是让关押朱莉的女修道院院长睡着。事实上，虚荣的女修道院院长委托了一位意大利画家为她画像，该画家把化名为亚森特的希波吕特引入修道院，称他是所谓的助手。因摆各种姿势而感到有些厌倦的女修道院院长担心自己面露倦容，于是让亚森特讲故事，好让她开心起来——尽管她是修女，但她并未放弃取悦于人。亚森特照办了，为的是获得掌握着关押朱莉牢房钥匙之人的恩惠。

就这样，"至福岛的故事"这一故事中的故事开始了；主人公阿道夫，俄罗斯的君主，被一股名为泽菲拉——意为丘比特的轻风带到了至福岛。倾倒于当地女君主之美的他，脱下了使其隐身的魔法斗篷。第一次见到男人的公主疯狂地爱上了他。度过了一段漫长的幸福时光后，阿道夫虽因青春之泉永葆了青春，但他最终还是担心逝去的时光和本国人民对他的看法：他们不会说他是一个既无荣耀，也无光彩的王子吧？他决定再次离开，公主只得同意，并送了他一匹能载他回去的马，但条件是在到达他的王国之前，他不能踏足地面。

途中，阿道夫遇到了一个被困在车底下的善良的老人，便准备帮助他。但当他刚踏上地面，老人就站了起来，神情可怕地说："我叫时间，我已经找了你三个世纪了"，说着便杀死了他。故事的结论是："时间征服了一切，没有完美的至福。"女修道院院长被这个合乎道德的结局所诱惑，这个结局证实了世上没有幸福的爱情。她对这个有见识的年轻人充满信心，便派他（亚森特–希波吕特）去把故事讲给因病卧床的朱莉听，以帮助她康复："它将比一本书更能取悦她。"

读者嘲笑这个虚荣而愚蠢的人落入陷阱，并更灵巧地解读出了这一嵌入式故事给整部小说带来的策略性含义[9]：二者有着相同的主题，即爱情，但结论却是相反的；一个证明了时间会摧毁一切，另一个则让我们相信时间是永恒的。

戏　仿

我们无疑已经太过习惯于将这个伟大世纪的女性作品与抒情田园诗和古典小说的叙事手法视为同一了。在德奥诺伊夫人那里，就像在维尔迪厄夫人那里一样，有一种对诙谐和嘲弄的爱好，女作家的喜剧力量由此得到了胜利彰显。一旦礼仪有所松动，这种力量就会显露。德奥诺伊夫人在其第一部有关西班牙的长篇小说《唐·加布里埃尔·庞塞·德·莱昂》中，敢于利用人物和情境达到巨大的喜剧效果，比如一个恋爱中的老太太因喝了太多肉汤而陷入无法避免的烦恼之中。

后来，人物性格的刻画得到了完善，嵌入故事的巧妙设置使其风格变得戏谑滑稽。《新贵人迷》（1698）一书延续了这一诙谐风格。该书的主角是一个夸夸其谈的、未受过教育的、自命不凡的唐吉诃德式的可笑人物。他叫拉·唐迪纳尔迪埃尔，渴望娶一个贵族的女儿，而那个破落而厚颜无耻的贵族却觊觎他的钱财，无知而愚蠢的待嫁女儿们则像极了可笑的女才子们；年轻的姑娘们必须通过编童话故事来证明自己的才华。她们乱说一气，让人产生奇怪的幻想。作者、讲故事的人和读者有着同样温和的疯狂，主要是要跳出主流风格的束缚，抵制过分讲究的精英们的压力。

故事中的世界模仿现实世界，同时将一切都颠倒打乱，其中有畸形的结合、可怕的兽性和给孩子带来痛苦的不近人情的父母。强势性别和弱势性别互换角色。女主角通常会支配保持沉默和被动的男主角。作为象征人物的仙女，一个女人，体现着权力。在《鲁丁王子》中，女战士们守卫着纯女性的王国：它被称为安静的快乐之岛，因为"男人的想法已经被驱逐出此地"。

男人的闯入往往是不幸的根源，即使年轻人的诱惑仍然是故事的核心。但公主们比诱惑者更聪明，她们凭勇气战胜了考验。虽然许多故事以幸福的婚姻结束，但也有一些并无圆满的结局。穆拉特夫人的《幸福的苦难》一书以叙述者本人的悲观看法结束："无论这一天该有多么幸福，我都不会去描述它。因为无论幸福的爱情有多少期许，婚礼几乎总是一个悲伤的节日。［……］这是爱情的命运，也是作者的命运/在唱婚礼歌时失败。"

德奥诺伊夫人的作品《绿弯管》中的女主人公模仿普赛克[1]，她发现她的隐形情人是一个怪物，远不如丘比特，而《安静的快乐之岛》中的公主则宁愿选择休息，也不愿在爱情中获得不确定的幸福。卡特琳娜·伯纳德[2]的《罗齐尔王子》描述了"婚姻生活的场景"，在那里，情人最终变成了尖刻的丈夫，而玫瑰花则开始枯萎。最后，如果有一个至福的国度，那里的仙女们有治愈痛苦爱情的天赋，那也只有"自由之舟"才能穿越因激情的风暴和暗礁而

1　希腊神话中以少女形象出现的人类灵魂的化身，与爱神厄洛斯相恋。
2　法国诗人，剧作家，小说家（1662～1712）。

变得危险重重的大海，将人们带去那里。(《安吉列特》)正如纳迪娜·亚斯曼[1]所正确指出的那样[10]，这些故事建议做"温柔之国的反旅行"。在这种旅行中，讲故事的人承认宁愿选择休息和遗忘，也不愿妄想幸福的爱情。在反对男性、家庭和性权威的斗争中，德奥诺伊夫人也许比她的女作家同行们站在了更前沿的位置。她有时采用一种近乎黑色小说的幽默，以既戏谑又刺耳的语气为女性争取权力：

> 哦！先生［……］女人现在和男人一样有学问，她们学习，有能力做任何事情：不能担任公职对她们来说太可惜了。由女性组成的法院是世界上最美的东西，还能有什么比由一张红润的、笑着的嘴巴宣布死刑判决更令人愉快的呢？[11]

女性童话故事的黄金时代随启蒙运动而衰落。虽然该体裁仍然很流行，但规则已发生改变。道德、社会、政治和宗教批评的元素被公开引入。这一次，采用这一神奇体裁的男性多于女性，他们将其引向讽刺和颠覆性的模仿，甚至是色情或淫秽的故事，而女性的创作则减弱了。她们放弃了野马脱缰式的幻想，而局限于博蒙特亲王夫人[2]所擅长的那种教化语气。少数女性仍然试图以胆大妄为作为代价来让人发笑，但她们主要还是限于爱情体裁，比如唠叨的戈梅夫人[3]：

> 让我们别那么严肃，有一天，塞利门对乌拉尼说，让我们

开开玩笑，讲讲故事，与道德休战一会儿，这样会更有乐趣。我同意，她的朋友回答说，这个提议很合我的口味。开始吧：既然您说得这么大胆，您一定准备好这样的故事了吧？可能是这样，塞利门笑着说，但在所有方面，先让我们在做法上达成一致。当我说我们编故事时，我的意思是要编一些娱乐性的故事；其中应该有爱情、柔情和引人发笑之处……[12]

"供女士使用"的新闻业的诞生，同样欢迎想在社交新闻和花边新闻专栏旁创作轻松的幻想类或讽刺类故事的女作家。寓教于乐，这是《妇女杂志》（1759）的既定目标，也就是说，"为无聊的女性提供有趣的小玩意儿"，把"孟德斯鸠和拉辛放在绒球和缎带旁"，博默夫人[1]开玩笑说。欢笑、戏谑、梦想和逃避现实是女性写作和谈话的基础，以至于写作台和梳妆台最终合二为一了。

博蒙特亲王夫人很清楚这种被男性边缘化的创作的模糊性，她假装适应厌恶女性的偏见，以便更好地进行讽刺："我掩饰我的性别是无用的：我特有的粗心，以及您将在我的作品中发现的缺乏构思已向您表明［……］无须更多，便能看出这是一位女性作家，更糟糕的是，还是一位法国女作家。"[13]女作家对被囿于幼稚的习作感到越来越不满足；她们希望更接近现实，参与当时的文学性辩论。女性的命运是她们的事。

---

1 法国女文学家（1720～1766），主要在由她担任编辑的《妇女杂志》上为女性的权利辩护。

欢笑和情感

1769年，一家"文人协会"在巴黎出版了五卷本的《法国妇女文学史》，其中列出了这一世纪前三分之二时期的约一百一十名女作家。女性写作蓬勃发展，即使仍然需要匿名。喜剧从未作为一种体裁被提及，这在公众的敏感性要求美德、情感和悲情的时代并不奇怪，这些品质使悲情喜剧和资产阶级戏剧成为时尚，并使被视为不道德和不体面的笑失去了优势。

幻灭的笑

情感占据首要位置，与理智形成了竞争。男作家和女作家选择了相似的小说主题，即受挫的爱情，以及相同的框架，即书信体或忏悔体小说，想要对他们的作品进行区分并不容易；这些作品在自愿或不自愿的情况下产生了交集：里科博尼夫人为马里沃的《玛丽安的生活》创作了续集；她自己也被拉克洛模仿，后者于十五年后以她的作品名《埃尔内斯蒂娜》（1761）为题进行创作，或被布泰·德·蒙维尔[1]模仿，后者将《桑塞尔夫人的书信》改编为戏剧。[1]

但有时也能在女性想象力层面和某些主题的普遍性中发现一些细微差别——如母女关系或不忠实等是女性更经常探讨的主题——只是无法清楚制定男女小说家差异的长期标准。[2]二者都为那些沦为父母利益牺牲品或男性欲望受害者的年轻女孩辩护。所呈现的婚姻几乎从未有过幸福的结局，而更多的是日常生活的残酷现实。女主角们一个比一个敏感，这种敏感并没有使她们快乐，而男人的多变、轻浮和背信弃义则受到二者的谴责。这些小说有一种女性化的，甚至是女权主义的基调。男性作家有了女性作家的外壳。

然而，我们可以发现一种反讽的策略，这种策略在女性小说中几乎被系统地使用，而且是在多个层面上。为了不被看作女性从而失去信誉，女小说家选择通过或多或少地在文中进行批判这一方式来与女性写作拉开一定距离，其作用是防止人们将作者、叙述者和人物视为同一。组织故事的叙述者的掌控、被事件纠缠的女主人公的盲目、对受作者之邀进行解读的读者的批判意识的召唤，此三者间的不一致使得多个叙述声音并存。

在唐森夫人[2]的故事《爱的不幸》中，宝琳极其滑稽且充满幻想的、机敏的冒险活动发挥了这种自由：它讽刺了当代社会的支持者、年轻女孩的教育、婚姻策略、父权、金钱、贵族和所谓的贵族价值观。对金钱的讽刺是这样的："我父亲生来就是为了更理性地思考问题［……］但当一个人享受着轻松获得的巨大财富时，他几乎感觉不到这种需要。"或者关于宝琳姑娘："我女儿很娇弱，我母亲说（因为这是一个富有的女继承人的本质）。"

1　法国画家，儿童书籍插图画家。
2　法国女作家，文学事业赞助人（1682～1749）。

或者关于贵族的明显的优越性："但为什么，我问，贵族如此受人尊重？因为，她回答我说，贵族的血统几乎总是值得尊重的。"女主人公陷入自尊的陷阱中，而已经获得自由的作者本人曾面临过这类陷阱并已将之避开。读者应该不断调整自己的目光，"漫不经心地阅读"。

里科博尼夫人在撰写《玛丽安续集》时，也采取了这种讽刺和幻灭的清醒态度——"我写作是为了自娱自乐"——她在该书中续写了马里沃未完成的小说（《玛丽安的生活》）。续写从原作者停笔的地方开始，也即在瓦尔维尔似乎更喜欢瓦顿小姐，而忧愁的玛丽安则在修道院里思考她应该怎么做的时候。里科博尼夫人笔下的玛丽安与她那位杰出的前辈笔下调皮、活泼的小姑娘不完全相似，也许是她过于博学的讽刺手法造成了这种差异。这种差异不再从叙述者的角度来体现，即长大成人后回顾自己青春、讲述自己生活的玛丽安，而是从十八岁的玛丽安的内心来体现，她从一个角色转变成另一个角色，从受伤的情人到幻灭而清醒的少女。

讽刺是玛丽安行为的心理支柱，通过这种方式，她将自己从受害者转变成刽子手，痛斥其情人心理的不成熟。这个女孩在委身于人之后恢复了清醒。当瓦尔维尔等待她宽恕并露出悲伤之情，以确保她仍然属于他时，他所遇到的只是嘲笑。玛丽安的心，他的描述很确切，就像"一个新发现的国家，人们接近它，却无法进入"。玛丽安已变得强硬，微笑是她的盾牌，在它的保护下，她可以通过展示她的胳膊、双手和胸部来诱惑他人，因为一切都总是假装的、模仿的和用手势做出来的：

> 我又露出了狡黠的微笑，它让我更美了，但却让瓦尔维尔恼火。他站了起来，掀翻了他的椅子，大步走着，情绪十分激

动，他打开窗户，关上窗户，看看我，返回来，走来走去，呼吸急促，双手合十，举起手，又放下，不知道自己在做什么。我呢，我为自己喝彩，并再次微笑……

里科博尼夫人着重突出玛丽安的这种辛辣的、"有点儿叫人头痛的"微笑，使其贯穿整个故事场景，并用这种微笑为她的学习期，同时也为小说画上句号：年轻的女孩讽刺曾经的自己，那个动人的小姑娘。微笑确保了她的报复，因为突然变得成熟的瓦尔维尔估量出了自己的损失。出于像克莱芙王妃[1]放弃内穆尔那样的微妙的原因，玛丽安装出一副无动于衷的样子，拒绝了这只伸出的手。里科博尼夫人用最后一个讽刺结束了叙事，并冒着与马里沃背道而驰的风险，将自己的观点和结论强加给这部小说，排除了所有其他的诠释。

玛丽安到底爱不爱瓦尔维尔？这令人怀疑，但对叙述者来说无关紧要。"如果你在任何时候忘记了我的性格，来跟我无理取闹，那一切很快就会结束。"马里沃呈现了玛丽安内心的多个侧面，而里科博尼夫人则刻意渲染了一种谨慎的"女权主义"，其中女性拥有主动权，并将自己从一切社会的或爱情的束缚中解放出来。女小说家对爱情的不忠耿耿于怀，以至于在讽刺地谴责男人的虚荣和他们小伎俩的平庸时，不由自主地流露出了自己的苦涩之情："风一开始搅动水面，他就用这个伟大的词来武装自己：我是男人！很快，风暴平息，一切恢复了平静……那个骄傲的人撒了谎……"[3]

我们永远不会知道故事的结局："在我进入我生命中最有趣的部分之前，让我休息一下！"

1　与下文中的内穆尔都是17世纪法国女作家拉法耶特夫人的小说《克莱芙王妃》中的人物。

显微镜下的小东西

位于情感中心的讽刺也是贝尔·德·夏里埃[1]的策略之一，用以谴责迫使女性处于从属地位的僵化的父权制权威。她细致地描述了一些常见的情形。与许多同行一样，她的才能之一便是将琐碎小事置于自己的放大镜之下。一次脸红、一声叹息、一种手势、一个词语、一条皱褶，这些细微的线索揭示了不可触及的真相："所有这些事实都是如此之小，以至于我的叙述连我自己都感觉无聊，但印象却是如此强烈，以至于不知如何去呈现它。"[4]就这样，并不追求效果的她揭示了社会的运作和情感的操纵，以一种自由的精神，通过简单地移动视线，来捕捉普通现实的可笑而秘密的结构：次要的东西几乎总是变成最重要的东西。

夏里埃夫人以不逊于她同时代的简·奥斯汀的才华，使用了小说体裁的所有惯例，如受挫的爱情故事或失去名誉的故事，单纯年幼的孤儿、寡妇等，但这些惯例不断受到一个怀疑性句子的质疑和挑战：体现社会要求的、有理智的男人造成了敏感女人的不幸。情人们畏缩不前，而机智并不能带来幸福。美德最终成为一句空话，其原则主要是让年轻女孩嫁人。

修道院教育和贵族出身都无济于事：朱莉，一位逃出父亲的城堡、嫁给平民的年轻贵族女性，通过扔掉祖先的画像来填补她不得不跨越的那道浅浅的壕沟："祖父被扔进了泥土里，由于一个不够，后面又扔了第二个，然后是第三个……朱莉从没想过祖父们可以被如此利用。"（《贵族》）小说艺术本身完全是一个巨大的谎言，它

1　与下文中的伊莎贝尔·德·夏里埃（1740~1805）是同一人。她出身于荷兰贵族家庭，是18世纪最有才华的人之一。她博览群书，喜爱数学，会多国语言，用法语写作，与作家本杰明·康斯坦特之间写有大量的书信。

声称要"鼓舞、提升和陶冶读者"。

而伊莎贝尔·德·夏里埃通过创作《三个女人》的故事，公开模仿感情的风尚。这是一部多声部作品，通过交织男女叙述者所讲述的次要故事，来解构叙事线索。故事设置了三个非传统的女主角，就像作者在给亨利特·拉哈迪[1]（1794）的信中所描述的："一个妓女、一个女骗子和一名老妪。"没有大团圆的结局；因为小说家并不希望改变社会，而只想说明社会基础的残酷性——其中包括围绕金钱和名分"安排"的婚姻：她凭经验得知，一个女人必须按照不公正的、充满偏见的秩序行事，[5]甚至评价自己，但又永远不能因此而放弃自己的良知。贝尔·德·夏里埃把玩这些矛盾，同时梦想提高妇女的地位，甚至梦想建立一个母系秩序。她在《洛桑书信》中对这一秩序做了明确说明。

她几乎不相信伟大的神话，而更相信被日常生活的重压和男人的弱点打败的爱情。因此，她对婚姻生活的定义介于便利、感激、无聊和尊重之间。"一个被每时每刻的家庭忧伤所杀死的丈夫，一个毁灭于自己的敏感和家庭痛苦的妻子"（《女主人亨利》，1785）。简·奥斯汀的小说呼应了贝尔·德·夏里埃的观点，她在一段讽刺性的评论中公开嘲笑婚姻和伟大的爱情：

> 尽管亨利真诚地爱着凯瑟琳，尽管他知道她具有完美道德并为之高兴，但我必须承认，他的爱只是来自感激之情。换句话说，他对她感兴趣的唯一原因是她对他有好感。这是小说中的新事物，这一点我承认，而且这极大地侮辱了女主人公的尊严，但如果这在日常生活中也是新情况，那就完全可以说是我

1　瑞士画家（1768～1808）。

凭空捏造的了。[6]

两位女小说家都意识到她们在"破坏"情感游戏的规则。她们的故事渗透着苦涩的忧郁，它隐藏在活泼、刻薄话、精细的拆解和灵巧的讥讽之下。和她那个时代的许多女性一样，贝尔·德·夏里埃愿意相信交谈的甜蜜、感情的真实和理智的力量，但其心灵做不到虚伪。在父权秩序下被迫居于从属地位的启蒙运动的女儿们开始摘掉她们的面具。

讽刺与其成为针对他人的攻击策略，不如回到自己身上进行自我讽刺。女小说家们嘲笑自己的外貌、衰老、不幸遭遇和缺点，用诙谐的打岔压制自己的情绪。贝尔·德·夏里埃以泽里德之名所作的自画像是讽刺性反思的杰作，其中对画像的每一次修改都是对之前形象的否定，从而折射出存在于每个人身上的基本矛盾：

> 泽里德的本性富有同情心，思想自由而慷慨，只出于原则做点好事。[……]她天生爱慕虚荣，虚荣心是没有界限的，但知识和对男人的蔑视很快就给她的虚荣心设了限。然而，由着自己的喜好，泽里德还是走得太远了。泽里德不会无缘无故地打一条狗，或踩死一只最低等的昆虫，但有时也许会想让一个男人痛苦。这是为了自娱自乐，获得某种荣耀，这甚至不能让她的理智感到满足，只能暂时地触动一下她的虚荣心[……]你可能会问我，泽里德是否美丽，或者漂亮，或者只是过得去？我不知道；这取决于人们是否爱她，或者她是否想让人爱。[……]过分温柔、同样高尚的她既不能在爱情中，也不能在无爱时感到幸福。[……]对她这台机器来说，拥有过于生动、过于强烈的感觉，缺乏令人满意的对象的过度的活

动，是她所有疾病的根源。如果泽里德的器官不那么敏感，她就会有一个伟人的灵魂；如果她不够智慧和理智，就只能是一个极其软弱的女人。[7]

不断出现的讽刺是对痛苦的自卫，是对自己无法改变之物的调侃。贝尔·德·夏里埃本能地找到了讽刺的语气，虽然有时以损害自己为代价，但在她身上，智慧永远不会熄灭情感，正是从二者尚未解决的冲突中，从社会的或经济的宿命中，投射出了她那顺从而有趣的目光。

女性小说？

女性小说现在或曾经有过某种基调，这种基调产生于写作条件和女性作者身份所固有的矛盾中："你做什么都是徒劳的，你永远无法想象，一个拥有男人般天才力量的女孩，却要忍受自己性别的奴役，将会是怎样的情形。"1876年，乔治·艾略特[1]在《丹尼尔·德隆达》中这样写道。压抑、内疚、从社会和孩子身上或家务中偷来的时间、羞辱和无力感：笑是与缺失的东西成正比的。当被沙隆学院问及如何改善妇女的教育时，拉克洛回答说他无能为力，因为对于一个受过良好教育的女性来说，如果她仍然待在自己的位置上，会非常痛苦，而如果她想离开自己的位置，就会像梅特伊一样危险。讽刺产生于接受的矛盾中。对女人找不到自己位置的社会进行批评，能使女人更容易从定型的观念中解放出来。

1　19世纪英语文学世界最有影响力的小说家之一（1819～1880），与萨克雷、狄更斯、勃朗特姐妹齐名。她的作品包括《弗洛斯河上的磨坊》和《米德尔马契》等。

作为越轨的有罪之人，她需要回归优雅来使人原谅自己的原罪，除非她接受当时无法想象的女权主义，进行公开的反抗。因此，就像里科博尼夫人、德芳夫人、夏里埃夫人、简·奥斯汀及其他许多人一样，她必须以一种被20世纪的男性批评家认为是专属于她们的细腻方式来微笑和让人们微笑。[8]

　　最后，也许正是通过颠覆叙事和在文本的边缘写作，女小说家们才真正开启了文学的怀疑时代。调侃、离题和讽刺性评论，这些用来分解叙事的工具，长期以来一直是女性精神的标志。通过这些工具，她们表达了自己的疑虑、矛盾和对解放的渴望，同时也争取了读者的支持。讽刺是一面双焦距镜，在这面镜子里，作者认识到了男人眼中的她和她眼中的自己。

浪漫的情节剧

1793年8月的一天：库斯廷夫人[1]与其丈夫见最后一面，后者被关在巴士底狱里等待处决。他们互相深情地告别。突然，一个穿着绣有天鹅皮的小礼服、脸颊上涂着胭脂的老人穿过大厅，从他们身边走过："这种红也许是为了避免一个人在第二天的断头台前变得苍白，但他们没有这么想，而是一起发出了恐怖的笑声。无节制的笑声很快变成可怕的痉挛。"[1]这种不可抗拒的、令人胆战心惊的笑是神经质的发泄，是歇斯底里，是亵渎，但也是蔑视和幽默。

这笑声象征着被搅乱心智后的恐慌：恐怖和滑稽、喜剧和悲剧、快乐和惊吓亲密混合成了一种双重而又矛盾的情感。双面的德谟克利特和赫拉克利特[2]。老人化了妆、准备赴死的不协调景象与某个小丑或哑剧中的某个皮埃罗[3]相似。这个皮埃罗咧嘴笑着，身上缠满丝带，为上断头台化好了妆。波德莱尔在《笑的本质》一文中提到过这种哑剧。他在其中看到了"喜剧的净化"，一个专属于堕

1　法国文学家，沙龙举办人（1770～1826）。

2　一位富有传奇色彩的哲学家（约前544～前483），是爱菲斯学派的创始人。他认为万物都处于不断的变化之中。列宁称其为辩证法的奠基人。

3　哑剧和意大利即兴喜剧中的主要角色。

落的人类的"绝对滑稽的形而上学",在其作用下,笑者以一种诗意的、怪诞的和快乐的创造,看出人类有可笑的弱点,但却又不放弃其伟大。[2]

库斯廷夫人的笑不是在讽刺现实,而是突出了对比的效果,或者说它表达的就是对比的"感觉"本身,是命运在看到它的受害者因自己的头即将被砍掉而将自己打扮得更加优雅时所开的玩笑。不为痛苦的意识所感知的这种滑稽观点是笑者的纯主观随意性,也即一种机制,一种想象力的发明,类似于阐释现实的艺术家的观点。

她们还是女人吗?

法国大革命促进了一种与笑有关的新的文化关系。在社会的动荡中,与谈话和休闲、贵族的精神和粗俗的玩笑话相关的古老神话般的"法国式欢乐"正在消失。塞古尔伯爵[1]在撰写其《回忆录》(1824)时,回忆了大革命前夕年轻人的乐观精神:"我们这群年轻的法国贵族快乐地走着、大笑着,既无对过去的遗憾,也无对未来的担忧,且爱嘲笑旧时尚、父辈们过时的骄傲和严肃的礼仪……伏尔泰笑的哲学在逗我们开心的同时吸引着我们",它将"贵族的优势和平民哲学的甜蜜结合在一起"。

在城市的混杂和法国人对谈话的喜好中,有一种信任和团结的保证,这种信任和团结通过玩笑、意外的表达方式和俏皮话得到加强,由此,每个人的自由均得以表达。[3]约库尔[2]编写的《百科全书》将这种抵抗式的社交性与有节制的君主政体联系了起来。在这

1　法国外交官,历史学家(1753~1830)。
2　法国学者(1704~1780),也是《百科全书》最多产的撰稿人。他撰写了约18000篇文章,主题包括生理学、化学、植物学、病理学和政治史,占整个百科全书的约25%。

个政体中，国王的爱体现了父亲的保护形象，必要时也能接受抨击类文章和漫画中的内容。

随着君主制的垮台，言论和辩论服从新的法律：年轻的共和国需要严肃的决议。礼貌、沙龙及其女主人妙趣横生的谈话文化被指责是在维持一种供少数特权人士专享的轻浮游戏。必须发明另一种社交方式，在那里，理智必须取胜。至于女性的地位，她的作用不是在学者和博学者的世界中表现出众，更不是写作："最诚实的女人是最不被谈论的女人"，卢梭写道。在他看来，幸福只能是严肃的。

定制的节日

不可抑制的笑或多或少都是无政府主义的，但对凝聚力而言却是必不可少的：它通过节日来巩固社区、疏解情绪、抑制恐惧，在混乱的游行队伍中，它可以防止暴动、怪诞或动荡的游行，以及与新的解放感不可分割的疯狂情绪的爆发。笑为一种"新的节日教育"服务，这种教育试图确立快乐的，但又是平静的、充满寓意的和怀有崇高目标的演出。[4] 1790年7月14日的联盟节树立了典范，它颂扬兄弟之爱，并为参加者各方提供欢乐的歌舞宴会。

第二年，联盟节追求相同的全民快乐的目标：滑稽的游行队伍一直蜿蜒至巴黎城门，通过宪法时还举行了演出和化装舞会，并伴有市政当局送出的祝福。在首都，小剧场数量的倍增促进了喜剧观赏的普及化。[5] 笑声是有的，但这种欢快的气氛有点勉强。在忏悔节之际，粗俗的女人们为第三等级的健康献上祝酒词："让我们在等待更好的未来时，总是歌唱狂欢节吧；今年可能会像去年一样。忏悔节正在走下坡路！"希望、忧虑和恐惧相互交织。

根据安托万·德·巴埃克[1]的说法，在革命的庆祝活动中，人们笑得比想象的要多得多，这种活泼的情绪说明了一种承诺或合作的形式："革命的笑声成为政治感情"，一种秩序的因素。以这种方式恢复的节日被置于监视之下，受到严肃的、男性的和改革的社会的认真对待。喜剧演员们的合法性得到承认，但受到严格控制，与淫秽下流的夜总会相距甚远；全民的快乐意味着要对每个人进行监督，博爱并不排除不信任；轻松的和社交性的笑被怀疑是在构建与旧政权人物串通的关系网。

但是，随着暴力的发生，狂欢节和爱国的化装舞会上刺耳的笑声变得越来越具对抗性，模仿擅长幻想和"驱魔术"（按照莫娜·奥祖夫的说法）的古老的狂欢节：暴君的假人模特被驴或猪驮着示众，讽刺性的小册子在传播，反革命分子的肖像被焚烧，一只山羊象征着玛丽·安托瓦内特[2]。

女性呢？1789年至1791年间，巴黎仍开有少数从旧制度继承下来的沙龙，这些沙龙来自自由派和有教养的阶层；混合社团[6]取代了奄奄一息的沙龙；它们欢迎温和的爱国者和资产阶级，并经常由女性主持，如苏菲·孔多塞[3]、奥兰普·德·古热[4]和罗兰夫人[5]，她们参加关于公民权平等或分权的辩论。

她们中的许多人不再想充当配角；被排斥在政治生活之外、决心发出自己的声音的她们——妇女在三级会议上没有投票权——与男同胞一起去请愿，到俱乐部集会，从男性的监护中解放出来[7]，

<hr />

1　法国历史学家，电影和戏剧评论家，出版商，1962年出生。
2　早年为奥地利女大公，法国国王路易十六的妻子（1755～1793）。
3　法国著名的沙龙举办者，哲学家（1764～1822）。
4　法国剧作家（1748～1793），政治活动家，曾写过许多关于妇女权利的著作。
5　法国大革命时期女性政治人物，吉伦特派领导人之一（1754～1793）。

以便要求获得与男性平等的条件，特别是受教育的权利。奥兰普·德·古热大喊："女人，醒醒吧！""承认你的权利！"（《妇女和女性公民权利宣言》，1791年）一些妇女活动家更加积极地进行反抗并参加暴动；为了打破轻佻的、笑眯眯的和顺从的女性形象，她们放弃属于女性身份的一切，牺牲自己的穿着和首饰来实现她们的承诺。

最反叛的是挑衅且坚定的"女编织者"，她们要求获得武器，与无套裤汉一起招摇过市；来自社会下层的卖菜妇是革命中最暴力、最难管教的人员之一，她们竟然要求建立一支女性国民警卫队；但这些女兵，这些"女投弹手"，这是法布尔·代格朗蒂纳[1]于1793年10月选用的词汇，这些"疯女人"并不受欢迎。她们依然还是女人吗？

她们让人害怕。有关歇斯底里的陈词滥调在流传。检察官肖梅特[2]质问她们："从何时开始，允许看到女人放弃自己的性别，变成男人的？从何时开始，人们习惯于看到女人不再虔诚地料理家事、照顾孩子的？"血腥的、残忍的、面目全非的、可耻的、男性的目光如此谴责她们。谁想要如此"可怕的家伙""丑得吓人的女人"在家里？

当革命的妇女未被送上断头台时，她们必须保持沉默、面带微笑，做一个好的家庭主妇；她们别无其他使命。从国民公会开始，"女权性质"的要求被认为是不可接受的，是与"自然权利"相悖的；所有关于其不合理性的老生常谈都浮出水面。在家庭之外的女人是不合适的。但是，当面包越来越贵，糖没有了，粮仓空了，食

1　法国演员，剧作家，诗人，政治家（1750～1794）。
2　法国大革命时期的政治家，雅各宾派左翼领袖之一（1763～1794）。

物供给变得不可能，破产迫在眉睫时，如何还笑得起来呢？大革命结束了，断头台被拆除，但1795年冰冷的寒冬、必需品的短缺和各种非法买卖威胁着城镇居民，在这个支离破碎的法国，人们的怨恨越积越多。一小撮新贵在发号施令，投机买卖、军队供应和贿赂为其保驾护航。妇女被排除在公共舞台之外；督政府不想听到任何由革命产生的解放的希望。

从"女公民"到"女士"

荒谬的是，这个社会正在恢复其色彩。因为它不再自发地笑，人们便强行使它充满了娱乐、喜剧和滑稽剧。沙龙再次开张，通过欢迎有影响力的女性、优雅的巴黎女人、女作家、银行家和商人的女性朋友恢复过去的社交圈。轻松的喜剧赶走了阴郁。1795年，杜康塞尔[1]的喜剧《革命委员会的内部，现代阿里斯蒂德》在游艺城剧院上演，剧院里回荡着笑声和欢呼声。蒙坦西尔剧院是粗俗之笑的殿堂，滑稽剧场座无虚席，女人有时会伪装成男人偷偷前往，意大利剧院似乎在重生。

法兰西喜剧院于1799年重新开张。险些被送上断头台的迷人的女演员路易丝·康塔[2]参演马里沃和博马舍的作品，向被其迷住的公众展露才华；她有自己的沙龙和常客。人们已经不再互称"女公民"，而称"女士"。舞蹈沙龙遍地开花；"法国从上到下都在跳舞，商人们和他们的女邻居一起跳舞［……］大伙儿一起跳起了集体民间舞"[8]。"安戈夫人"[3]让大使们开怀大笑。讽刺短诗、漫画和嘲

1　法国律师，剧作家（1765～1835）。
2　法国女演员（1760～1813），出演过博马舍《费加罗的婚礼》中的"苏珊娜"一角。
3　戏剧人物，指女商贩，粗俗的女人。

讽充斥着各大报纸。激动和快乐的生活似乎正在开启，但这只是背景。

对笑的批判

启蒙时代过后便是黑暗的时代？斯塔尔夫人认为法国式老少皆宜的诙谐高于忧郁的英式"幽默"，并在其中看到了妇女的积极影响；现在，她对受波拿巴栽培的新贵们的社交圈里"平淡无奇的欢乐"感到遗憾：这些无趣的妇女"破坏了社会，而不是将其美化"。她们说"蠢话……最终让男人远离"——的确，流放并没有使她与新政权和解。[9]让利斯夫人、沙斯奈夫人、布瓦涅夫人和雷加米埃夫人都开有沙龙，拿破仑监视着这些沙龙，生怕它们是动荡的温床。昔日那种体面而智慧的欢乐，因资产阶级严肃性的兴起和性别隔离而受到压制，这让她们倍感惋惜。

维吉·勒布伦夫人流亡归来，看到男士们顶着不施粉黛的头、身穿黑色的礼服，感觉有些凄凉。斯塔尔夫人用词辛辣：沙龙聚集了一群"无所事事的年轻男子和无话可说的年轻女人"。大革命进一步加剧了男/女二元对立：对于被拿破仑的法典认定是少数派的妻子和母亲来说，家庭和家务将是她们唯一的抱负和职责。

执政府徒劳地为社会提供了歌剧院的快乐舞会和狂欢节，帝国的王子们徒劳地组织了几场奢华的官方招待会和假面舞会，人们根本就没有得到娱乐："这一切毫无乐趣"，雷穆萨夫人[1]总结道。她描述了1月1日朝臣们挤在宝琳·波拿巴[2]的门口乱成一片的情景：

1　法国女文学家，回忆录作家，书信作家（1780～1821）。
2　瓜斯塔拉女公爵。她是拿破仑·波拿巴的二妹。

"人们来到公主家，向她行礼，公主亲切回礼后，他们便急忙去找自己的马车，而这起码需要一个小时。"

奢侈风再起，新富豪们四处炫耀。在大型冷淡的私人招待会上，让利斯夫人对"来宾们喧闹而得意扬扬的入场"进行了嘲讽，因为这关系到"露脸"的问题。谈话由只顾自己利益的男人主导，女人则受着团体精神的鼓舞，这引起了年轻的布罗格利公爵夫人[1]的"反感"，她还记得科佩特[2]的精彩夜晚。出于对和平与安静的需要，人们避免谈论刚刚过去的十年；扇子游戏不足以消除政治记忆的火气，而只是掩盖了许多幻灭感。

1803年2月在多尔戈鲁基公主家举行的晚宴，需要由一位德国游客宽容的眼光来欣赏。这场晚宴在塞古尔子爵和前议员拉里·托伦达尔侯爵哼唱的欢乐歌曲中结束："这样的夜晚只能在天性快乐的巴黎法国人的圈子里找得到。可以理解的是，这种性格的人在历经千百次考验后得出结论：如果不能拥有享受社会魅力的办法，那么，人在世界上所做的一切努力都是徒劳的。"[10]

还应指出的是，尽管1803年冬天发生的流感导致许多人死亡，但巴黎人还是走上街头，尽情享受狂欢节的乐趣：王宫的花园是"许多戴着面具的男人和女人的聚集地，他们沉浸在千万种滑稽可笑的幻想中"；大马车被堆成角锥形的众多面具挡住，无法前行，舞会也比以前更多。"我们已经找到了不让自己看到所有伤心之物的秘密"，《法国公报》[3]趁机指出。

演员们自己做的小结并不令人满意。一个优秀女人的才华在家里毫无用武之地，她的敏感并不能使她更快乐。与女性一样，现代

1　斯塔尔夫人的女儿。

2　斯塔尔夫人的沙龙地点。

3　法国出版的第一份周刊，也是法国历史最悠久的报纸。

男性也无法在处心积虑、只求晋升的社交圈里感到自在，那里的笑声听起来是虚假或苦涩的，从来不是天真的："我的快乐就像小丑的面具"，奥克塔夫·缪塞[1]在《玛丽安的随想曲》（1833）中抱怨道。二流作家的玩笑话、滑稽剧和感伤咏叹调蓬勃发展，损害了真正的喜剧，使之成为说教或闹剧："愚蠢已经取代了智慧"，波德莱尔断言。巴尔扎克也有同感："今天我们只能嘲笑。嘲笑是行将就木的社会的全部文学。"（《驴皮记》）

针对资产阶级物质主义的滞重，讽刺诗、诙谐文学和歌曲塑造了一种反诋毁的文化；笑声并不表明群体的凝聚力，而是被用作意识形态的武器，以破坏任何对自己的根基过于自信的组织的稳定——以至于连波德莱尔都感到害怕。作为伟大的漫画爱好者，他正在凝视格兰德维尔[2]用黑色铅笔勾勒的"颠倒的世界"[11]。

优良的放纵的老传统也没能免于这种颓废：像卡沃酒吧或歌唱的中学生那样的歌唱社团，是18世纪末极少数接纳女性的民间文艺协会，那里的人总是喜欢讲淘气的故事和粗俗或怪诞的笑话；埃丽莎·弗勒里[3]于1833年加入时宣称："接受我吧，先生们，我是个男孩！"放荡的言语变得越来越淫秽，而非有趣，且毫无创造性，只是刚刚适合唤醒疲惫的聚会者。[12]

介于狂喜和惊恐之间

尽管必须避免将一百年的文学想象和创作与一个在多种政治制度更替的世纪里占优势地位的主题挂钩，但除少数例外，女性仍然

1　阿尔弗莱·德·缪塞的作品《一个世纪儿的忏悔》中的主人公。
2　法国漫画家，插画师（1803～1847）。
3　法国女诗人（1795～1862）。

被排除在大型文化运动之外，且仍然存在着一种"笑的问题，更确切地说是搞笑的问题，或一般意义上的逗乐的问题，因而也是其表现的问题"[13]。一种幻灭精神寄生在天真的快乐之中，使笑变得忧郁。

卢梭对莫里哀喜剧的可怕影响表示遗憾，这些喜剧并未纠正习俗，而只是揭示了可笑之处，并使美德受到轻视；19世纪的喜剧精神并未反映任何希望或进步，这是它最大的罪过。波德莱尔讽刺了一个快活人的社会，其监督员会惩罚那些嘴角没有露出幸福表情的人！[14] 作为"苹果里的籽"，笑会不会是神经紧张的夏娃给的毒礼物呢？

现代文化在现实的背景下解读革命后的笑，而今后的现实总是双重的，是理想与现实、美与丑、崇高与荒谬，是对一个被设想为巨大收容所的世界的蔑视与对我们每个人都是其中一分子的信念之间的永恒冲突。笑的人并不把自己排除在笑之外；每个人都依次是布瓦尔和佩库歇¹、普吕多姆先生²和安戈夫人。花花公子笑了。泰奥菲尔·戈蒂耶笑了，只为掩饰自己的忧郁，而如果他承认19世纪没有一个有意搞笑的作家，他便会赞扬加瓦尼³画作中清醒的幽默感，画中善良的洛雷特⁴们与平庸的求婚者们擦肩而过。[15]

纳瓦尔⁵这个将会上吊的人笑了，而我们从雨果那里得知，被绞死的人的眼睛和嘴巴都是窟窿，其笑象征着世界上所有小丑的笑："牙齿仍然是人的，它们保留了笑。"[16] 雨果的小丑有着向快

---

1 19世纪法国伟大小说家居斯塔夫·福楼拜未完成的一部长篇小说《布瓦尔和佩库歇》中的人物。
2 法国现代诗人（1839～1907）。
3 法国插画家（1804～1866）。
4 指的是19世纪一种优雅的年轻女性，她以与男人的关系为生。
5 法国诗人，散文家，翻译家，浪漫主义文学代表人物之一（1808～1855）。

乐的人展示最高程度的滑稽和痛苦的使命，这种哭着的痉挛的笑存在于我们每个人的内心。很快，Zut诗社成员[1]、玩世不恭者诗社成员和水路诗社成员将用他们的骗局和笑声迷惑人。[17]

这个世纪以基于革命净土之上的笑开始，以玩笑式的笑和恐怖的嘲讽结束。福楼拜反思摧毁一切的笑所具有的价值："它从讽刺的咆哮声开始（拜伦），之后，整个世纪都在用放大镜观察和剖析那朵曾经芳香四溢的感情的小花……"（致路易丝·科莱[2]的信，1854年4月12日）世界只是一场高级笑话，一场低级趣味的滑稽剧，至少艺术家可以用他的才华照亮它。冲突的美学化是知识分子的反应。

男人眼中女人的笑——猴子的脸

在具有破坏性的消极的艺术事业中，很少或没有女性作家。这并非因为女作家的数量比18世纪少。但她们几乎不笑，仿佛她们的笑会削弱她们作为有思想能力的聪明成年人的地位；因此，她们的声音听起来较低，高傲的或气急败坏的男性批评家回避她们的作品，除非是为了嘲笑女才子，嘲弄所有"对男性思想的亵渎性模仿"[18]。她们中有几位像过去一样，以自然和富有才华的方式，在沙龙精神的延续中写作。

一个名叫德尔菲娜·德·吉拉尔丹[3]的女人嘲讽地观察着幻灭；她十分清楚只有眼泪才能教育女人，尽管她与巴尔扎克是好友，可在一个太过世俗的社会中，除了诙谐的言情小故事，她无法讲述其

---

1 该社主席为夏尔·克洛斯，成员有魏尔伦、兰波、黎施潘等。
2 法国诗人，作家（1810～1876）。
3 法国作家（1804～1855）。

他的东西；她那出众的智慧和喧闹的笑声有些造作，让拉马丁[1]感到气愤：有时她在剧院笑得太厉害，以至于演员们被迫停止表演。

安塞洛夫人试图在她的喜剧中加入一点欢快的气氛，但没有摆脱圣伯夫[2]所说的"腐烂的老黄糖浆"的基调。奥杜瓦夫人[3]向男人开战，以恼恨多于幽默的方式将他们安排在自己的动物园里。虽然不可能罗列出所有无视男性排斥的女作家的名单，但所有写作的女性都诉说她们的痛苦和不满，声援她们同时代的受压迫者。每个人都有自己痛苦的小说。

女性的回忆录大多是忧郁的，在矛盾中成熟。热情的马赛琳·德波德-瓦尔摩[4]歌颂感情的慵懒：因不停抱怨和止不住地流泪，"她始终是一个女人，而且绝对只是一个女人"，这无疑解释了波德莱尔对她的宽容。至于乔治·桑，她在生活中酷爱玩笑话，追求健康，喜欢诙谐的马尼饭店的晚宴，但其小说中的女主人公却总是多情而痛苦的，即使经常回到童年世界能带来一点欢乐。虽然她与父权制做斗争，但对身体、欲望及其意外的显露却有着普遍的不信任，特别是对笑，她在《雷丽亚》中把它形容为"邪恶的"。当雷丽亚竟敢沉溺其中时，她激起了人们的恐惧："你为什么笑？邪恶的精神是否占了上风？我觉得刚刚看到你的好天使飞走了……"[19]

笑的女人变成了巫婆或魔鬼。被男人称作悍妇的"女权主义"积极分子必须在厌恶女性的氛围中控制自己的言论，以使其在公共舞台上能够被容忍。她们的要求被认为是对世界秩序的荒诞攻击，

---

1 法国著名浪漫主义诗人，作家，政治家（1790～1869）。
2 19世纪法国文学评论家。
3 法国记者，女权主义作家（1832～1890）。
4 法国诗人，小说家（1786～1859）。

这是通俗喜剧很乐意采用的一个主题，以逗笑大批资产阶级观众。

"试着笑一笑"

19世纪并非没有女性的轻盈之笑，但它只在年轻女孩和儿童身上是纯真的，否则便总是含糊不清的。它给亲密的关系带来了乐趣，为那些不主张与男人竞争的女人增添了魅力。在像杜拉斯夫人或萨巴蒂埃夫人家那样的沙龙里，人们还能笑得出来——相反，在马蒂尔德公主的沙龙里，几乎完全看不到女人，因为公主觉得她们很无聊，而龚古尔兄弟却很喜欢公主美丽慷慨的微笑。年轻的司汤达对笑和嘲笑的问题非常感兴趣，他承认自己总是喜欢"被看作机智的女人身旁的机智的男人"，他鼓励其妹宝琳说："经常给我写信，试着笑一笑；这是唯一能使人放松的事情。"（1804年9月25日）

他的女主角很乐意笑。马蒂尔德·德·拉莫尔[1]作为一个体面的贵族女孩，能令人钦佩地熟练使用嘲弄的词汇，而雷纳尔夫人则在她于维杰度过的快乐纯真的时光中，重新发现了年轻时的傻笑和于连的亲吻带来的"疯狂的快乐"。福楼拜承认路易丝·科莱有嘲弄的天赋和调侃的艺术，有看待滑稽事物的灵巧方式（1852年3月27日的信）。在巴尔扎克笔下[20]，爱笑的女人是幻灭的和高高在上的，如娇媚精明的卡里利亚诺公爵夫人；或有时是可笑的，如外省的诗神、外省的受害者斯迪娜·德·拉·鲍德雷；或还有带着满不在乎的表情要手腕的，如娜塔莉·德·曼纳维尔：她们的笑因而显示的是卑鄙，而非机智或不敬。

只有善意的笑才有好处，这种天真的笑是女性优雅的标志，并

---

1 与下文的雷纳尔夫人均为司汤达的小说《红与黑》中的人物。

　　　　　女人的笑：一段征服的历史

通过亨利埃特·德·莫尔索夫[1]的笑声，唤起了一个身体和灵魂仍处于和谐状态的年轻女孩的天真烂漫。有意义的是，《人间喜剧》中最欢快和最有创造力的女人的笑来自街头或娱乐界，如曾经的妓女埃斯特的笑，她因爱上吕西安·德·鲁本普雷而改变，以及舞蹈家图利亚或女演员弗洛琳的笑。她们不属于上层社会，可以自由地表达自己——搞笑是她们的状态。

对于像雨果的《笑面人》中的情人蒂那样一个容光焕发、爱笑的年轻女孩来说，有多少幸福的表情带着邪恶啊！巴尔扎克多次将猴子的面部表情跟这种违背心灵的笑相比；龚古尔兄弟也将女人形容为"漂亮的猴子"，而左拉则在描写正在完成有关其丈夫画作的苏迪夫人[2]时，称她是"独特的滑稽模仿的女性天才"。男人即使坦率、活泼，甚至总是无私的，也必须惧怕女人的笑和她说的玩笑话，因为"这些天使迟早又会变成女人；而女人总有既是猴子又是孩子的时候！这是两种因想笑而杀死我们的生物"，可恶的伏特冷（《交际花盛衰记》[3]）咬牙切齿地说！

优雅的女性虽然也有几个，但对女性不顺从的怀疑却从未停止过。龚古尔兄弟甚至害怕年轻女孩的玩笑："如今，生活的严肃性给了男人一个严肃的、审慎的、忧郁的青年时代。为什么这个年轻人的妹妹，为什么当今的年轻女孩都喜欢挖苦别人，都爱开玩笑呢？"（1880年12月2日）玩笑这个词，在他们的笔下，与好的笑话毫无关系：它是"亵渎神明的幼稚而轻巧的表达方式，是普遍怀疑和民族怀疑论的现代的、蔑视宗教的、喧闹的伟大形式；［……］是信仰的毒药，是尊重的杀手"[21]。

1　巴尔扎克的作品《人间喜剧》中的人物。
2　法国作家左拉发表于1900年的同名短篇小说中的人物。
3　巴尔扎克的小说。

猴女，这一表述在小说家笔下反复出现，指的是所有想改变自己角色的女人。大量的文学作品，包括小说、报纸、医学论文和礼仪类作品等，都竭力将她们重新放回她们的位置，即家庭空间的中心。她们想成为艺术家、缪斯女神？"在你认为能找到她的心的地方，你只会找到她的才华。"（圣伯夫，《我的毒药》）19世纪过量存在的、挥之不去的女性形象都在颂扬女性使命的伟大，将其视作与男人那被动而细心的伴侣佩涅洛佩[1]的美德相同，与弯腰去抱孩子的圣母玛丽亚的圣洁相同。

任何对陈词滥调的偏离都会带来令人不安的形象；如果说笑的男人是"哭泣的世界的女像柱"，笑的女人则只有交际花的贪欲和任性。女性的笑是不合逻辑的、不假思索的、怀疑的，甚至是厚颜无耻的、难以遏制的，它混合了真实和虚假；在整个18世纪，它仍然是一张猴子般的脸，或一个不体面的身体的表情。更糟糕的是，它还是精神错乱之人的表情。

1　古希腊神话女性人物之一。英雄奥德修斯之妻。其事迹反映于荷马的《奥德赛》中。奥德修斯参加特洛伊战争失踪后，她坚守未嫁10年，并以计摆脱各种威逼利诱，后又在奥德修斯归来后与其合谋将图谋不轨者清除。

歇斯底里患者和青年女工

　　女人的笑通过自身携带的一种令人不安的女性的陌生感，对男性社会准则中的某些东西提出了质疑。它向男人讲述了她们的焦虑，从而激发了他们的幻想。它在文学中表现为两个对立的极点，因而形成了女性气质，或更确切地说，是爱情中女性气质的两个侧面：青年女工的清新之笑和淫荡女人的贪婪之笑。几个世纪以来，这些笑始终刺激着男性的想象力，却又不声称说出了女人的一切；但其象征意义得到了增强，与此同时，全社会都在迷恋将人进行角色划分的生理学论文，后者凭借伪科学的力量强化了弱势性别的神话。

　　19世纪的女性被哲学、文学和医学的思考禁锢在她的形象或命运中。女性快乐的冲动从来都是孩子般的或兽性的，医生们用他们新的测量和分析系统证明了这一点，且超越了已有的厌恶女人的套话："所有研究过女性智力的生理学家［……］今天都认识到，她们代表了人类进化的最低形式，与文明的成年人相比，她们更接近儿童和野蛮人。"[1] 被弗洛伊德和布雷尔[1]在研究歇斯底里时广泛引

1　奥地利医生，生理学家（1842～1925）。

用的保罗·莫比乌斯[1]也坚持认为，她们的大脑天生有缺陷。在她们身上，自然是一种极具排他性和极为盲目的基质，它最终总是凌驾于教育和文化之上。

无辜的笑和充满杀气的笑，女性之笑的两种表现

她们模棱两可的快乐始终受到作家和医生的谴责：女性的笑近乎病态，它活泼但却羞愧，自发但不稳定，过度且有时会痉挛，它无缘无故地爆发，毫无限度，它是歇斯底里的症状之一，其反面是与男性知识分子有关的疑病症。歇斯底里的女人哭啊，笑啊，拥抱啊，其理智总是被情感征服：很简单，歇斯底里就是"突然成为女人的症状"。当女人被在过分纵容的环境中培养，当阅读小说增强了她们的敏感性时，她们会变得更易激动，致使想象力变得紊乱："她们没理由地笑、唱、喊和哭。"[2]

易怒和敏感，自然和闲散，这便是一个世纪以来患"小歇斯底里"的女性形象，这一医学术语将这种疾病合法化，并将之轻描淡写地视作女性的一种普遍疾病，与骇人的"大歇斯底里"相对，后者更为罕见和可怕。歇斯底里被认为是一种刺激感官的内部热量。在19世纪，尽管许多医生开始将这些疾病归咎于神经系统而非子宫，但已有的论说未见改变。沙尔科[2]是最早认识和研究男性歇斯底里病例的人之一，他比较了两性的症状，注意到男性患者有闷闷不乐、抑郁的特点，而女性患者则无——男性总是很难被认为是歇斯底里患者。

---

1 德国神经学家。
2 法国神经学家，巴黎医学院的神经疾病临床教授，院士（1825～1893）。

1870年至1890年间，在沙普提厄精神病院进行了一项调查，发现在三百个病例中，与笑有关的只有六个。[3]尽管如此，到19世纪末，医学仍然将这种疾病性别化，并将一种接近于儿童气质的、反复无常的、诱人的和无忧无虑的气质归结为是女性歇斯底里，并从其多种症状中得出结论：她笑的次数比哭的次数多得多。[4]在长达一个世纪的时间里，在女性的笑和歇斯底里之间形成了一种生理的、幻觉的和意识形态的联系，人们始终都怀疑她们是否疯了，特别是当她们做出怪诞或放纵的姿势时。因此，沦为自己的情绪、子宫和神经的俘虏，但在道德上却又无辜的女人，必须学会克制其脸部和身体的表情。

不过，青年女工或洛雷特，给男人以世界是幸福的和轻松的幻觉。这个平民的女儿，无论被缪塞称作米米·平森[1]，还是被欧仁·苏称作里戈莱特[2]，都会叽叽喳喳地唱歌，因为她总是很快乐，贫穷并未让她停止过笑。其社会学类型早在生理学和文学作品探讨之前便已存在了。青年女工这一叫法来源于曾经用于制作女性工作服的浅灰色棉毛混纺面料。路易·塞巴斯蒂安·梅西耶描述说，这些不得不谋生的年轻的、清新的、卖弄风情的女工，贫穷使得她们免受所有肮脏的婚姻交易之害；她们比那些用可怜的一点嫁妆换取平庸婚姻的资产阶级女孩更享受自己的青春和美丽。

尽管收入微薄，青年女工却总是衣着光鲜，她快乐、无私、冒失、体健，这使她有别于涂脂抹粉的交际花；她喜欢跳舞，这并不妨碍她的虔诚，她的艳遇不会造成严重后果；轻佻的她常出于爱情委身于腼腆的大学生们。

1　法国19世纪浪漫主义诗人缪塞的同名诗作中的人物。
2　19世纪法国作家欧仁·苏的小说《巴黎的秘密》中的人物。

加瓦尼勾勒出了她出众的相貌，于勒·贾宁[1]把她苗条的身影置于巴黎的背景之中：她住在阁楼里，并不总能吃饱肚子，但会在窗口摆放鲜花，喂养小鸟。为了取悦于人，她必须是天真的："以如此之少的东西，她不只是富有，她是快乐的，她是幸福的。"（《法国人的自画像》，1841）文学作品、肥皂剧、漫画和插图，沿用性格学论文中的套话，将其形象广泛传播。

缪塞笔下的米米·平森（1845）虽然不是真正的美女，但她微翘的鼻子、亮晶晶的黑眼睛和小软帽下的圆脸都诱惑着年轻人；意味着好脾气的漂亮的牙齿和笑声为她赢得了人心。她把自己唯一的长裙当掉，来帮助陷入贫困的闺蜜露婕特，然后把窗帘当披肩穿。大学生欧仁在突然看到这两个年轻女孩开心地坐在托多尼咖啡馆，大笑着花光了最后一分钱时，被深深打动了，便提出要帮助她。

青年女工遵循她的本能；她还保留着一点孩子的快乐天真，这使她赢得了男性的好感。无知的她并不质疑性别角色的分配，因此，虽然她的风流生活并非道德的典范，但她仍位于诚实女孩的行列，因为她不对社会的严酷负责。她忍受着这种严酷，却丝毫没有失去清新而又无私的品质。她可能导致了善良的但却水性杨花的小女人形象的诞生，19世纪末的通俗喜剧为更新花样，成倍地制造这类形象。但她也与作为永恒女性之组成部分的童心未泯的女人不无关系，其脆弱源于其大脑的缺陷。面对她的那份从容的自信，男人梦想着这样一个世界，在那里，他的欲望是纯粹的，毫无内疚或恐惧，并被天真地分享着。童心未泯的女人像天使，满足了男性的愿望，是一种不安于现状的浪漫情怀的创造物。

如果我们想到《驴皮记》中小宝琳天真烂漫和虔诚的美，我们

1　法国作家，评论家（1804～1874）。

就能衡量出像泉水一样清新的、能够洗去所有欲望的罪恶的笑的价值了。拉斐尔观察着他那正在睡觉的年轻女主人，"像婴儿般优雅地伸着懒腰，脸朝着他。宝琳似乎还在看他，伸向他的漂亮的嘴巴半张着，呼出均匀而纯净的气息。小而洁白的牙齿更衬出其饱满的双唇的红润，唇间还挂着一丝笑意"。

已婚的宝琳既是女孩也是女人，对任何事情都不脸红，她的嘴巴和微笑表明她对男性的欲望没有任何抵抗力："梦中发笑的女人"，甚至在梦中恋爱的她，在睡眠的神秘中提供了"爱情的春天般的欢乐，以及我们孩提时的笑声"[5]。这些快乐并非虚假，但却是昙花一现的，总是受到由驴皮所代表的毁灭和死亡的威胁。假如像生理学家们争先恐后地重申的那样，[6]没有在智慧上卓越的女性，那么，作为补偿，女性的本能在社会尚未将其曲解之前，能给男人带来自然界的所有乐趣。

天使般的女人或童心未泯的女人的纯真的笑声和微笑，因1905年天真的贝卡辛[1]的诞生[7]而拥有了新的模式，与女性神话中反复出现的另一种笑相呼应。这种笑属于女人，但也能侵蚀年轻女孩或小姑娘，它影响身心发育，使人道德败坏、伤风败俗。除医学研究外，在整个19世纪，还有一种"女性异常行为的精神病学化"，这反映在包括巴尔扎克和左拉的伟大小说在内的整个文学中，也反映在无数通俗的连载故事中。[8]从夏娃开始，女人就一直是与魔鬼结盟的邪恶的女巫，她为更好地欺骗、消耗或窃取男人的精力而笑。

瓦格纳赋予她抒情的力量。歌剧《帕西法尔》中的克林索呼唤

1　法国儿童漫画人物，由编剧雅克琳娜·里维埃和漫画家约瑟夫·平雄创作，于1905年2月2日首次出现在女孩周刊《苏珊特的一周》的第一期。

孔德丽，确切地说是使她成为毁灭性的女性的象征，"女魔就在你的笑声中"！作为淫荡的化身，孔德丽经历了女性灵魂从自然的不信教的好色，到牺牲自己获得崇高爱情的各种状态，她那被诅咒的笑代表了人类爱情的悲剧。孔德丽从昔日的女巫那里继承了她的特征；她是一个行将灭亡的社会焦虑的结晶，这个社会受到了社会动荡的"扰乱"，被一种对回到隐秘的母权制的恐惧所折磨。龚古尔兄弟认为在女作家身上感受到了这种恐惧，这是一群秘密地等待复仇的现代女战士："女人除了和许多男人睡觉，吸走他们的道德精髓之外，从来没有做过什么了不起的事情。"（1862年2月19日）

感官的疯狂与无法控制的笑密不可分，它指的是女吸血鬼、同性恋女子和花痴女孩的歇斯底里的疯狂。她们胡思乱想、任性而为，为自己的身体而疯狂，脆弱的大脑既愚蠢又狡猾；放纵的本能取代了她们的理智，而当她们的理智说话时，情况更糟，因为她们因此会失去自我陶醉的优雅。大量二流文学作品，特别是巴黎那些改编自城市花边新闻的作品，[9] 陶醉于对女性邪恶的描写，塑造了一系列道德败坏的女性形象，如半处女、行为放荡的爱俏的中产阶级女性、通奸的和神经质的女人、吸毒的女同性恋者、被包养的女人和受卖淫诱惑的女孩等。歇斯底里患者有时是滑稽可笑的，如在阿尔方斯·阿莱[1]的戏剧中，有时则是阴郁或悲惨的，她们表达了精英们面对女性解放对社会主体的威胁所产生的焦虑感。

比利时作家卡米耶·勒蒙尼耶强调指出，这些悍妇有"魔王般的性格"，她们"通过毁灭和死亡释放其永恒的笑声"（1885）。让·黎施潘让格露[2]发出的正是这样的笑声，她迫使她的情人和她

1　法国作家，新闻记者，幽默作家（1854～1905）。
2　黎施潘1881年发表的小说《难缠的女人》中的主人公。

一起嘲笑他的母亲；同样的笑声也被洛兰[1]安在了其作品的女主人公身上，"发自女人喉咙里的某个撒旦的笑"[10]。如果说"交际花刻意露出的温和的"[11]甜美微笑，像慢性的致命毒药一样渗入，那么大笑则展示出女妖为亲吻而排列的牙齿，是吃人的象征：它的快乐与残酷相连。莫里斯·马格雷[2]的一首诗为吞噬者竖立了一座青铜雕像，说明了男女之间的仇恨关系："我的爱人有一张青铜的脸［……］/而这尊奇妙而残酷的雕像/时而爆发出长长的、充满杀气的笑声。"[12]

当她们在堕落中衰老时，肉体遭疾病破坏，全部的美貌只剩下一张大大的、抹了口红的、掉光牙的嘴在维持着恐怖。

娜娜[3]、露露，恶魔艺术家

纵乐的、害人的、邪恶的、魔王般的女人污染了社会，她们把自己的恶行隐藏在过激的笑声之下：梅毒能杀人，莫泊桑、图卢兹-劳特累克[4]便是其受害者。根据米雷耶·多丹-奥斯尼[5]对19世纪末各种作品的研究，"围绕原始女性的遐想"揭示了男人在面对全能的，且预示着"正在等待时机的秘密女战士的复仇"的母权制残余时的恐惧。胜利的笑声赋予女性令人着迷的力量。娜娜在死于梅毒之前便拥有这种力量，她从未哭过。她是堕落的化身，是吞噬人类生命的怪兽，并在堕落中感到一种令人振奋的自豪和幸福。

1　法国象征派诗人，小说家（1855～1906）。

2　法国作家，诗人，剧作家（1877～1941）。

3　法国作家左拉同名小说中的人物。

4　法国后印象派画家（1864～1901），他擅长人物画，对象多为巴黎蒙马特一带的舞者、女伶、妓女等人物。

5　法国图卢兹第二大学教授（1946～　）。

既非善也非恶，她的无意识使她变得坚强。她那微笑的狰狞的脸是美杜莎的脸，后者通过石化被其诱惑的人，使他们的欲望退回到自身；在舞台上，她几乎一丝不挂，当她戴着透明的面纱炫耀时，剧院里的小丑们默不作声地盯着她："没人再笑了，男人的脸变得严肃而紧张，鼻子变细，嘴巴干涩。一阵带着沉重威胁的风似乎轻轻吹过。突然，在良好的气氛中，令人不安的女人站了起来，带来了她性别的疯狂，打开了欲望的未知。娜娜始终面带微笑，但却是一种吞噬男人的锐利之笑。"[13] 在为她着迷的穆法特面前，她多情的笑声接连不断，直笑得身体扭曲，但她的笑却并不针对他人，而只专注于自己的快乐，里面夹杂着嘲弄、欢快和蔑视。

　　娜娜是《圣经》中的莎乐美的现代版，这个红发血腥的诱惑者在19世纪末给众多作品带来了灵感，只不过莎乐美仍是个处女。于斯曼[1]在《德塞森特的梦想》中，理查德·施特劳斯在《莎乐美》中，都把傲慢、多变、诱人、敏感的她塑造成了一个"不朽的歇斯底里女神"，一个只顾感官冲动的花痴，而奥斯卡·王尔德则使她对受害者充满深情：出于过度的欲望，她违反禁忌，杀死了让-约翰，亲吻了他那被砍下的头颅上的冰冷的唇。福楼拜笔下的希罗底亚斯为了得到圣人的头，说话像孩子一样吐字不清。

　　画家雷格诺将她的邪恶集中在其蛇形的头发和红红的、肉质的嘴巴上，笑的时候，她的嘴会露出像剑一样锋利的牙齿。莎乐美的笑带着原始的、野蛮的、未经开化的兴奋。它变成一种表演，模仿快乐，向男人传达它的狂热。它是死亡的承载者，不知羞耻，亵渎神明，但也令人着迷。它是两性差异的结晶，是对渴望统治的女性气质的夸张。

1　法国颓废派作家，艺术评论家（1848～1907）。

左拉指出，娜娜的笑是"神经质的快乐，是一个爱搞破坏的孩子的愚蠢和恶意的笑"[14]。莎乐美仍然只是一个年轻的女孩，但却是一个邪恶的女孩。德加笔下拿着花束的小舞者，是莎乐美的妹妹，她知道她那调皮的微笑和打开的手势有多么楚楚动人。在19世纪末的浪漫风景中，这个俏皮狡猾的女孩毫无童年的纯真，即使她的笑声听起来是那么清亮。她是一个邪恶的少女，对自己的魅力有充足的认识，于是便用来奴役他人。她喋喋不休、手舞足蹈，令人恼怒，却又十分迷人。当然，她十分敏感，但却已经是一个行家里手了，因为她的年龄并没有使她对欲望免疫。十二岁的女孩满耳朵塞的都是粗俗的歌曲和下流的故事，她们不识字，无忧无虑，但却可支配，能点燃兽性的欲望。

皮埃尔·路易斯[1]笔下年轻的孔奇塔[2]"用她的双腿微笑，用她的胸部说话"；当她把她的情人马特奥当木偶一样玩弄时，她还不到十八岁；她挑逗他，拒绝他，使他备受折磨，还在他眼皮底下欺骗他，或者假装与街区的一个男孩好；她笑，她哭，用一阵阵自主的、对女权主义信仰表示赞同的笑声，极其细心地捍卫她的自由："啊！是的！我笑了，我笑了，以一种自从笑出现在嘴边以来，从来都没有人笑过的方式。我笑得前仰后合，我笑得上气不接下气，我大声笑着。[……]我自由了，我摆脱了你，我将一生都自由。"[15]教育非但没有让女孩们变得规矩，反而使她们更有野心。

她们中的许多人在博学的医学著作中了解过"禁忌的东西"，但很少有敢踏足雷区的。拉奇尔德[3]笔下的女主人公玛丽（《萨德侯

1　法国象征主义诗人，小说家（1870～1925）。

2　皮埃尔·路易斯的小说《魔美人》中的人物。

3　法国象征主义作家（1860～1953）。

爵夫人》）变态到了残暴的地步，她读过的几页字典上的东西使她获得了自由。她接连不断的狂笑声像"鞭子"一样啪啪作响。小时候，她看到一头牛被宰杀，她的母亲为了恢复健康，喝了收集在容器里的血；从此，只有血，只有死亡，才能满足她残暴的欲望；小时候，她聪明而邪恶，竟然听任她的小弟弟死去，自己却在无声地笑，这种笑在她成年后成为"淫妇尖声的露牙之笑"。她是男性的杀手，将男人的欲望激发到极致；她那恶魔般的笑容毫不留情。

青春期的女孩成为现代文学的中心，后者通过她讲述了永恒的女人，一个只有母性才能将其从混乱的欲望中拯救出来的女人。青春期是在混乱中度过的。经常缺失爱、得不到母亲保护的她像野孩子一般长大，毫无道德可言。令人不安的露露，这个由尚普索[1]在19世纪末发明的女小丑——1901年发表的小说便是以这部哑剧（1888）为蓝本的——因其本能的暴力和阴险而令德国表现主义着迷：弗兰克·韦德金德[2]、赋予她以路易丝·布鲁克斯[3]特征的电影编导帕布斯特、作曲家阿尔班·贝尔格，都将她塑造成了一个被恶魔力量占据的存在。

在尚普索的作品中，露露从未停止过笑。她是一个机灵的女人，其快乐掩盖不住某种深刻的悲观主义，因为"上帝创造世界只是为了自娱自乐……"，阿塞纳·侯塞耶[4]在该书的序言中写道。这是小丑在剧中拥有新的、接近于悲剧英雄地位的时代。露露的知识是通过对其母亲的观察，翻阅菲利西安·罗普斯[5]一大箱"魔鬼式

1　法国小说家，新闻记者（1858～1934）。

2　德国作家，剧作家（1864～1918）。

3　美国电影演员，舞蹈演员（1906～1985）。

4　法国文学家（1814～1896）。

5　19世纪比利时象征主义艺术家，主要制作版画和蚀刻版画，以描绘情色和撒旦崇拜的绘画而闻名。

的"铜版画得到的，画中的女人有两张嘴，男人则有奇怪的前尾。

她是女巫、撒旦的女祭司或仙女，有点雌雄同体或两性畸形，她喜欢伪装自己，始终让人难以接近。她的嘴像紫色的花，或者像剧院的深红色幕布，幕布后是一幅诱惑的景象。她不停地旋转着，嘲弄人地蹦跳着，裙子飞扬，并像鞭打似的开着尖锐的玩笑。在巴黎，她的征服者成倍增加，她嘲笑她的情人们，发出一种无所不能的女孩的清脆笑声：

> 这是一颗男人的心，她轻蔑地说。如果我弄伤它，只为看看呢？她笑了，露出了洁白的牙齿，就像同样数量的照明用的小珠光灯，成排地安装在这座嘴巴剧院的边上。[……]她抬起脚，随即在心脏处踩了一下。接着便更用力地踩了下去。她发出凶残的、漂亮的野兽的笑，嘴唇张开，露出尖利的牙齿。[16]

女小丑

尚普索大胆地让他的女主人公承受为马戏团小丑所接受的堕落，在此之前，女性始终缺席于这个世界，但他的心如铁石的女主人公却在不失诱惑力的情况下，获得了持续的自由，她的现代性意味着后继有人。马戏团和哑剧攻击资产阶级的信誉；它们以开玩笑的方式嘲弄这个世界上所有的智者、被升级为小丑的悲伤的叔本华及所有的悲观主义者，但也嘲弄过去世界古老的喜剧和滑稽剧。新的世界是一个荒淫无度和金钱的世界，在这个世界面前，露露像其他成千上万的女人一样反抗着。

露露，这个"催情小丑"，代表尚普索眼中的理想女性，她变幻莫测，像"带着无数奸诈的微笑的海浪"，且拥有"可怕的……极其有趣的力量"，他急于让她消失在更美好的天空，成为繁星中的一颗。新女性就这样在无所不能的孩子身上萌芽，她被当时的批评界看成女权政治的预兆："她将吞噬男人；她将成为永恒判决的执行者……她将把男人降至雄蜂的状态，成为蜂巢的奴隶。大师们，这似乎就是我在喧闹的开放的女性聚集地，在欧洲的沙龙、剧院、音乐会、马戏团和舞会这类巨大的自由女性领域所隐约瞥见的。"[17]

新女人？她让男人着迷，也让他们害怕，并使他们在她过度的性欲和追求的权力面前越来越恐惧。她那令人难忘的形象和那张猩红的、贪吃的嘴，充斥着整个艺术创作。当维利耶·德·利尔·亚当[1]想象未来的夏娃时，他想着要给她一个理想的身体和一个按照他的梦想仿制的灵魂。他委托科学家爱迪森用迷人的没头脑的阿丽西亚小姐[2]的身体，和一个处于嗜睡状态的杰出女性的头脑，来为他的朋友埃瓦尔德勋爵制造这样一个"人型机器人"。这位科学家艺术性地呈现了所有有关女性美的刻板印象：珠光的带香味的皮肤，淫荡的臀部，"孩子般清新而美丽的小白牙"，平静的大眼睛，"天真、狡黠、温存的微笑"。特别是嘴巴：它必须是玫瑰色的，牙齿则是珍珠色的，十分精美，丝毫不会让人联想到咀嚼。

19世纪末的巴黎，美国牙医大行其道，他们用无可挑剔的假牙换下"小姐们"长得不规则的牙齿。美丽的阿丽西亚并未求助过这类牙医，因此，爱迪森在借用她的身体进行神奇操作时，只采用了她那完美的口腔印痕。就这样，"理想"女人的微笑变成了奇妙的

1　19世纪法国象征主义作家，诗人，剧作家（1838～1889），其作品常具神秘与恐怖元素，并有浪漫主义风格。
2　维利耶·德·利尔·亚当的小说《未来的夏娃》中的人物。

玩偶的微笑，供男人毫无危险地赏玩，因为她是他梦想的产物，而真正的女人死了。女芭比娃娃、女人小摆件、自动女人玩具和木偶，其女性的神秘性，即龚古尔兄弟所说的"雌性"或"女人特性"，是通过嘴和笑容来呈现的，而这种笑容已被为消除其令人不安的陌生感而进行的美容手术改变了模样。

如果不能通过制作玩偶来驱除女人的危险，还可用一种令人厌恶的和病态的形象来让人唾弃其思想——这是扭曲其本性的两种极端的做法。意味着耻辱的嘴唇被简化为黏膜，淫荡的性器官取代了天使般的面孔，肥胖而多毛的女人的漫画充斥着美好年代的图片，男性的咒骂声不断："但愿渗透出一种毒液，像坏疽病、麻风病和梅毒一样，能蛀蚀掉你的下巴，融化掉你的眼窝……"卡米尔·勒莫尼耶暴怒道。

对血腥之嘴的想象中有两个反复出现的形象，充满杀气的长笑即从中发出：剑鞘般保护着"白剑"似的闪亮的牙齿的胭脂色嘴唇，有时被比喻成"切口"或咬伤，有时则用于贪婪地吮吸，它们无节制地扩张，变成了外阴。"她那略带胡子的嘴唇下宽大的嘴巴血腥地大张着，显得淫秽而无耻。"[18]

超现实主义者大量呈现了这类女性面孔，其中嘴巴是阴部，鼻子是肚脐，眼球是乳房（马格利特[1]的《强奸》），一张有着厚厚粉唇的大嘴占据着泄殖腔的位置（贝尔默[2]的《羽蛇神的梦》）。这是可能已经失去欢乐的古代包玻的忧郁的现代形象。裸体维纳斯的肖像、照片和画作，以特写的方式将这张猩红的嘴凸显在一张逐渐消逝的脸上，这是一张具有高度象征性的嘴，它露着牙齿，但一从阴影却

1　比利时超现实主义画家（1898～1967）。

2　德国画家，摄影家（1902～1975）。

将其指向黑暗和性欲。

贪得无厌的器官孔：喝酒、吃饭、接吻、大笑、喋喋不休、流口水是狰狞的动物性的动作和表现。它们亵渎了脸部的优雅，是一种玷污，巴塔耶在其中看到了情欲的养料，或恶心。这难道不又是包玻和戈耳工[1]的复活吗？它扰乱了亨利·德·雷尼埃[2]的欲望——"她们撩起自己的衣服，让属于她们本性的过多的液体在笑声中往外流淌"——或者还有萨特的欲望，他观察着这些疲惫的、赤身裸体的、炽热而潮湿的女人，"她们尽情地笑着，并用湿润的嗓音说：笑笑就好"[19]。

这就是女人不变的本性，一个爱笑的食人女妖，一个贪婪的灵魂吮吸者。也许正如米歇尔·福柯所暗示的那样，"女人的歇斯底里化"，对她们的身体和性器官的医学化，是全社会的萦念，可能旨在抑制资产阶级家庭中儿子们的欲望。对女人的这种想象是欲望的反推器，它像"思想上的紧身衣"那样发挥作用，旨在封闭女性的身体。

1　长有尖牙、头生毒蛇的女性怪物。最早出现在希腊神话中，指的是三姊妹斯忒诺、欧律阿勒和美杜莎，据说她们是海神福耳库斯与女神刻托之女。
2　法国诗人，小说家（1864～1936）。

演出舞台上的女人

在沙普提厄精神病医院和咖啡馆–歌舞厅之间

这种美学将厌恶女人的老调子重复到了夸张的地步。它是少数社会边缘人士玩弄性禁忌的事业吗？是一种作为反对资产阶级平庸生活的避难所而发明的智力建设吗？是由女权主义的发展而导致的性别战争的新篇章吗？是有关性本能、遗传、疯狂、犯罪和卖淫的科学论述和精神病学成果的副产品吗？是对帝国庆典、1870年的失败和血腥的巴黎公社之后社会崩溃的隐喻吗？毫无疑问，上述种种都有一点。文化和艺术侵入生活，有时滞后于医学进步，有时领先于社会问题。

沙尔科在很大程度上证明了歇斯底里对男性和女性都有影响，但文学虚构仍然将歇斯底里的神经症作为女性的特征来表现，并将卖淫与神经病联系起来。同一批作者还经常将狂欢或通奸行为的主动权交给女人，从而预示着真实的对于性自由和享乐权利的要求。生活和艺术、粗俗的现实主义和思想建设相互传染，不断互相交织并被戏剧化。

就在性爱之花的文学承载男性的幻想之际，一种不寻常的、充满活力的艺术形式将把包括舞蹈、歌曲、笑话、双关语和诗歌在内的各类艺术混合成具有强烈效果的表演，吸引大批观众。于是，女性在夜总会、咖啡馆-歌舞厅，之后是音乐厅等空间找到了舞台，在那里她可以自由地诠释和调整僵化的社会赋予她的角色。这是第一次，或者说几乎是第一次，她登台表演哭和笑，并且逗别人笑，她在舞台上占据了主要位置。最有名的节目的演艺人员至少包括五名男女喜剧演员、一名演唱华彩句的女歌手、一名女中音、一名男高音和一名男中音。一群美丽的肉嘟嘟的可爱女孩占据了舞台的后部。舞台无布景设计，为的是消除戏剧感。女孩们干起了"老行当"，用她们的笑声或掌声来增强演出效果，而艺人们在表演完自己的节目后，便到桌子边去募捐。

嗓音、身体、鬼脸和杂技都是艺人们无禁忌地表达自己的工具。各剧院的演出内容不尽相同，但都依靠同样的组合，下流的故事、一夜情、轻佻的性爱关系和受妓院行话中的色情暗示所刺激的贞洁少女的遐想，但也有无知和感伤的浪漫、爱国主题的挽歌和士兵的歌曲。针对权力和宗教的政治讽刺也未被遗忘。

这类表演取代了1852年被审查关闭的歌唱协会，并落户于那些曾遭废弃、后经奥斯曼工程修复的咖啡馆、饮品店和舞厅中。1869年，女神游乐厅诞生。1885年左右，巴黎拥有一百多家后被夜总会替代的咖啡馆-歌舞厅。"咖啡馆-歌舞厅"的表演反映了潜在的性欲，且走在流行的审美趋势之前，消除了少数颓废的小说家的精英艺术与大众之间的障碍。

它融合了真实、虚构、猥亵、夸张、色情和可怕的语气及慵懒的忧郁，最重要的是，它将女孩们置于聚光灯下，与男孩一起发声。女歌手最常见的形象是荡妇或妓女，她唱歌、扯着嗓子喊叫、扭动腰肢，露出边饰和亮片下的胸部、胳膊和腿。许多歌舞厅接受平庸、大胆、只会扭动身体的艺人，她们的表演在放荡甚至色情方面的尺度越来越大。卖淫几乎被公开炫耀。大多数评论家认为其审美是粗俗的，甚至有辱人格，词作者的小品是"荒谬的"，但其气氛却使茫然的观众感到兴奋，并受到欢迎。当舞蹈演员维奥莱特走上舞台时，[1] 人们对她喊道："脱掉你的裤子！""抬高一点！""让我看看那里"……这些女孩就是"女孩们"的小说中描述的那些女孩，是由大街或医院制造的。一场现实的、无情的、几乎没有艺术性的表演，以其对真相的讽刺吓坏了在卡德特赌场的龚古尔兄弟：

> 这些女人用白色的米粉搽脸，就像得了一种白色的病，她们的嘴唇被刷子涂成红色。这些女人用死灰色化妆，苍白的脸上露着可怕的笑容……这些女人疯狂和病态的样子似乎像幽灵和快乐的野兽。［……］一个穿着棕褐色衣服的女人在跳舞，她的头发乱糟糟的，大嘴因笑而咧开着，这是一种沙普提厄精神病院的荡妇的笑。她擅长将衬裙的褶皱疯狂地往上抛，就像陷入了贾康纳薄纱的漩涡中一样……这不是出于无耻，而是在亵渎神明。[2]

恐惧和吸引

惧怕女人又受其诱惑，这两种不可分割的情感吸引了大量庸俗的观众，他们不管年轻与否，都在寻找刺激。他们自甘堕落，与艺人们混在一起，尽情放纵，大笑不止。骚动、叫嚷、抗议、"欢乐地颤抖"，狂热的人群在喧闹的气氛中喊着污言秽语。恐惧和笑声强烈地交织在一起。对龚古尔兄弟来说，这是一种"不健康的笑声",一种比塞特医院(1866)的"圣盖舞"[1],无论如何,这种笑即使不是真正的放松,也是一种被无限重启的兴奋,娱乐业很快便能将其作为一种生产系统加以开发和营销。

龚古尔兄弟有关歇斯底里病的联想将这类演出贬低为一种"白痴"的形式:兴奋变成了暴力,这种暴力通过舞者不协调的动作、鬼脸、手势、突然静止的滑稽动作、"猛然断裂的生硬动作"[3]来维持。男性演员——黑猫夜总会或蒙马特–爱丽舍音乐厅的艺人们——也不甘示弱地展示他们的身体;他们个个都以近乎狂乱的蹦跳来迷惑和引诱观众,如此强烈的放电使演出变成了集体大骚乱。就像福楼拜笔下的莎乐美用一个类似于"歇斯底里弧线"的姿势来完成其造型那样,男女舞者在淫荡和夸张的动作上停住不动。医生在此发现了一个病态的姿势。

歇斯底里这一神圣的疾病侵入了艺术。著名医生里夏尔总结出一份配有八十六幅图和图形标记的临床表现一览表,发现在他的焦躁不安的病人身上,有一个他称之为"小丑期"的现象。病人做着怪诞的鬼脸,身子扭曲,动作错位、强直且会突然变得僵硬,完全僵住。歇斯底里患者的身体是一部剧。里夏尔指出,这种病人——尤其是自恋的女病人——在其中扮演着诱惑者的角色:因为歇斯底里患者竭力"煽动他人的欲望"[4]——无论对方是医生还是公众。

沙普提厄医院的医生们有步骤地给他们的病人拍照(1876~1880),以确定每一种病症反映在病人外貌上的明显特征和状态。但是,沙尔科只让女性出现在这一庞大的肖像集之中。歇斯底里,一个伟大的艺术发明,首先是敏感的、富有激情的女人的病,也就

---

1 舞蹈病,或叫圣盖舞蹈传染病,主要发生在14世纪至18世纪的德国和阿尔萨斯地区。一群人突然跳起一种奇怪的无法控制的舞。男人、女人和孩童均可被传染。他们一直在跳,直到昏倒在地。

是说，"作为一个女人的症状"。奥古斯丁是沙普提厄医院的明星病人之一，她先是露出一个卖弄的、与她的目光相矛盾的笑容，接着，这个笑容蔓延到整个脸部，使其他一切都黯然失色。她身体半裸，以一种蔑视和诱惑的态度展示自己。每一张照片都表达了快乐与痛苦的混杂之情、性欲的要求和古怪而离谱的解放姿态，这些姿态遏制了压抑和沮丧，并在不断的保持中上升为一种极度的造型美。

让娜·艾薇儿[1]在青春期时曾患过轻微的神经衰弱，于1882年被送入沙普提厄医院，在那里待了一年多，她观察并描述了其同伴们的滑稽场面。"神经错乱的女人"、狡猾的女人，有时会通过怪诞的杂技表演来佯攻。在狂欢节期间，她们沉溺于狂野的、挑衅的，往往是淫秽的舞蹈。她们中不止一人在离开医院后，以歌舞表演为业。在咖啡馆−歌舞厅的舞台上，就像在沙普提厄医院的病房里一样，她们的激情通过涂脂抹粉的、高兴的或忧愁的面孔来表达，伴随着狂热的腰肢扭动，她们的脚在踢，腿在跳，动作极不协调，显得残酷而狂喜。19世纪后三分之一时期的现代美学便来源于此。这是一种不和谐的美学，希望通过歌曲、身体和叫喊，来传达被审查制度和"良好的资产阶级品味"所禁止的一切。

洛特雷阿蒙[2]笔下手舞足蹈的缪斯女神就是这样的。"这便是那个疯女人，她依稀想起了某件事，便跳起舞来。她像阴险狠毒的人那样放声大笑，说着不成句的话。她的裙子在瘦骨嶙峋、满是泥浆的双腿边断断续续地抖动着。孩子们追着朝她扔小石子，就好像她是一只黑鸫鸟。"[5]

1　法国康康舞舞者（1868～1943）。

2　出生于乌拉圭的法国诗人（1846～1870），其作品对超现实主义和情境主义产生了重大影响。

演出舞台上的女人

在这种混杂着粗俗、放荡，有时甚至是歇斯底里的背景下，从豪华的歌舞厅到肮脏的低级咖啡馆，女歌手们被按照不同的类型分类：装腔作势的、夸夸其谈的、唱蒂罗尔山歌调的；在这些才华横溢的搞笑的女人中，强壮的特蕾莎[1]以其精湛的技艺征服了观众并迅速走红。她接受喜剧的丑陋，但却摈弃淫秽的剧目，她既舞动自己的身体和胳膊，也展示自己的歌喉，她还嘲笑他人，嘲笑自己。媒体赞美她的表演才华、气场、如炮击般迸发的嗓音——"她吃铙钹了"——和极具感染力的笑声。

她并不漂亮，一出场，评论家就对她的嘴大惊小怪："对于这样一个小场所（指莫卡咖啡馆）来说，她的嘴太大了"；"她的嘴似乎能绕她的头一圈"，瘦削的嘴巴长着一副大牙，像是"狂怒的狗"或"鲨鱼"的牙齿，它所暗示的力量几乎是男性化的；大嘴是"泼妇的化身"，是一个在喜剧文学中反复出现且始终有效的形象。[6]特雷莎拒绝任何诱人的可爱形象：她更多是在练习如何失去自己女性的优雅；"但这也许就是香料，是炖菜的点睛之笔"，评论家路易·维约[2]指出。

这并不妨碍她扮演多愁善感的人，唱让人落泪的歌曲和操下流的口音，且从不忘记"往淡而无味的果酱里撒胡椒"。特雷莎有被自己吸引的作者——总是一些男人——他们为她写活泼而粗犷的歌曲，在这些歌曲中，她心甘情愿地嘲笑她的女性姐妹们及其不幸遭遇，同时为她们争取自由，并任意模糊男女身份的界限：

1　法国女歌手欧也妮-艾玛·瓦拉东（1837～1891）的艺名。
2　法国记者，作家（1813～1883）。

《长络腮胡子的女人》《难缠的女人》和由奥芬巴赫[1]配乐的《三百个雌性动物》都是她的成功之作。她的挑衅被称为"妇女的马赛曲"。在她之后，其他女歌手将扮演体格强壮的女人或耷拉着乳房的胖泼妇，如绰号为"双倍漂亮的女人"的穿束腰上校制服的保拉·布莱比恩、苏珊娜·拉吉耶、得到朱尔斯·勒梅特[2]欣赏的维克多琳·德梅。

1872年，让娜·布洛赫[3]在阿尔卡萨冬季剧院演唱，后在斯卡拉和沙特莱剧院演唱：她让全巴黎的人都笑了；身材矮小而肥胖的她，只要站在舞台上就能引来大笑，而且她懂得如何自嘲："因为我不喜欢和其他人一样，所以我是横着长的。"就在年轻男人因拥有迷人的男高音歌喉，发现作为一名魅力歌手的诱人作用时，这些女人却毫不犹豫地让自己变得夸张可笑。她们戴军帽、举马鞭，尽显阳刚之气，所具有的威胁在笑声中减弱。她们嘲笑吞噬男人的女人的全能的秘密，尤其是母亲，她们的滑稽表演也在间接地为妇女解放辩护。女性正是通过音乐厅才终于获得了让人发笑的权力。

难看的伊薇特·吉尔伯特（1867～1944）不比特雷莎逊色，丑陋在她那里成了一种与众不同的诱惑工具。"她瘦得像两只角，还想搞笑"，观众讥笑道。事实上，成功来得非常快，先是在埃尔多拉多咖啡馆–歌舞厅，接着是在伊甸园音乐会的歌谣作者中，后又在红磨坊。她有一头棕红色的头发，看上去笨手笨脚，苍白的脸上长着一只可笑的大鼻子，脖子十分细长，被她有节奏地伸缩着，绿色的缎子紧身衣下露出平坦的胸部，还总是戴着一副黑色

1　法国作曲家（1819～1880），被后人尊为轻歌剧的奠基人。

2　法国评论家，戏剧家（1853～1914）。

3　法国女歌手，演员（1858～1916）。

的手套。她的表演简单、天真、优雅："首先我会让人笑，然后再看情况。但笑和笑是不一样的，我梦想一种有泪水、有情感、形式新颖的欢乐。[……]最重要的是，我想让自己显得非常出众，这样我就敢于在由我自己做主的、猥亵中混杂着隐晦的讽刺剧目中为所欲为。"[7]

伊薇特很聪明，对世界不抱任何幻想。她的乐趣在于扒开美丽的外表，发现中规中矩的资产阶级身上的邪恶，以及堕落的女孩身上的天真。她的小品似乎是很好的滑稽剧，只是有点讽刺，如"女醉鬼""处女"或"小猪"的故事，其中小猪的螺旋形尾巴是对三人共同生活的讽刺。有时她自己写剧本，但更多时候她只是给出主题。她说话礼貌，或带着英国保姆的口音，或露出获得自由的小女孩的神情，或像瘦弱的男孩那样做着手势，她的主张更加尖锐：

我很少做疯狂的事，
但当我这样做的时候，啊！见鬼！
我超出了所有的幻想：
我不再是个女孩了，我是个男孩
该轮到我快活和耍笑了……

咖啡馆–歌舞厅及音乐厅成了一种产业，导演们必须把能让观众发笑的人才"甄别"出来。巴黎的小女人诱人而下流，她们在演出中高抬大腿，踏着康康舞的曲调疯狂奔跑，旋转着数米长的蕾丝裙边。在她们旁边，滑稽的女歌手们则重续传统，继续寻求强烈的情感，来让人们笑掉下巴，从她们的玩笑中收益。她们的笑声与美的准则是不可调和的，她们强调自己的缺陷，以便利用它们。

科莱特为后人描述了扮演克罗蒂娜[1]的颤抖和跳跃着的波莱尔的"麻雀"腰和超短裙，音乐厅里骨瘦如柴的女孩不知害臊的淫荡表情和米斯金格特带着贪婪的符号式微笑演唱《新芽之花》时那张惊讶的"未完成的"面孔。无论是装腔作势的，还是夸夸其谈的，这些艺人都使得一种新的顽皮的女性形象为公众所接受。她们有的仍是孩子，有的则是爱挑衅的假小子，在"耍笑"和忧郁、刻薄和优雅、丑陋和美丽之间机敏地保持着平衡。她们中的佼佼者并不惧怕扮演丑女、做搞笑的动作和操滑稽的口音。

玛丽·杜巴[2]身穿模范小姑娘的花边裙，其苗条身材尽显高品位的女性气质，突然，她那宽阔的肩膀和强壮的手臂开始活动：怪诞而粗暴的动作、走样的嗓音和大胆的姿势揭露了一个假小子、一个女孩的可笑模样。如此幽默和智慧的表演引发了阵阵笑声。"一个既迷人又滑稽的女人，仿佛是个丑八怪"，亚德里安·莫尼耶[3]感叹道。但玛丽·杜巴斯本人并没有完全摆脱这种给女性之笑带来神秘特征的疯狂。在同时代的批评界中以尖锐出名的科莱特承认喜欢她的气质，"一个神经质的斜眼女郎用手遮着脸，说出的话突然具有了歇斯底里的神秘感"[8]。

忧郁的欢乐

大战之后，某种欢乐消失了，取代它的另一种欢乐并不总是那

---

1 科莱特的克罗蒂娜故事系列中的女主人公，该系列包括《克罗蒂娜在学校》《克罗蒂娜在巴黎》《克罗蒂娜在婚后》《克罗蒂娜走了》四部作品。
2 法国音乐厅的歌手、演员兼喜剧演员（1894～1972）。
3 法国作家，出版商（1892～1955），在20世纪二三十年代的巴黎现代主义写作领域具有一定影响力。

么有趣，也不那么坦率，更不那么有才华。科莱特通过时装式样的变化和新的审美标准，观察到了欢乐衰竭造成的影响。时装设计师将骨瘦如柴的体形强加给女人，对女演员更是如此。女孩们节食，因而个个脾气暴躁、忧郁，体形像男孩。就连女神游乐厅也不见了昔日那种丰满的美人。曾经让人"捏着裙子炫耀其美丽屁股"的雷让娜去哪里了？这种"省略美食学"的后果很快便出现了："戏剧中充斥着无光泽的少女和冷淡的恋人。别提什么滑稽可笑了，我们正在见证一种类型的消失。"[9]

战后动荡不安的气氛更不适合肆意欢笑。夏威夷管弦乐队和早期的爵士乐队使最后一批女神游乐厅的演员退出了历史舞台，而美国电影则输出了其第一批荡妇苍白而精致的笑容——荡妇或吸血鬼。诞生于1914年的银幕上的荡妇（蒂达·芭拉）首次公开亲吻她的情人，展示好莱坞色情的性感形象。然而，这个有着无法抵御的魅力、面带毁灭性微笑的咄咄逼人的女人，并不像她那得意扬扬的美可能让人以为的那样受欢迎，因为女人们并没有在这种欲望的漫画中认出自己。

龚古尔兄弟于1857年写道，文明不仅是思想和思维习惯的转变，"它们也是身体习惯的转变"。笑属于新的身体表达方式之一，它在表演中得到发展，而有关礼仪的论说却很难将其驯服并使其开化。笑在妇女的脸上越来越强烈地呈现，但却仍然与一种歇斯底里的和粗俗的形式联系在一起；它并不表达有生命之人的快乐，而只是展示出女性已经获得的某种自由的形式。玛丽·克里辛斯卡是"黑猫"夜总会屈指可数的女诗人之一，在她创作的诗歌《狂欢》中，神圣的笑声"敲响了奢华的警钟"，而她那夹杂着笑声的歌谣就像女巫的歌声，使爱情枯萎：

女人的笑：一段征服的历史

是欢乐——那么忧郁——

是对疗愈性遗忘的恐惧和渴求，

是对一切事物的

破坏性遗忘的恐惧和渴求，

在拥抱：这群欢笑着的，叫喊着的，

沦为最糟糕的欢乐之猎物的

可怜的生物，

在给予闪电般的爱的相拥

因为没有爱神。[10]

　　这个世纪在男人和女人忧郁的笑声中结束："诙谐文学的虚无主义者，如玩世不恭者诗社成员、Zut诗社成员、缺乏条理者诗社成员和其他一些不修边幅者诗社成员赋予荒谬的笑以特殊荣誉。"[11]失望的世界观滋养了一种文学创作，那里活跃着阿尔方斯·阿莱、儒勒·列纳尔[1]、考特林、阿尔弗雷德·雅里和特里斯坦·贝尔纳等怪诞作家。对他们而言，笑几乎成了一种意识形态。[12]

　　至于女性，年轻的第三共和国在早期并没有赋予她们任何权利。维克多·雨果在给辩护性著作《自由女性》的作者莱昂·里歇尔[2]的信中写道："有公民，但没有女公民：这是一个暴力的国家。"然而，舞台上的明星们所始终尽情歌唱的，正是她们在笑和让人发笑的自由中，依稀看到的一种新的、几乎是革命性的力量。

1　法国作家（1864～1910），龚古尔学院成员。
2　法国自由思想家，共济会会员，记者，女权主义者（1824～1911）。

童年精神

女性的历史长期以来都是受压迫的历史。对她们的笑进行考察，是为弄清楚她们是在何时不带任何愤怒地与以往那些认命的、心甘情愿沦为牺牲品的女性决裂的，又是在何时不再发出防卫性的，甚至是报复性的笑，而发出自由和友好的笑的。禁忌顽固不化，变化极其缓慢。逗笑的夜总会和音乐厅的女歌手仍在推出卖弄风骚的小品，以满足男人的欲望，后者期待从她们身上得到掺杂越轨意味的消遣。

埃米尔·左拉只能想象这样一种自由的女人，她独身，无欲无求，并不快乐。第二帝国时期，法国无产阶级的思想大师蒲鲁东则认为，女人"无法支持男人的大脑张力"。解放的话语满足于摒弃做作的女性形象，即在19世纪末的小说中被漫画化的傻大姐、泼妇、有无法抵御的魅力的女人和受双性恋折磨的禁欲的女人形象。儒勒·列纳尔幽默地用几个字概括了当时的女权主义斗争："女权主义意味着不依靠白马王子。"（《日报》，1904年10月24日）

性别斗争并未进入阶级斗争的战略范围。尽管在第三共和国时期，成立了妇女公民权利和政治权利协会，年轻的女权主义媒体也得到了蓬勃发展，但这场斗争几乎未获任何官方的支持，而世界大战的爆发很快便让妻子们回到了家中。是一个男人，维克多·玛格丽特[1]，创造出了来自上流社会的、反对旧的僵化的男性秩序的现代女性那调皮而邪恶的形象：《假小子》一书于1922年出版，同年，参议院拒绝赋予女性选举权；该书的销量达数十万册，其放荡和"狂欢"色彩使得正派之人发出阵阵惊呼，引发丑闻。

两次大战期间，越来越多的法国"女性知识分子"[1]——学者、记者和小说家——默默无闻地进入了文学界；虽然被容忍，但她们的作品却被归类为亚文化，她们只是慢慢才获得了作为女性作家的合法性。尽管困难重重，但女权主义斗争仍在日常生活中继续着；它涉及女性命运的一切领域：家庭、法律、政治和性。这些主题非常严肃，笑在其中是不受欢迎的。在西蒙娜·德·波伏娃对女性处境所作的哲学的、历史的集大成著作中，也没有更多地谈及笑，因为女性陷入了"男性建造的雄伟大厦偶然的、荒谬的和毫无根据的反面"[2]。尽管其书在法国和大西洋彼岸取得了成功，但女权主义抗议活动却有所减弱，并陷入"低谷"。

"文学沙龙"几乎消失了，一同消失的还有男女混杂的充满欢笑的谈话乐趣。一些获得大学文凭的女性积极分子在20世纪60年代逐渐接过了火炬；她们在美国模式的启发下，[3]利用战后巨大的知识断层、结构主义、"新小说"、1968年5月事件和解构主义来斗争。妇女解放运动（MLF）成立于1970年，是一个少数人的激进团体，但却在象征意义上显得异常活跃；它呼吁性别分离，对语言进行攻击，主张进入各类职业，致力于推进避孕药具的使用，但却并不鄙视幽默，并以玩笑话和滑稽的口号来助力其示威活动："黑夜的奸淫，男人的土地""不要假睫毛，也不要风钻"……

1　法国小说家（1866～1942）。

她们中的一些人对未来的女性有一种预想，认为她不再只为嘲弄和讽刺男权而笑，而将为表达同情而笑："女性在文化层面上已哭泣太多，但一旦眼泪停止，取而代之的将是大量的笑声。这是爆发，是流露，是人们不希望在女人身上看到的某种幽默，是一种以从未有过的遥远距离来看待男性的幽默。"（埃莱娜·西苏[1]，《阉割还是斩首》，1976）笑，是怎样一种主权啊！

弗吉尼亚·伍尔夫，一位先驱

一位二十三岁的英国女性，弗吉尼亚·斯蒂芬，也即未来的弗吉尼亚·伍尔夫，在1905年为《卫报》撰写的一篇题为《笑的价值》的优美文章中，率先将女性文学创作的特殊性和笑的解放作用付诸文字。尽管弗吉尼亚·伍尔夫曾陷入深度抑郁，此病后来还导致她自杀，但她在对笑的天然喜爱中，认识到了女性写作的基本属性，那是一种经过调整的显微镜，可以超越常规看到这个世界的"怪异、怪诞和失控"；笑是尖刻的，它"向我们展示了人类被剥去财富、社会等级和教育的光鲜外衣之后的本来面目"，它撼动了确定性。

然而，女性更能识别社会的诡计；她们被认为是下等人，没有可能腐蚀她们看法或干扰她们判断的知识：她们天真而敏锐的目光嘲笑社会的自命不凡，她们的笑恢复了生活中最普通、最微小的东西，即卑微而杂乱的日常生活的声誉。男人在恭维他人或强加自己的意见时使用的"庄重"而夸张的语气，引发了她不可抑制的笑。她的笑不是赞同，而是对违反逻辑的行为和一切可能扰乱父权社会

---

1 法国教授，女权主义作家，诗人，剧作家，哲学家，文学批评家和修辞学家（1937～ ）。

不自然的秩序的行为的同情。"在赞美笑的同时，弗吉尼亚·伍尔夫为所有被社会诋毁和贬低的事物辩护。"[4]

弗吉尼亚·伍尔夫在《一个人的房间》（1929）中的目标是推翻等级制度，摆脱文学惯例，用大事件的排场刻画生活琐事，从而改变事物的等级。在她看来，小说是最灵活、最适合于女性灵感的体裁：女性在写作时对日常生活进行全新的审视，并为她的叙述提供个人的，有时是不连续的和令人困惑的框架；因此，"可以大胆地说，女性的书必须比男性的更短，更浓缩，因为她们总是同时在做多件事情，而且可能在午餐时分被打断或推迟"——五百年前，克里斯蒂娜·德·皮桑在她的讽刺诗中已经提及了这一对家庭主妇来讲十分关键的午餐时间。

在《一个人的房间》中，弗吉尼亚·伍尔夫发明了其他一些小说结构，并虚构了一名小说家，她叫玛丽·卡迈克尔，她并不出类拔萃，但却通情达理，她的聪明恰好足够使她不被男性优越性的虚假证据所迷惑：叙述者，无论是弗吉尼亚还是玛丽，都在观察着这个世界，但却不觉得必须有多出众，或必须使用多么浮夸的辞藻，或必须讲述某个有名望的伟人的故事。

她细致描写了一位一心只想着她的菜单、菜肴的质量和供男士们享用的李子干或布丁种类的家庭主妇，这显然将她归类在了男人所认为的低下的女人群体中；她体会不到人内心中的伟大情感，如爱情和死亡，就好像"在某个规定的时刻感受特定的事物时"，她发现自己"说不出任何响亮的句子"。弗吉尼亚讽刺说，玛丽·卡迈克尔的虚构小说将"在十年内被毁掉"，但写作时的玛丽却不受任何外部约束的限制，她"像一株刚刚接触到自由空气的植物那样，享受着她所看到和听到的一切"。

弗吉尼亚的笑并不具有攻击性，而是健康的盟友：人们必须

"学会心平气和地嘲笑男人的虚荣心——让我们说特殊性吧，这个词不那么伤人……"。作为一名女权主义者（尽管她拒绝这个标签），她对女性既无钱财又没有属于自己的场所这一事实表示遗憾，因为这对她们的自由来说是必要的，但她在为她们的事业辩护时并未挥舞任何战争的武器，而只是用小小的讽刺笔触，来破坏男人独享自由和权利的地方。

虽然讽刺无力改变世界，但女性的笑是一种新的语言，即使在沉重的日常生活中也能带来快乐。弗吉尼亚要求所有反叛的女性对另一性别抱有同情心：通过幽默来发泄愤怒，可以让人从自己的激情和偏见中脱离出来。以"平等的声音"进入文学，用各种形式的笑来超越差异：在不放弃女权主义斗争的情况下，它可以是一种契机，在"笑的共同体"[5]中对两性关系进行思考，并找到一种纯朴的手足之情，在那里，男人不会被不断要求去证明他们的阳刚之气，女人也不会不断使人想起她们的生理命运。[6]

女性文化史遵循自己的节奏，这不是在具有破坏性的笑声中，而是在一个酝酿于19世纪末的、富有生机和反叛性的、与解放不可分割的计划中。因为在女性的笑声中，有一种特殊的、预言性的声音，它在知识的权威和父权制意识形态出现裂缝时，逐渐获得解放。女性从她们的经验中汲取了一种使人平静的"反知识"，将自然和身体的关系作为最喜爱的主题，甚至接受时常被人诟病的、温和的或歇斯底里的疯狂。[7]笑声先于语言。

露·安德烈亚斯·莎乐美[1]指出，女性没有充分地"呈现给自己"，但通过倾听自己的身体及其秘密的节奏，她将在自己的差异

1　心理分析家，作家（1861～1937）。二十一岁时在罗马结识尼采。二十四岁时发表小说处女作《为上帝而战》，提出"一旦失去对上帝的信仰，人类将会怎样"的问题。1897年，结识里尔克。五十岁时认识弗洛伊德并成为其助手。

和独特性中找到"秘密的生活能力"。玛丽·巴什基尔采夫[1]身患肺结核，但在去世前，她仍然表达了作为一名女艺术家的喜悦："我的身体在哭，在叫，但某种在我之上的东西却依然开心地活着。"（1884年3月11日）卡特琳娜·波齐[2]称她的"言语奔放"和她青春期的"疯狂"行为是一种优雅状态，她在那里发现了"欲望的永恒"[8]（1904）。长大成人后，她成了"别人逗不笑"的人，这是她在以另一种方式拒绝假惺惺的和轻浮的笑，拒绝一个不是由她建立的社会提供给她的"幸福的劣质品"[9]。

至于弗吉尼亚·伍尔夫，她在《日记》中反复说，她渴望快乐，"仅仅活着就是一种快乐"："这是我从母亲那里继承的宝藏——笑的快乐。"来自露、玛丽、卡特琳娜、弗吉尼亚和其他许多人的自传笔记表达了一连串女作家的愿望。对她们来说，笑声首先代表了一种生活能力，它摆脱了过于顺从的女同胞——这些"站着睡觉的女人"的惰性。

用笑来发明一种共同的语言，是避免误解的一个可靠方法。每个人都被标签性的和贬低人的词汇操纵或异化，交流因此而失败。经过移位、转向或倒置，同样的词汇被按需进行了重组，发出了新的声音，保证了其滑稽效果。也许笑声提供了可望而不可即的真理时刻，是唯一没有被陈词滥调污染的准确表达。在探究语言的表达力时，简·奥斯汀遗憾地表示，被社会习惯滥用的词语是"用来避免思考问题"的。

玛丽·巴什基尔采夫害怕在她的笔记本上写下宏大而老套的词汇，如天才或爱情，科莱特则拒绝现成的词汇，探寻"新鲜的词汇

1　俄罗斯艺术家（1858～1884）。她在巴黎生活和工作。
2　法国诗人，文学家（1882～1934）。

园"，娜塔莉·萨洛特走得更远；她对词语及其与现实的关系极不信任，以至于她不再想说出它们："我宁愿没有它们，让它们不要靠近我，让它们不要接触任何东西。"（《童年》）真理也一样："这是一个名字；你一说出来，它就会产生印象。"她们都为后来寻找属于自己"用词"风格的众多女性小说家铺平了道路。在这种形式的写作中，笑和文字一样有分量。

女性继续对男性统治进行控诉，发明了半严厉、半嘲笑的风格，将痛苦变成审美的愉悦。20世纪三位伟大的女作家明确肯定了她们与笑的关系，以揭示男女的两极性，并压制暴力。科莱特的"触动神经"，玛格丽特·杜拉斯的"笑对不幸"，娜塔莉·萨洛特的笑着闯入：这些开拓者都没有直接选用喜剧的方式表达自己，但都避免了制度化的话语，并赋予自己的语言以能产生轰动效应的光彩，使自己的叙述变得有趣和有建设性。

笑，作为一种武器，被用来谴责资产阶级的循规蹈矩，或者在言语变得不可能的情况下实现交流，它往往与幸福或快乐无关，但却总能给人以自由的忠告。哲学家阿兰在其《艺术体系》一书中总结道："笑声里有一种美丽的报复，反对不应有的尊重。"

科莱特，健康的笑

"一个弗洛伊德式歇斯底里的光彩夺目的姐妹"，朱莉娅·克里斯蒂娃就是用这一恰当的表述来称呼女权主义者的大姐大科莱特的。[10]她敢于为自己而活，要求获得幸福的权利，并用看似天真的问题讽刺男性世界。如果她同意走上为女性命运所共有的充满荆棘的道路，是因为她"书写自己"。她选择了一个女性化的名字作为笔名开始写作，此名也是她的父亲，一个身残之人的姓——父亲失去了一条腿，出于对妻子的爱而放弃了一部分自由。

笑是她在不同年龄段都反复声明过的信仰："当我不止一次地决定将笑而非哭泣作为我的一部分，并认为笑甚至是疯狂的笑，并不取决于快乐时，我弄错了吗？笑，你在我身边的地位，是高兴地看到年老的我并未对你有过责备，也未让你有所收敛，甚至都没降低你的音量，而非相反。我发出的笑声与半个世纪前一样。"[11] 幻想、对漫画和滑稽的喜爱平衡了她作品中的黑暗面，并赋予作品以快乐维度，对此她本人有充分的意识。快乐和笑声是一种转瞬即逝的赐福，应该像在最猛烈的风暴中的一缕阳光那样受到欢迎。

人们品味科莱特的作品，正如她品味各种人生经历那样贪婪。笑是她的情绪或饰品的一部分；她从她的母亲，一位勃艮第的农妇茜多那里继承了这种天赋。在母亲去世十年后，即1922年，科莱特通过在回忆中掺入想象性解释，勾勒了一幅母亲的肖像。在科莱特的眼中，茜多代表的正是女性的神秘感。这位迷人的、拥有爱情和自由的、快乐的、占有欲强且严厉的母亲，拥有女巫的秘密力量，她在她的"上尉"丈夫、孩子们、季节和动植物身上施展着这一力量。

就像一个女魔，她被一种"笑的狂热、普遍的蔑视和舞动的傲慢"所附身，这使她能够逃离现实并借助一种只属于她的知识，使自己移居内在世界。讽刺使她免于烦琐的信条，保护她免受不幸，包括难以忍受的哀伤：

> 她心甘情愿地笑了，高亢的、像年轻人似的笑湿润了她的双眼。她责备自己，认为这有损一个肩负着四个孩子的养育重任、为金钱烦恼不断的母亲的尊严。她抑制住阵阵的笑声，痛斥自己，不，不，继而又控制不住地再次大笑起来，直笑得夹

鼻眼镜都在颤抖［……］她笑了，我那哀伤的母亲，带着一个年轻女孩的高亢笑声。[12]

科莱特作为一个"觉醒的孩子"的神奇地位要归功于茜多。童年在科莱特的作品中占据了很大的位置，它像一个失去的天堂，其永远难忘的语言则是克罗蒂娜、文卡、米妮或吉吉的爆笑声。克罗蒂娜这个可怕的男孩子气的女学生，驯化动物，傲慢无礼，打败了自己的老师和同学，比成人占有明显的优势。在成长的艰辛中，笑声始终是她那年轻而健康的身体在与空气、风、雨、水的接触中所体验到的感官快乐的表达，且更是那份在道德之下的、接近自然的纯真的标志。

童年的笑可以从有趣或严肃的事情中得到消遣，它随时都能被拥有，它使当下具有绝对的力量。但是，小女孩不费吹灰之力便可得到的东西，女人必须通过意志才能重新获得。成年后的爱情远未带来预想的幸福，而只带来了失望和转瞬即逝的快乐。婚后，妻子学会了服从和放弃，失去了童年的力量。她无奈地变成了男性压迫的帮凶，一个只想着如何取悦男性的目光和巧妙地保持自己美貌的女性客体；一个任凭自己受感官欲望的支配，并充满感激地投身于"奴性十足的'好的，亲爱的'主义"中的女人，或更确切地说是慷慨的"雌性动物"。

科莱特的小说不断援引对自由的追求，那是一种被禁止之前的自由，是童年的学习乐趣，在那里，爱出于本能，既无罪恶感，也无羞耻感。"流浪的"音乐厅女艺人勒内[1]获得了经济和社会的独立，以及爱情的掌控权。更妙的是，她要求独立思考的权利：年轻

1　科莱特的小说《流浪女伶》中的女主人公。

的科莱特因恐惧而不敢反驳威利[1]，勒内却冒着断交的风险，大胆表达自己的想法并敢于说："我不同意你的观点。"她用笑来反抗。

在《流浪女伶》（1910）的结尾，她（勒内）通过颠覆传统的角色分配，摆脱了令人窒息的爱情：想要结婚的是马克斯，而勒内只满足于性关系；在做爱前后迅速脱衣穿衣的是勒内；靠地租收入过游手好闲生活的是马克斯，勒内则过着"诚实而努力的小商人"的生活。勒内作为主体在行事。成功的性爱以女人的笑为标志，虽然两人的关系无比亲密，但勒内却为自己在不安的情人面前露出高人一等的快乐神情而道歉："我不是在笑，我是在做伸展。"

然而，这种使男性成为女性眼中的性欲对象的等级颠倒是科莱特作品中不太愉快的一面。她笔下的男性都是软弱和胆小的；他们承受着女性化危机；他们的微笑往往只是在努力和痛苦的真相面前的退缩。轻率、活泼的雷诺并不符合克罗蒂娜的期望：他"包围"着她，却从未征服过她。"谢利"是一个具有双性人特征的可爱的年轻男子，他轻率、任性而自恋；他害怕衰老和死亡，以至于抛弃了他的保护者兼情妇蕾雅，因为只要在清晨看到她年老色衰的身体，"还没擦粉，颈背上有一绺细细的头发"，他就会感到害怕，这让他看到了自己的衰老。

六年后创作的《谢利终场》进一步强调了男女角色的互换：蕾雅——科莱特——成为了坚强、健壮、有趣的女人，她对自己的生活感到满意；她不再为已经失去的女性气质而哭泣。终于从社会对女性的要求中解脱出来的她，获得了一个放弃取悦需求的老太太的调皮而从容的心态，而软弱的谢利则整日顾影自怜，并最终走上自杀道路。面对失望，女人，即使在她衰老和失去诱惑力的时候，仍

1　科莱特的丈夫，后两人离婚。

然继续品味着生活："当我们走出它（爱情）时，我们意识到其他的一切都是那么丰富多彩和令人愉快。"[13]

在这些未完成的命运中，在这些失败和拒绝中，没有痛苦。正如科莱特笔下的许多女主人公一样，勒内和蕾雅拒绝结婚及其所指向的生育。随着时间的推移，她们始终想做的就是表明自己的惬意、快乐和安详，而非反抗。科莱特还喜欢拿"爱"这个词开玩笑。虽然在小说的结尾，她的女主人公常常都孑然一身，但她们对自己的生活负责，恢复健康、一身轻松的她们从未停止过欢笑，而且，她们在自己的内心找到了可以在沉默中品尝幸福的东西。

欢笑与暴力

由讽刺或矛盾修饰法导致的语言分岔，不管这源自作者还是书中人物，都使得从一个观点到另一个观点成为可能，其目的是对男女角色进行重新调整；在两次世界大战之后，男性不能再声称唯独他们才拥有知识和权威了："男人没那么重要了。男人是……他就是一个男人而已。"[1]科莱特低声嘲讽道。对此，玛格丽特·杜拉斯笑着附和道："男人，你知道，就像我们二十年前常听到的那样，建设未来的强人。（笑声）啊！啊！结束了。"[2]

对她们二者来说，当务之急是：该由男人学会沉默，放弃其高高在上的身份，估量其长达两千年的淫威对世界造成的后果；以此为代价，他可以获得新生，听到有关女性的某种知识的信息。战争、集中营和原子弹已在科莱特和杜拉斯之间挖出了一道鸿沟；前者谴责一个扭曲社会的价值观，后者为所有被压迫者所遭受的暴力呐喊，但两人都通过写作来摆脱恐惧。科莱特的滑稽世界优雅地扰乱了分配给女性的地位，但却没有掩饰对"大量从众的"姐妹们的某种蔑视；玛格丽特·杜拉斯的写作通过混乱和破碎的写作风格，间接地勾勒出女性遭排斥之处，它放弃对现实的描绘，但允许差异和异质性渗入。[3]

在杜拉斯的作品中，笑既非手段，亦非方法，甚至都不是停顿；它与绝望和死亡紧密相连，使权威"倾覆"，成为抵挡滚滚仇恨的堤坝，和一个即使不是爱，至少也是共谋的时刻。正是由于笑的媒介作用，才调和了不同性别、阶级和种族的人，为的是让他们做到求同存异。笑打破了大男子主义者的喋喋不休和不恰当的言论；作为一种发声的动作，它甚至比沉默的留白更有说服力；它从体内喷出，近乎疯狂，向外送气，即使并不能改变绝望的处境。

这种疯狂的笑声在严肃而痛苦的作品中爆发出来，那里几乎没有哭泣："这很可怕，也很有趣"——科莱特对抑制不住的泪水的痛恨程度不亚于杜拉斯。笑照亮了现在，重温了过去，欺骗了未来。笑是快乐的，就像学习的乐趣一样，但却是失望的学习乐趣。这是受压迫的女性发出的自由的、巨大的、非理性的笑，男人也被鼓励参与其中，以发现自己的不同。

抵抗仇恨的堤坝

玛格丽特·杜拉斯的人性遭受着痛苦和暴力的压抑；[4]这是一种自然和事物的力量所带来的暴力，因为面对太平洋的潮水，我们又能做些什么？这种暴力也源于人类的残酷，他们互相毁灭，女人也无法幸免：从一部作品到另一部作品，小说家执着地描绘着这些相互交织、错综复杂的力量，它们支配着人与人的关系，将人分为压迫者和被压迫者。《抵挡太平洋的堤坝》（1950）是她的第三部小说，以海洋毁坏母亲的土地作为隐喻，讲述了殖民者通过剥削当地人，进行合法压迫的故事。母亲与潮水、螃蟹、想要收回她的那块土地并代表殖民势力的土地登记员及不公正现象做斗争，最后，她还跟自己的孩子们做斗争，使他们承载她所有的绝望。

被社会打败后，她变得痛苦万分。这位麻木的、残酷的，但仍然疯狂地爱着的母亲，殴打被她过度喂养和关爱并用草药治好病的孩子们。折磨人又受人折磨，既暴虐又感到内疚，她被命运压垮了。在这种恐惧而疯狂的背景下，日常生活继续编织着它的小事件：老马累死了，留声机播放着老歌，约瑟夫去打猎（鸟和女人）了，发现自己的美貌拥有异常力量的妹妹苏珊娜在城里游荡。与小说人物十分默契的叙述者的讽刺，像沙地上的海浪一样，从未停止破坏这些体面的小堤坝，这些堤坝是由活跃在这三位主人公身边的"并不存在"的傀儡们所筑。

杜拉斯的笑是一场毁灭性的海啸。第一个目标是长着"小牛头"的男子，尽管他自命不凡，拥有漂亮的汽车和虚假的权威，但却显得寒酸和胆怯：欲火中烧的乔先生猥亵下流、垂涎欲滴，他把自己与送给苏珊娜的钻石相提并论。这颗不纯的钻石上镶着一只癞蛤蟆，母亲后来光叫他"癞蛤蟆"。然后是自负的巴纳先生，他是加尔各答一家工厂的丝线代表，"确实非常有代表性"。两个男人都有修长的手，手指上都戴着戒指，这是严肃的求婚者的雪白的手，是摆弄金钱和性的手。

通过男性，杜拉斯凶狠地嘲讽了当下的价值观、权威、商业、利润、社会地位，以及掩藏着原始欲望的人造堡垒。讽刺是针对白色所代表的傲慢的殖民主义发出的，白色是"免疫和纯洁的颜色"。本地的咖啡店服务员穿上象征白种人胜利的白色的礼服，"就像阳台上的棕榈树都栽在花盆里一样"，并为铺着沥青的街道浇水，以保护其白色的城市卫生不受本地污垢的污染。[5]

事实上，表面显得正直而纯洁的白色掩盖了剥削、厚颜无耻、谎言、做作、侵占、愚蠢，其财政能力的直接后果只能是性无能……约瑟夫发明了一个大闹剧，他挥舞着枪，发出的笑声把惊恐的土地登记员吓跑了，后者从此没敢再来。这种笑不是嘲笑，它十分健康，从"清澈而疯狂的笑、童年的疯狂之笑"、无政府主义的和叛逆的笑、野性的和纯真的笑中得到滋养。

杜拉斯的笑是反抗死亡的，具有一种形而上的、非社会的意义。它与过去那种对幸福、快乐等感觉的分析无太大关系。它不是对现实的讽刺，而是一种力量，是对辩论话语的替代。"针对巨大的不幸所开的玩笑"改变不了现状，但却能改变与磨难的关系。颠覆性的讽刺满足于动摇虚假的优越感，而笑声的侵入则干扰了辩论。

这种笑主要是儿童特有的，是小姑娘、她的兄弟或疯子母亲的，这可能是由于他们的身份感更不固定的缘故。这种笑是不受约束的标志，它告诉对方相异的东西可以存在；它成为共谋，并企图让主人公们陷入某种共同的疯狂状态之中，在那里将可开始一段能够与生活中的灾难相抗衡的爱情故事。

反对暴力的笑

在思想和浪漫幻想的危机中心，杜拉斯的笑像爱情，出其不意且几乎毫无理由地从"宇宙逻辑的爆裂"[6]中显现，使事件脱轨或超越。小说《蓝眼睛黑头发》中的主人公互不相识，也从没交流过，各自封闭在他们自己的、外人一无所知的碎片化的故事中。他们在酒店的一个小房间里见面，那里只能听到大海的声音。两个情人的身份并不确定，对话混乱无序，他们没有共同的记忆，没有仪式，没有词汇。唯一重要的是他们存在的事实，超越任何心理和任何变化的能力。

但这种滑稽的情形把女人逗笑了，笑声消除了不理解带来的沉重感，打破了角色之分；他最后和她一起笑了："他看着她笑。他对这种笑声感到惊奇。他走近她，站在那里看着她笑，但笑着笑着，他们的整个故事就变成了疯狂的大笑。［……］他们都笑了。互相看对方笑让他们感到无比幸福。"[7]有了笑声，什么都可以发生。笑属于身体，也正是身体在体验世界。与讽刺的、破坏性的清醒意识相对的，是放声大笑，它取消了知识，表达了一种简单的存在。杜拉斯的笑在这两层意义上不断变化着，为的是使二者对立开来。

从一个文本到另一个文本，笑，作为暴力的解决方案，作为生活的附属物，最后，作为快乐，象征着一个女人时刻准备从逻辑中解放出来的自由。女性的笑没有任何阉割性或宗派性，但却是一扇通往想象的大门……而当男人与知识/权力成为同一时，笑声、空白、沉默，所有这些话语之外的语言都属于一种青春或童年状态，呼唤男女两性走到一起。

娜塔莉·萨洛特：我们想隐藏的东西

娜塔莉·萨洛特的笑是最不超验、最无性别、最不浪漫的，但却充满了意义。萨洛特认为，嘴巴的抽搐、笑和微笑是社会生活产生的微观行为和短暂游戏的一部分，这些无限小的游戏取代了语言，弥补了其不足，并引入了某种默契。显然，有一种"他笑"和一种"她笑"，一种男性的笑和一种女性的笑，一种欲通过媚态来取悦于人的妖艳女子发出的喉中之笑，以及一种擅长通过讲有趣的故事来吸引观众的男人的逗笑。

还有班级的笑、团队的笑、家庭的笑、个性和性格的笑。但这些并不是娜塔莉·萨洛特选择的真正观测点。女小说家将自己置于性别差异的上游，无论这种差异是自然的，还是文化的。在传统小说的冲突和情节之前，在人物和角色构成之前，在人人兼有的小的冲动和身体反应的层面上，在每个人与众不同的表层之外，笑先于感觉；它对悲伤、爱情和性欲无话可说，但却揭示了我们想要隐藏的东西。

《天象仪》（1959）一书提供了其中一个伟大的场景，萨洛特在一段类似于心理剧的情节中剖析了笑的本质。当阿兰·吉米埃开始以一种与诽谤游戏密不可分的天赋和幽默，向岳母讲述自己的老姑妈贝尔特在装潢方面的小癖好时[8]，他除了友爱，别无其他想法，除了取悦周围的人，寻求与人接触，从他们的眼中读出快乐的、兴奋的光芒外，别无其他企图。简而言之，为社交的共识做出贡献，然后作为回报，从人们的热情致谢中得到奉承。"哦，听着，我必须跟你们讲讲，简直要笑死人……我的姑妈，真是个怪胎啊！怎样的一家人啊……我们真的都有点不对劲儿……"

阿兰充当主导，经常十分敏感的他举着批评之刀。但他极度依赖其他人，这些人围成圈在消费他说的话，他们是合作者，必须不断被逗乐和吸引，因为他的完整性依靠他们那或放松或充满攻击性的面部动作，否则他便会被抛回到自身。萨洛特认为，内心世界不过是社交准则的反映：大多数人的生活需要由社交生活来修补。然而，讲闲话、搬弄是非和泼脏水让阿兰感到相当羞愧和不自在；在倾吐之后，他很想收回前言；他皱着眉，但却已倾诉过多。另一声笑从一个女人的嘴里发出，它抓住了一些看不见的、令人不快的东西，如一只被掏空的口袋或一个破裂的脓包。

> 这笑声，他从身后认出了它；它与快乐的咕咕声、温柔的咯咯声毫无共同之处……它是一种打滚的沉重的笑声，一种

滚来滚去的厚实的笑声，然后它突然沉入喉咙，几乎消失，变得很微弱，像嘶鸣声，在下面的某个地方行进了很长时间——没有人动，大家在等待——然后它重新出现，嘶哑、刺耳、冗长……让你感到刺痛……[1]

一种杀气腾腾的笑。然而，阿兰并不喜欢诽谤，他只是在玩诽谤！突然，他成了捣乱分子，犯了让人发笑的错误，被指责违背了怜悯的规则，或只是破坏了社交惯例。现在，这个小圈子显得尴尬、疑虑，在发现贝尔特姑妈的"尸体"后，圈子围得更紧了，并显示出其镇压的力量。洒水工自己被洒了水，权力关系被颠倒；那些曾经央求、纠缠和巴结阿兰，让他逗他们发笑的人，现在却对他颐指气使，而沙龙则成了一个禁止旁听的审讯会，里面的每个人都是法官。

萨洛特的世界突然与卡夫卡的法庭相像了：笑是谋杀的工具。在他的辩护中，阿兰申辩说，人与人没有区别，美丽的外表一旦被揭开，我们都是病态的、可笑的、赤身裸体的、恐惧的、可互换的"贝尔特姑妈"。也就在这时，年轻女子爆发出了奇特的、可怕的或令人作呕的笑声。她在品味了这一滑稽的时刻之后，选择退出这个群体，将自己置于无法触及的范围，并将捣蛋分子说成是群体的替罪羊。"她把头往后一仰，笑声卡在她的喉咙里，发出无尽的嘘嘘声和长长的嘶嘶声，直到最后爆发……哈，哈，哈，您太逗了……多么有趣的人啊……哦，不，我肯定地对您说，我不像您……"[2]

1　此处译文参考了周国强、胡小力的《天象仪》译本，译林出版社，2000年，第17页。
2　此处译文参考了周国强、胡小力的《天象仪》译本，译林出版社，2000年，第18页。

没有无辜的笑

笑的杀伤力：牺牲做过了，死刑宣判了，小风暴平息了，谈话将重新开始，带着其确定性的成分和骗人的把戏，社交组织被重新缝合，而在静止的水面下，泥沙回落，极不稳定。读者在眩晕、焦虑和享受之间犹豫不决。在萨洛特昆虫学家般的眼里，笑是情绪微妙的催化剂，是排解：人们总在火山上笑。

在人物和故事之外，被娜塔莉·萨洛特讽刺地搬上舞台的笑，破坏了所有固定的和连贯的场景，以及神圣不可侵犯的联系，如友谊、夫妇、家庭、母亲和女儿或父亲和孩子之间的团结，还有与老年、文化和死亡的关系。没有人能从讽刺的过滤器中毫发无损地脱身，它发挥着夸张、不对称和联想的效果；读者被困在了这张蜘蛛网上，他或她瞥见了自己那令人讨厌和不体面的肖像。这一肖像在作者不寻常的写作中显得如此准确，以至于他或她不得不为之发笑，尽管事实让人感到不适。因为萨洛特的教训之一便是，我们都很相似，男人和女人，都是造就我们俗套的囚徒，只满足于不真实的感情复制和预制的文字。

通过欺骗焦虑，笑减轻了压迫。在《马尔特罗》中，它被比作"反手的爱抚，恼人的轻捏"[9]，意在使人兴奋。因为，即使笑永远不会胜利，也不能纠正什么，即使它不放过任何人，却总能有助于对"生命的小灰球"[10]进行揉捏、换气、翻转和塑造。它让我们暂时脱离了困境。没有必要在这些笑中寻找性别身份。萨洛特异常清醒的目光既不给男人，也不给女人以特权。除非人们承认，当这位女小说家把后者刻画成贪婪的喜鹊，把母女关系描绘为并不可口的美食时，她的才能得到了超水平发挥。

与人们所认为的相反，母亲这一角色在萨洛特的笔下并不完美。她们整天忙于家务，是温柔的操纵者，"她们有一双僵硬且多管闲事的手"，"她们的拥抱软弱无力"，"她们的使命是不停地翻箱倒柜，扒拉暗黑的角落，清洗一切，包括物品、身体和灵魂，刮擦、缝补、揉捏和修剪"（《马尔特罗》）。母亲会闯入孩子们的内心，捕捉他们的感受，使他们变得幼稚，掏空他们的思想，把他们的权威和爱放在一盘切碎的胡萝卜里，挑拨离间，并用一句话来为自己辩护："你知道的，我的心肝，我只想让你幸福。"[11]

无性的小恶魔

童年的回声无疑使这些句子比任何其他讽刺和任何其他去神秘化的解释更加动人，更加个人化，无论这些讽刺和解释有多么的残酷。在《童年》（1983）这部自传体作品中，萨洛特通过隐喻和碎片化的方式，让人瞥见了她写作的实质[12]：早年播种下的、被埋葬和遗忘的文字已经发芽，并在多种联想的施肥下结出了果实。这位女小说家正是从童年的失望和顽念的深层，追溯到了写作的需要，也许还有第一次"怀疑"的经历。

母亲萦绕在她的记忆中，这位母亲是如此强大，以至于比医生更了解一切，且"只有她能区分什么对我好，什么对我不好"；为了切断这种联系，小娜塔莉故意把剪刀插进客厅的蓝色丝绸沙发中，似乎想寻找隐藏在完美图案光滑质地背后的东西。很早以前，她就察觉到自己心中有一些奇怪的想法，但却无法将其控制和驱除。这些固执的想法锋芒毕露，让她毫无抵抗力。娜塔莉把这些想法称为"我的想法"，它们狡猾地攻击着她的母亲。在她看来，母亲不如她的娃娃漂亮，还有点滑稽：

她们现在就是这样，这些想法，她们允许自己为所欲为。我看着妈妈袒露的胸肩和她那裸露的、金色的、晒黑了的手臂，突然有一个小恶魔，一个小调皮鬼，就像在家里搞各种恶作剧的家神多莫佛伊[1]一样，给我送来了这股刺激，这个想法：妈妈的皮肤像猴子。[13]

母亲并没和她的小女儿一起笑，使她平静下来，让这个疯狂的想法返回原处，而是生气，把孩子推开，这便导致了内疚感：一个爱母亲的孩子必须认为，没有人比她母亲更美丽！娜塔莉的安全世界崩塌了，她被从母亲的魅力中推开，变成了一个忘恩负义、亵渎神灵的女儿，一个怪物。复杂的母女关系为许多女性叙事，有时甚至是滑稽的叙事提供了素材。同样调皮的小恶魔也在逗弄科莱特笔下的女孩们，但她们非但没有被吓到，反而为自己的越轨行为感到自豪，这是向自由迈出的第一步。让我们将娜塔莉的痛苦和吉吉[2]对她苍白的母亲和无能的朋友所做的毫不留情的反思进行一下比较："……这位女士很愚蠢！她很丑。她的脸颊上有一颗小疣子，她称之为美人痣……她脱光后的身体一定很难闻……是的，是的，让她赤身裸体地被他们带走，让他们用刀尖在她那丑陋的屁股上画上命运的记号。"

他们，那些小丑，萨洛特笔下的多莫佛伊，那些充满幻想和恶意、毫无礼貌的想法，从现在开始将一直存在，以确保完全的幸福并不存在，确保它总是掺假的，是赝品，是有缺陷的、骗人的。他们类似于童话故事中的小妖精或巴赫金提到的祖先的小丑，享有不

---

1 俄罗斯神话人物。
2 科莱特同名小说中的人物。

寻常的权利:"作为这个世界的另类,他们不与人世间的任何情况休戚相关,因为他们看得到每个人的反面和虚伪。"[14]

在《天象仪》中,多莫佛伊变成了在吉赛尔和阿兰婚礼上的两个小老太太,她们窥伺着不幸的发生;吉赛尔,就像科莱特笔下的吉吉一样,感受到了来自她们的、与恶臭味儿无异的威胁,但她作为照片上那位被伴娘们簇拥着的漂亮新娘,并没能及时察觉。"这份初露的笑容,当它由客厅里的一个人传给另一个人时,显得特别兴奋,被四面八方的人呼唤、庆贺,这一像嘶嘶声的低语,发自两个邪恶的老女人,两个靠在一起的坏仙女……"[15]

娜塔莉·萨洛特始终受着来自她内心世界或母亲世界的强大的创造物的困扰——因为正是母亲给孩子们写童话故事——但剪刀所隐喻的撕裂是她解脱和独立的源泉,这种独立对她的写作产生了深远影响。忏悔或反思在继续。当父亲责备她表现得像个婴儿时,十一岁的娜塔莉做出了反抗,她站得笔直。后来在睡觉时,她总会让有趣的想法出现。"我没有停止笑,我在熟睡时都能笑出眼泪来。"笑将孩子从她的内疚中解救出来,这表明,她将用笑声和微笑伴随她的文字。娜塔莉·萨洛特极其喜欢笑。

无论是在科莱特、玛格丽特·杜拉斯,还是在娜塔莉·萨洛特那里,诙谐都不是小说写作或女权主义写作的主调。然而,流畅的笑声,即使被缝于绝望和平庸之中,也会喷薄而出,重新构建意义。科莱特对男尊女卑的等级制度的颠覆贯穿于她的整个作品,其嘲讽依靠性别的划分获取动力:她没有在眼泪和遗憾中耗尽自己,而是让人们嘲笑父权社会及其桎梏,因为她已获得解放,并将读者也一同带上。

在玛格丽特·杜拉斯那里,反抗、夺取或嘲弄的阵地被放弃,取而代之的是欢快的绝望,后者发明了短暂的一致性,并最终消解了存在的矛盾。在萨洛特的作品中，讽刺的智慧穿透了俗套的屏障，这并非为了揭示单个个体的心理，而是为了陈述一种使众生平等的动物行为学法则。

20世纪赋予笑以一席之地，这是一种从嘲弄到自嘲、从轻松之笑到挑衅之笑、从怪异之笑到荒诞之笑的形式多样的笑。女性的笑，虽汲取自痛苦之源，却并不满足作为一种安慰文化；它攻击某些刻板印象，并以精巧取胜；作为压力的排解手段，它确实如弗洛伊德所说，是情感的"积蓄"或是"心理支出的减轻"，它控制了暴力，或驱除了强烈的冲动。

好笑的、美丽的、丑陋的、愚蠢的或凶恶的

最后，女性赢得了变得好笑、美丽、丑陋、愚蠢或凶恶的权力；赢得了通过放弃她们身上那些古老的、束缚人的优点，如美貌、魅力、诱惑、感情等来欢笑和使人发笑的权力；赢得了玩文字游戏的权力，以及利用其身体和脸蛋的权力；尤其是赢得了以滑稽的方式谈论世界、从女性的角度提出公民社会问题的权力。这场小型的文化革命最具挑衅意味的形式是，女喜剧演员们能独自登台表演几个小时。这一进程已经通过讽刺性写作进行了很久，并得到了过去五十年女权斗争的支持，如今获得了加冕。第三个千年的自由的、迸发的、好斗的女性之笑，能给现代社会带来什么？

自20世纪后三分之一以来，平等主义的战斗一直在加速并继续取得进展；女性的祖先代码似乎正在消退，为社会学家吉尔·利波维茨基所说的《第三种女人》让路。这是一种女人"主体"，她不再经由男人想象并受其奴役。在获得性和经济的自由后，女性可以进入权力和决策的所有领域；至少原则上是这样。但利波维茨基补充说，只有当她们有能力通过笑来客观地看待自己的权益时，她们的平等才能真正实现："女性在经济、社会和法律方面的胜利，代表她们已经在自由上取得了重大突破，但如果没有独立的嘲讽理

由，没有笑和讽刺，这些突破仍然只是抽象的。"[1]该书成书的时间是1997年，利波维茨基担心女性在社会权益上的胜利会毁掉她们的欢乐。

四分之一个世纪之后，女性幽默已经占领新的阵地，拥有新的工具：她们不仅喜欢搞笑，而且已经成为笑的"专业人员"；她们用自己的创造力征服了男性观众：她们使自己的手势和身体适应漫画、诙谐和自我嘲弄的需要。她们投身于所有表演艺术中，以及在图像比写作更迅速、更震撼、更具探究性的任何地方，从漫画到连环画，从幽默画到小品。今天，三分之一的喜剧演员是女性。

虽然激进的女权主义继续以严肃的口吻提出意识形态要求，但笑却颠覆了厌恶女人的陈词滥调和顺从的女性资产阶级道德。笑是平等主义进程中不可抗拒的王牌，它让女性与男性的攻势保持距离。如果统计数字是可信的，笑越来越成为年轻夫妇期望的一部分：一起爱和笑。但它并没有结束两性之间的差异，在侵犯和暴力面前，它是无能为力的。

小说的多样性：从诙谐到幽默

正如我们所知，笑是少数派支持其主张的最可靠的武器；[2]它当然是在拐弯抹角地达到目的，但它通过对攻击性的举动或"祭司式顽念"[3]置之不理，发明了一种轻松的关系。两性必须在"无社会指导模式"的情况下自我更新。男人也面临着身份危机："不再支配女人的男人是什么？"伊丽莎白·巴丹德[1]狡黠地问。对

---

1 法国女权主义作家，历史学家，巴黎综合理工学院哲学教授。2010年，她因著作《女人与母亲角色的冲突》而被法国《新闻杂志》评为当年法国最有影响力的知识分子。

此的回答离不开笑。

即使性别平等远未成为现实，但基于个人主义，同时基于想象和交流的后现代社会，[4]采用了一种所有人都能接受的"幽默代码"：通过"毛细现象效应"或团结效应，两种性别在一种可称为"后女权主义"的思想转变中走到一起，这并没有使敏感性和选择的差异消失，而是使它们都具有同等的可能性和可协商性。根据利波维茨基的说法，[5]获胜的不是性别角色的相似性，而是"社会模式的非直接性"，在一个开放和自由的社会中，每个人都通过摆脱被视为陈旧的神话而重新变得活跃，并实现自我塑造。

20世纪的各种文化产品太丰富，且离我们太近，另由于情形和演员的不同，我们无法对女性之笑形成整体的看法。[6]小说为讽刺打开了第一个缺口，并在很长一段时间内成为女性幽默的主要文化工具，后被电影取代。粗略地说，在激进的女权主义运动的头几十年里，小说创作相继出现了两种类别：由积极参与第一阶段女性解放运动（MLF）的女作家创作的充满暴力和咄咄逼人的讽刺作品；接着，在随后的十年里，受到已变得足够强大、不再害怕因允许自己笑而失去权力的重要人物和运动的驱动，出现了一种更轻松、更俏皮、更平和的版本。

能否在积极活动的同时使人得到娱乐？女权主义活动家们很快就认识到了笑在其斗争中的影响，它是"数百年来的压迫获得解放的第一种形式"[7]。幽默在女权主义写作中很少完全缺席。20世纪60年代，被唤醒的女性小说家的愤怒在或多或少有点紧张的笑中得到缓解。女小说家克里斯蒂安·罗什福尔用她的《世纪儿童》（1961）对整个社会进行了讽刺性攻击，讽刺规范的、近乎神秘的模范家庭主妇。在两次世界大战之间，国家为解决出生率下降问题鼓励这类模范。

　　克里斯蒂安·罗什福尔属于开始实行计划生育的那一代，她懂得"生育的幸福"意味着什么：母亲在连续的怀孕中度过她的一生，她的丈夫玩赌马，并把他的积蓄花在带马达的"五金制品"而非冰箱或洗衣机上，她的孩子在街头长大，或被一些小心翼翼地称作"智力发育迟缓的孩子专用"的机构收留，而夫妇的全部野心是有一天能住到萨塞勒[1]去……欲望的机器，生产和消费的机器，所有人都以同样的方式生活在他们的城市宿舍里，"西面的幸福者可以从他们的家里看到东面的幸福者，就像在照镜子那样"。

　　随着她小说创作的继续，父权制社会的所有基础都得到了尖刻的嘲讽，首先是女人的境遇。这些冒失鬼，放肆的饶舌婆（这次是指无所事事的资产阶级妇女），她们不停地说，却什么也没说。"他们，让·皮埃尔和他，从我们迷人的胡言乱语中寻开心。必须说，通过不断练习，我们的长舌妇表演现在已炉火纯青，正如他们所期望的，我们向他们呈现了真正的女性废话的狂欢节……这样，他们觉得他们是有女人的。"（《写过索菲的诗》，1963）

　　夜总会歌手布里吉特·方丹，一位超前的朋克，以一种更好斗的语气猛烈地攻击父权制：她承认她想自娱自乐并取悦他人，她心甘情愿地在舞台上扮演小丑；但作为一名行动型的"不折不扣的女性"，在读完蒙泰朗[2]的作品之后，她拔出武器来恢复女人的荣誉："为自己和女人报仇。"

　　讽刺继续发挥着解放的杠杆作用，且比怨恨和反抗更有效。伯

1　巴黎郊区。
2　法国小说家，剧作家（1895～1972），被《第二性》的作者波伏娃看作大男子主义者。

努瓦特·格鲁[1]在《但愿如彼》[2]一书中愉快地嘲笑男性，与女权主义斗争主题接轨，同时将这一斗争扩大至各大洲所有男性虐待和幻想的受害者。20世纪七八十年代，幽默的女性小说家已足够娴熟和成熟，可以模仿她们自己的反性别主义话语：米雷耶·卡尔多和妮可–丽丝·伯恩海姆的《母人爱我》[8]是对黑色小说的模仿，讲述了一位妇女事业的热情支持者被谋杀后，巴黎警察局的"合同女雇员"、一名犹豫不决的女警察寻找凶手的故事。这名女警察在轻快地掏出违法记录簿时，展示了自己对妇女事业的同情心。

在欢快的语调中，这些争取女性解放的斗士——反性别主义者、平等主义者、普遍主义者和差异主义者——的曲折历程得到了一一描述：虽然因不够严肃而无法进入高贵的女作家行列，但她们极具表现力，她们组织会议，对抗傲气十足的大男子主义者们，并为GARCES（反对性别主义环境的革命自治团体）运动或FAF（灶膛里的妇女）运动设计最激昂的口号。

其中有笑声，也有玩笑话，比如针对一个可疑的记者，他把女性看作"一个他可以大加发挥的迷人话题"，或者针对这位令人担心的五十来岁妇女，她申请加入女权主义俱乐部，并希望她的证明足够有效："我杀了我丈夫。"所有这些故事只为获得讽刺的权力。

伯努瓦特·格鲁指出，没有什么主题是禁忌，但"玩笑"也有其法则，"玩笑"这个词本身就令人害怕，因为"它不是女性的"。无论对于援引自己的差异、用自己的血肉之躯来写作的激进的女权主义者，还是对于主张智慧和理智平等的女权主义者来讲，最好的

1　法国新闻记者，作家，女权运动家（1920~2016）。
2　书名原法文为"Ainsi soit-elle"，这里包含一个文字游戏，因为在法语中有一个表达是"ainsi soit-il"，意为"但愿如此"，其中的"il"是阳性代词，指"他"，而这里书名中改用阴性代词"elle"，指"她"。

武器是嘲弄、机智，最后还有幽默，所有能使粗暴或爱慕虚荣的男性的意图落空的表达方式。

讽刺和幽默的胜利是后现代的特征，它与过去那种集体的民间节日相反。[9] 幽默取代了已经失去神圣力量的令人愉快的狂欢节滑稽剧，并且也放弃了辛辣和咄咄逼人的批评，因为在媒体宣传的作用下，绝望的原因——贫穷、恐怖主义、流行病——变得如此普遍和无价值，而且被减弱的责任感也使得演员们"全都有罪"或全都无罪。每个人都自夸有点小幽默，以至于幽默感已经成为我们现代社会新的、最低限度的契约，在那里不再有攻击者或被攻击者，也没有真实或虚假。

幽默一词于1762年进入法兰西学院的字典，具有古怪或异想天开的正面含义。长期以来，它被认为是男性的所有物，它既不寻求无礼，也不寻求可笑；它属于"少数人的笑"，在劣势时充当解脱手段，是朱迪特·斯托拉-桑多¹在描述犹太人的幽默时所说的弱者的武器，[10] 且早已极其自然地被诸如简·奥斯汀或伊莎贝尔·德·夏里埃等女小说家使用过，以对抗男性的统治。

幽默作为一种含蓄的笑，并非不知自身的弱点；它是一种恢复尊严的方式，通过回避困难来消除对话者的戒心。"幽默不是屈从的，它是反叛的，"弗洛伊德写道，"它不仅意味着自我的胜利，而且意味着快乐原则的胜利，因此才能在不利的外部现实中坚持自我。"在受伤的女人应该感到愤怒或痛苦的地方，她所擅长的玩笑话让她感到优越。这是一种纯粹的快乐的笑声，"来自对感情消耗的节约"[11]。著名的英国人的"幽默"是超我的产物，而并非像

---

1 匈牙利裔法国学者。

俏皮话那样是无意识的产物，它在液体[1]（体液的流体）和风趣[2]（诙谐）的双重意义上，具有使"生活更轻松、更流畅"的优点。

幽默并不承诺光辉的未来，但它允许人们与自己的弱点共存，获得短暂的欣喜；它通过语言游戏的出其不意来消除严肃性，同时满足精神需求；它并不对世界进行分类、排序、告知或批评，而是在词语之间、不同的语级之间架起桥梁，以一种非传统的方式赋予它们逻辑。幽默不仅可以像讽刺或嘲笑那样排解消极情绪，还有助于维持自尊心。幽默在迁就他人和缓和现实的同时，发明并刺激了联系。但它也放弃了对事物的改造，它通过剥离对现实的所有参照和所有承诺，清空交流的内容，将它们简化为舒缓的，甚至是好意的符号组合。

生活之可笑

直到最近，女性写作似乎仍未寻求构建一个专门的喜剧"体裁"，因为喜剧性在嘲笑一切的同时，有可能破坏正在构建中的小说素材。[12]百年未变的有关泼妇、悍妇或充满无法抵御诱惑力的女人的刻板印象已经过时。在这方面，男人和女人一起认错，并尽力设法摆脱失败。他们不相上下地进行着自我解嘲，从同样的人类小灾难中制造笑声。

弗吉尼亚·伍尔夫无疑是最早对我们的矛盾进行重新审视的人之一，她的教训在今天仍然适用。由于远离伟大的不可触及的主题，女性喜欢调整自己的望远镜来放大、缩小或隔离日常生活的细

---

1 原文为英文fluid，作者在括号中用法语做了解释。
2 原文为英文witt，作者在括号中用法语做了解释。

节，直到重建另一个场景，在那里，熟悉的元素变得陌生并引人发笑。她们对语言的重组也是如此，完全遵照《爱丽丝梦游仙境》中的矮胖子的要求："当我使用某个词时，它就有了我喜欢的意思。关键是要知道谁是主人。"她的批评攻击现实及强加的秩序，但并非以某种道德判断或客观参照物为基础，而是以某种主观性为基础，这种主观性以自己的方式重构历史。

"灾难的诗学"[13]，玛莎·马凯耶夫[1]说，但也是幽默和荒唐的诗学，也就是说，通过创造性的目光照亮平庸的现实，对其进行审美改造：笑声使一些东西振动，这些东西如果没有笑是无法表达的，有点像放映机，通过光线的变化，将一座灰色建筑物的外形进行重新配置，使人忘记它的笨重。

作为作家和导演的德尚夫妇（玛莎·马凯耶夫和纪尧姆·德尚），提供了一个如何对过去的事物进行温柔而有趣的自我嘲弄的模式。在这个模式中，我们每个人都被邀请去观察自己身上的幼稚之处，我们都曾用一些奇怪的"东西"和熟悉的物品制作自己的玩具，从而转移和改变了这些东西的功能。比赛赢得的奖杯、餐具、果筐、尼龙工作罩衫、风扇、织物、从旧货店回收利用的物品，所有这些个人想象世界的痕迹，有时会遭受现实的暴力：一个小暴君式的部门负责人——掌握权力的审查员——打断游戏，宣布这些石化的碎片只不过是碎陶器、破娃娃、废物，总之是骗人的东西……

在德尚夫妇的演出中，没有无用的语言，没有价值判断，只有滑稽的集合体，一个由手势、噪音、模仿、情感组成的感官世界，它们取代了推理的逻各斯，里面渗透着梦想和顺其自然的想法。"啊！我们这样很好！"德尚夫妇瘫坐在折叠式扶手椅上，凝视着

---

1 法国作家，导演，视觉艺术家（1953～　）。

一堆碎片或垃圾场，欢呼道。[14]面对这些曾经的战利品，或处于进步前沿的高性能工具的滑稽的而又微不足道的见证物，尚未打定主意的观众犹豫是否该笑。在这个悲伤而温柔的世界，人们不谈死亡，只谈回收，它模拟了生命的回归，笑比哭好。

日常灾难的诗学使我们发笑。这是一种共谋的笑，通过这种笑，演员和观众都意识到自己的脆弱，从而达到感情的相通。一起跳舞吧，德尚夫妇如此建议他们的观众——所有留在世上的人，那些同意让人嘲笑自己，并通过小安排来设法摆脱困境的男人和女人——因为笑保留了某种童年的东西：它制造了和谐的社会群体，也许最终能够改变什么。当对被深情的眼神唤醒的"可怜的东西进行庆祝"使人们齐声大笑时，幸福或幸福的幻觉却反而使人孤立。幸福的人是一个自闭症患者，或者说是一个自给自足的人，他必须无视别人的不幸才能保持快乐：那他如何分享他的笑呢？

在日常灾难的另一面，雅丝米娜·雷札[1]选择在她的众多戏剧和小说中谴责我们的幸福梦想，以获得某种由疯狂、温柔和怜悯组成的微笑，这是西方20世纪末的特征。雅丝米娜·雷札所具有的这种敏锐的实验室观察，应归功于娜塔莉·萨洛特。它扫视了我们文明的各个谱系，包括家庭、文化、宗教、艺术、心理学、健康、美容、旅行等所有虚假的外壳，以指出可笑的细微的向性、抱负和伟大的空想，其中最普遍、最具侵略性的是想要"游手好闲"。

"幸福积极分子"从来不会真正地笑，他们是"穿着芭蕾舞裙的乐观主义者"，因为需要绝望才能激起快乐健康的抖动，这种抖

---

1 法国剧作家，演员，小说家，编剧（1959～　），以其剧本《艺术》和《杀戮之神》而闻名。她的许多简短的讽刺剧反映了当代中产阶级的问题。

动在向人展示即将到来的死亡的同时，让人短暂地脱离生存的平庸。《悲痛》[1]中那位脾气暴躁的主人公[15]确实试图"鼓动生活"，甚至"鼓动上帝"，但事实上，他的内心活动，他的舞蹈梦想，甚至包括将他推入笑着的热纳维耶芙怀中的最后一跳，都只是"微不足道的、无限小的运动"。幸福非常接近无聊。

又是一个男人：亚当·哈伯格[2]，一个一心只想阅读药品说明书的疑病症作家，当他发现自己有失去一只眼睛的危险，并且由于缺乏灵感或"可讲的故事"，自己的文学生涯岌岌可危时，他吐露了心声："有一天你坐下来，好吧，你不在乎成为亚当·哈伯格。"[16]这说明了一切。孤独感来自微小的失望的积累，包括婚姻的、当父亲的和职业上的，这些失望在一个阴森的夜晚隆重结束。那晚，他在失去联系三十年后，偶遇了高中同学玛丽-特蕾莎·利奥克，她的谈话平淡无奇，但却让他开始怀疑自己的现在和未来，还有过去。男人和女人以自私或偏执的方式竞争，而这位女小说家却勇敢地要求二者都懂得如何"笑对最糟糕的情况"……

在大西洋的另一边，现代生活也威胁着家庭，女作家们正在努力解开美国梦。多萝西·帕克（1893～1967）是20年代《纽约客》杂志著名的幽默作家，一位超前的女权主义者，她重新塑造了"婚姻生活的小失败"的故事。有时是离奇之事提供了笑料；50年代，帕特里夏·海史密斯[3]发明了一种黑色幽默的颠覆性语调：她的《伊迪丝的日记》（1977）起初像一部最平庸的言情小故事——一对传

1　雅丝米娜·雷札的作品（1999）。
2　雅丝米娜·雷札的同名小说中的人物。
3　美国犯罪小说家（1921～1995），以心理惊悚类型的作品而闻名，代表作是《天才雷普利》系列小说，以此为蓝本的电影有1999年的《天才雷普利》和2002年的《雷普利游戏》。其另一知名作品被大导演希区柯克改编成同名电影《火车怪客》。

统的、极其般配的夫妇，丈夫积极主动，妻子开朗勇敢，小男孩有点过于娇气。但由于妻子的母性愿望太过强烈，令她想拯救的人感到窒息，使得这个故事变成了可怕的噩梦。

没有比另一位当代小说家格蕾丝·佩利以极大的幽默感讲述的家庭生活更缺少柔情蜜意的了。她的女主人公金妮在圣诞节得到了丈夫送的一把漂亮的扫帚，和"与之配套的漂亮的小簸箕"，这位丈夫选择了参军，即逃跑，没给妻子和四个孩子留下一分钱，只剩下金妮一人思考男女两性的愿望彻底无法被彼此理解的原因。他们因在厨房的地板上匆匆获得的快感而暂时结合在了一起。

消费笑

要到20世纪90年代，女性对"第七艺术"的占有才真正获得了动力，并将对社会和男性的缺点进行有趣而尖锐的批评。1997年，电影专家弗朗索瓦丝·普奥在对喜剧的女性化下赌注时仍十分谨慎："并不排除女性能在让人发笑的高难度艺术中占据一席之地！"[17]事实上，在战后很长一段时间里，电影仍然是男性的事；笑首先建立在好情绪和共识的基础上；滑稽剧中资产阶级趣味的通奸是剧情约定俗成的主旋律，公众在笑声中没有吸取丝毫教训。至于通俗戏剧，虽然不乏优秀的原创作品，但却推出了一些像明信片一样色彩斑斓的喜剧样式，如放纵轻佻的三人组合，其中有时会出现爱笑且撩人的女性角色，她们到演出最后则会重新变得循规蹈矩。

自由之风正是从大西洋彼岸的加拿大和美国吹来的。美国喜剧很早就开始反思于1920年获得选举权的女性的状况和婚姻关系。朱莉娅和克拉拉·库珀伯格姐妹[1]最近的研究清楚表明，电影起初是受女性掌控的一门职业，她们担任导演、制片人或编剧，且不惧怕涉猎有难度的介入主题。1929年危机之后，男性占据了主导地位，女性则被降到剪辑和技术等次要岗位上。接着，好莱坞制作了轻松而精彩的娱乐片，为的是让公众重新回到电影院；具有狂热节奏的滑稽和疯狂的喜剧，脱线喜剧，不惧怕搞乱浪漫喜剧的准则，将一些往往不够和谐，有时甚至拳脚相加的夫妻关系搬上银幕；女演员在其中找到了占优势的角色，因为她们美丽、诱人且富有心计。

　　基于老套的不幸遭遇，谎言、嫉妒或通奸，电影传达了平等主义理想，在那里，妻子懂得了承担责任，丈夫学会了承认情感的价值，男人和女人作为平等的人，通过婚姻关系的更新来改变对方。[18]滑稽的对话比法官更能解决冲突，因为法官无法仲裁"谁来看管狗"这样琐碎而关键的分歧。好莱坞模式的电影以来之不易的幸福为结局。

　　消费社会需要笑声。作为一种流行的消遣方式，法国电影开始采用久经考验的配方，发挥那些依靠剧院舞台、歌舞厅或音乐厅的露天舞台成长起来的女演员的优势。但是，虽然某些著名女演员不乏个性，但喜剧片几乎没有带来任何惊喜——塔蒂的幽默在保留剧目中是个例外——而且它们仍然是由男人创作的，仍然受到同样欢快的厌女症的启发。[19]优秀的导演和电影对白编写者，如热拉尔·乌里、乔治·劳特纳和米歇尔·奥迪，使20世纪60至80年代的风俗喜剧大获成功，性格泼辣的女演员米舍利娜·达克斯、索菲·德马雷、雅克琳娜·马扬和玛丽亚·帕科姆的才华大放异彩，她们的喜剧生涯持续了数十年。

1　两姐妹均为法国导演，制片人。

1968年5月之后的女权主义浪潮对女性电影的影响很晚才显现，只有少数例外，如奈丽·卡普兰[1]的戏仿之作《海盗的未婚妻》（1969），她让人们大肆嘲笑村里那群被贝尔纳黛特·拉封的撩人之美逼疯的男人。尼娜·康帕涅斯和狄安娜·库里斯、妮可·德·毕隆和夏洛特·德·特克海姆推出的第一批喜剧，在谈论女性愿望有时也包括女性反抗方面，[20]毫无革命性可言。受制于商业需要的电影情节培养乐观精神并引人发笑；夫妻学会了共同生活，紧张的关系随着经济的发展得到缓解，女性最终使她们工作的权利成为必要（《在母亲家的一天》[2]《属于我的一天》[3]）；传统上赋予"家庭天使"的价值观，如同情心和利他主义得到了保全。

　　喜剧电影的更新和女性的新面貌体现在七八十年代登上舞台的年青一代的演员和导演身上，他们有着相同的讽刺风格。辉煌剧团在小酒馆的后厅演出，推出了一批新人。与克里斯汀·克拉维尔、米歇尔·布朗、热拉尔·朱诺和蒂埃里·莱尔米特配戏的女喜剧演员们成了被解放的搭档，她们已经准备好取笑所有经典的刻板印象：家庭、爱情、诱惑、休闲活动和大男子主义。扮演闺蜜或感情压抑的女孩的乔丝安·巴拉思科，扮演呆头呆脑的老处女的多米尼克·拉瓦南，及日后在高票房的电影戏剧《圣诞老人是垃圾》[4]（让-玛力·普瓦雷，1982）中得到喝彩的阿内梦尼：她们都为开创一种善意气氛下的辛辣的喜剧形式做出了贡献。这种喜剧既针对时尚人士，也不放过普通法国人，后者不是勾引异性的流氓，就是寄生虫；不是愚蠢的妇女，就是自命不凡的娇艳女郎。

1　出生于阿根廷的法国作家，电影导演（1931～2020）。
2　法国导演多米尼克·谢米纳尔的电影（1993）。
3　美国电影导演楚科尔的电影。
4　又名《没用的圣诞老人》。

笑是由达成共识的女权主义承载的。电影《三个男人一个摇篮》（1985）大获成功后，父亲的角色成为新的思考主题。影片中母亲外出旅行，三个笨拙的男人必须学会应付一个难缠的婴儿（"包袱"）：柯琳娜·塞罗[1]以一种有趣和宽容的方式向男人暗示，他们可以从当家庭生活的学徒中收获良多，而这是几个世纪以来女性所被迫从事的。在电影《险恶人生》（1989）中，也可以找到同样轻松的语气和对人类团结的信心，该片围绕一位长牙的CEO被他公司的清洁女工收留的故事，对社会僵化的现象进行了激烈的讽刺：朱利叶是一位心地善良的五个孩子的母亲，而且是有色人种，她教会了这位失去人心的老板情感关系的价值。

为衡量所走过的路程，我们有必要比较两部电影，它们的片名似乎把它们拉近了，即克洛德·夏布罗尔的《好女人们》（1960）和安妮可·拉诺的《女人》（1984）。这两部电影前后相隔二十四年，以两种不同的视角看待女性的愿望和挫折，一种是男性的，一种是女性的。夏布罗尔半同情、半嘲讽地描述了这些对丰富社会不可或缺的"小手"的日常生活。她们是秘书、美发师、店员（贝纳德特·拉封、斯蒂芬妮·奥德朗），她们渴望独立，但却沦为工作的奴隶，为进步和自己的解放付出了高昂的代价。她们的幸福梦想掩盖了私人生活的贫困，她们靠劳动和各种补贴支撑着"因缺钱和酗酒的丈夫的暴力、丑陋和愚蠢而多苦多难"的家庭。

公众钦佩这位导演的才华，但却不满这一残酷的景象，在那里，愚蠢在风趣的外表下无情地与悲剧擦边。二十四年后（1984），《女人》提供了一个相反的场景：没有一个男人出现在银幕上；年龄不同、处境不同的女人（玛莎梅丽尔、阿内梦妮、米尼克·拉瓦

---

1 法国女演员，电影导演，作家（1947～　）。

南、玛丽-弗朗丝·皮西尔）勇敢面对困难，她们虽然是情敌，但却结成了快乐、热情和共谋的关系，并一致谴责日常生活的斗争和男性的缺点[21]。这是一部欢快的女权主义电影，但可能太过怪诞了，以至于毫无说服力。的确，还有没被说出的东西。

女性视角下的社会喜剧，也可以通过让女性生活的矛盾公开化和不确定化而变得激烈：托涅·马歇尔的《维纳斯美容院》（1999）塑造了一个在经济和情感上独立的四十岁女性（娜塔莉·巴耶）苦涩而可笑的形象。她是一位永不满足的调情者和快乐的美容师，她观察自己女顾客的癖好，却无法赋予自己的生活以意义。除少数例外，女性电影更愿意选择幽默，而不是愤怒或挑衅，并将笑作为劝说的最佳武器。

连环画中的笑

打破政治宣传套语、嘲讽社会习俗、通过具有放大效应的滑稽模仿摆脱刻板印象：笑发明了各种微型场景，它们可以神奇地治愈伤口，将忧虑转变成快乐。连环画和喜剧小品具有即时、短暂、直接的影响，无论是戏剧、电影还是电视，都无法达到这种效果，即使它们对前者的成功有过贡献。在前两种艺术类型中，结合了语言游戏及与身体之关系的所有一切都在片刻间上演，其后果很快降临：欢呼或不屑。贝卡辛是第一个超前的连环画女主角，由一名女性即雅克琳娜·里维埃于1905年构思而成，后被一位男性于1913年在为年轻的女读者们创作的《苏珊特的一周》中重新启用。这位有趣、温柔、有点傻但很机智的布列塔尼小女仆吸引了大批观众，不太清楚是她的错误还是她弥补错误的方式最搞笑。

但在几十年间，占据漫画领域的仍都是男性幽默画家。直到20

世纪60年代末"布勒特谢尔现象"的出现，女性的漫画才与她们的出版商、漫画家和幽默作家一起，从阴影中浮现出来。起初，女性被看作插图画家，渐渐地，她们的才能得到确认；2000年1月，一位名叫佛罗伦萨·塞斯塔克[1]的女性，获得了由男性评委颁发的昂古莱姆国际漫画节大奖；她笔下的仙人掌、长着裂牙的人和大鼻子胖汉等形象人见人笑。

二十年后的2020年，国际漫画节向女作者们致敬，其中包括卡特琳娜·穆里斯，她以一种无情的幽默勾勒了《荷尔蒙生活的场景》（2016）；还有格温·代·博纳瓦尔、妮可·克拉夫卢和佩内洛普·巴吉厄，后者的作品《大胆的女人》（2016）被改编成系列动画片（2020），为被历史遗忘的女性绘制了肖像。

女性毫不犹豫地嘲笑自己。克莱尔·布勒特谢尔[2]从《飞行员报》起步。戈西尼正是在该杂志上讲述了他那著名的小高卢人阿斯泰利克斯的冒险经历。布勒特谢尔则在那里创作出了漫画人物赛璐利特，一个长着大脚和方鼻的公主（1969）。后来，戈特利布[3]推出了两本漫画杂志，其中一本名叫《热带草原的回音》，布勒特谢尔是参与者之一。她还与《新观察家》合作，1973年，她每周为该杂志提供《失望者》的部分稿件。这是一部针对1968年5月后的一代人所做的有趣而现实的讽刺之作，所刻画的人物都是和善且带点神经质的，其唯一的信息是自我嘲弄的权利；她的风格在演变；她的画是从鼻子开始的，而这个鼻子已经奠定了某种气氛。我们能不能谈谈女性的画法？

和佛罗伦萨·塞斯塔克一样，克莱尔·布勒特谢尔也认为，"没

---

1 法国漫画家，前出版商，是第一个在2000年赢得昂古莱姆漫画节大奖的女性（1949～　）。
2 法国漫画家，以描绘女性和性别问题而著称（1940～2020）。
3 法国漫画艺术家，作家，出版商（1934～2016）。

有所谓的女性绘画"，只有主题，即在这里和那里收集到的生活中的小场景——代际冲突、1968年5月风暴参与者的教育、婚姻场景、充当坏榜样的过时的父母、困在家里不耐烦的母亲、受够了孙子们的"为什么"的祖母们（《明亮的家》）——表明有一种女性的灵感：她的青春少女阿格里比娜，那个时代饶有趣味的漫画形象，发明了一种口无遮拦、半文半白的讽刺性语言（1988）。在《游戏和笑声》中，两个孩子一边大笑着，一边讲着粗话；他们看到了一切：被以冷酷无情的笔触勾勒的父母责骂他们，让他们为自己使用的词汇感到羞耻，而这对父母自己却在阅读关于"污秽文学的符号学"的论文。笑攻击日常生活。因过于孤僻和个人化而无法参加任何激进运动的布勒特谢尔同时攻击男人和女人，甚至有时都不惧怕嘲弄坚定的女权主义者，虽然她同时也在为后者的许多想法辩护。独立的漫画吸引了越来越多的女性读者，它们正在成为第八种艺术。

诚然，这是一种次要的艺术形式，但却已成为20世纪末的一种现象，当时的女性谦虚地创作着，并最终使人接受了她们敏锐的眼光。在连环画找到女性观众的同时，小品也为20世纪80年代的女喜剧演员提供了一种变动不居的表达方式。在这里，严肃和欢笑、理性和情感交织在一起，它们必须在适当的时候制造惊喜，以获得成功。小品已经存在了二十多年，但当时几乎是清一色的男性演员。科吕什在一家咖啡馆剧院的舞台上起步：他那穿着背带裤、顶着红鼻子的小丑形象在20世纪70年代末大获成功。随后，电视、咖啡馆、电影院和歌舞厅推出了一批有才华的喜剧演员，他们以双人或单人的形式出现，嘲弄政治生活、世俗事件或社会的因循守旧。

小品的语调是自由而快速的，与发展越来越快的社会相适应，而经过精心编写和设计的小故事，则为即兴创作留下了空间。在成功的刺激下，"独角戏表演"向喜剧女演员敞开了大门，她们开始了自己的突破，并首先以双人组合的形式出演。吉·贝多斯和索菲·多米耶属于70年代中期这一类型的第一批演员，她们的作品主要探讨夫妻和家庭问题。紧随其后的是其他一些演员，如皮埃尔·帕尔马德和米歇尔·拉罗克，帕尔马德和穆里尔·罗宾（1988），洛朗·杰拉和薇尔吉妮·雷蒙……风俗研究是一个永不衰竭的宝库，在电台或剧院成长起来的女喜剧演员，如玛丽安娜·塞尔尚、祖克、西尔维·乔莉以及让娜三人组等，从中找到了她们的"女人独角戏"主题。接着是20世纪90年代的第二代：穆里尔·罗宾、梵普斯夫妇、安妮·罗曼诺夫、夏洛特·德·图尔肯姆、米歇尔·巴尔尼耶、尚塔尔·罗比、米歇尔·拉罗克、瓦莱丽·勒梅西埃。接力还在继续……小品是一种平衡练习，在那里，身体往往先于思想：必须不顾偏见，无惧男性高傲的目光。让人发笑就是放弃美和诱惑。然而，观众在看到喜剧演员之前，首先看到和听到的仍是女人。

女喜剧演员用争吵来回应男性的嘲笑，她们不怕挑衅；笑可以是一场战斗，但她们的前进之路却危险重重，低级趣味、无礼、恶意和粗俗不应破坏乐趣，因为批评必须被接受。她们中的大多数攻击"大男子主义"行为，性别歧视经常被当作笑料，但她们也用笑来谴责现代世界的异化，这种笑因长期受到压制而变得更加讽刺。

讽刺与同谋

作为第一批成功的女喜剧演员之一的安妮-玛丽·卡里埃，曾于1950年在十点剧院学习，潜心于她自己创作的小型喜剧独白表演；有点丰满的她嘲笑自己的缺点；她的笑话宽容而不粗俗，讽刺那些在"泛着老酒桶味道"的酒精刺激下的中年男子淫荡的心，并寻找"白象"，那个找不到的男人。很久以后，她承认她当时的玩笑太过温和，相比之下，随着女权主义的兴起，她的玩笑变得越来越具攻击性，有时甚至会言辞"辛辣"[22]。"让娜三组合"在20世纪70年代开始她们的职业生涯时，没有隐瞒她们刚刚离婚的事实，她们收到了侮辱信并遭到威胁：观众们大声喧哗着离场，将他们的座椅摔得砰砰响！

女喜剧演员并不总是决心改变世界的好战分子。她们往往受过高等教育，有些人在登台表演前就有工作，她们的笑主要针对社会的过度行为、个人主义与机会不平等现象。虽然有些人果断地选择了性别歧视主题，但许多人与男搭档一起工作，并认为男性和女性指向相同的目标：婚姻、家庭世界、工作世界、权力。相反，很少有女性在政治生活上施展自己的才能，她们认为那是"综合工科学校学生的事"！然而，无论笑料是何种性质，也无论讽刺的攻击性有多强，人们都能从大多数小品中看到女性特有的风格和喜剧元素。

她们几乎都有意愿从弱者、被羞辱者、失败者和被父权制抛弃者的角度来讲述这个世界，这是女性自己在好几百年里所面临的处境。在无情地嘲笑男人的弱点，如自私、幼稚、浮夸、暴虐，有时在身体或智力上有缺陷的同时，她们希望通过在面对不公正时从共有的情绪和感受中产生共鸣，使观众成为自己的同谋。她们的批评也指向适应性极强的、无知的和备受人们尊敬的女性，因此，无人能在讽刺中毫发无损。

与男性相比，女性要坦率得多，她们毫不犹豫地讲述自己，抵制着男性猜疑的、无所不能的目光；她们以直接或间接的方式，有时也通过伪装，来谈论自己的故事、焦虑和情结，且常常饱含深情。西尔维·乔莉没有忘记自己的出身，她来自一个大资产阶级家庭，被教育不要出风头。安妮·罗曼诺夫扮演她自己作为"普通女人"的角色，并对自己创业之初的艰辛大肆嘲笑。

优雅且从不粗俗的瓦莱丽·勒梅西埃使距离成为她最好的保护，穆里尔·罗宾回忆了她没能实现的青春梦想和沮丧之情，弗罗伦萨·福雷斯蒂[1]是如此自然，以至于人们无法将喜剧演员本人与她的角色区分开来，布朗什·加丁探究了她是如何在一个毒品和性肆虐的世界中成长为女人的。她们都有着卓越的观察天赋。断断续续的简短独白、手势及身体姿势，既表明了她们谈论自己的需要，也弥补了交流的困难。

她们中最令人感动的是祖克，她在小品《阿尔布姆》中重温了自己的童年和生活的多个场景：她作为一个农村小女孩的无聊——"幸好有葬礼"——寄宿学校、医院；她用一双圆圆的眼睛和一张毫无血色的圆脸，以令人不安的方式，扮演了一个在摇篮里吸吮拇指哭喊着的婴儿；她变成了一个五岁女孩，尽情地施展着孩童的诡计。她像小女人那样扭着腰肢，变尖了的嗓音温存而略显淫荡（1987）；接着，她成了那个面对学校、神父、体操和男孩们的青春少女。

引人发笑而又哀婉动人、好沉思而又富有远见，其信息的所有力量在于与残忍的人保持距离之困难，在于几乎不可能的儿童与成人的关系，也在于无法进入"充满谎言"的、让少女缄默的世界；体形肥胖的她坐在椅子上，打着机械的手势，整整两个小时里，她就像哄自己那样摇晃着自己，将观众带到了精神病院的门口（《阿尔布姆续》）。这种讽刺批评远远超出了社会讽刺的范围，它将笑声、忧郁和诗意相结合；要触及人的内心深处，就必须"打开所有的栅栏"：伟大的艺术。

---

1 法国女喜剧演员（1973～ ）。

她们嘲笑什么？

她们嘲笑什么？嘲笑一切，什么都不嘲笑，嘲笑我们的依恋，嘲笑伤痛，也嘲笑快乐；她们纠正男性对自己的看法，对刻板印象进行颠覆并据为己有，展现日常生活中常见的主题。粗俗、滑稽和搞笑的女喜剧演员编造自己的故事，哪怕表演的是男性的作品。城市少女的梦想和"家庭天使"的爱情与幻灭，启发她们中的几乎所有人拒绝被愚弄。安妮·罗曼诺夫模仿浪漫的女人，西尔维·乔莉嘲笑"美丽世界"的幻想，穆里埃尔·罗宾变身电视节目主持人，并反语地将她的一个小品命名为"幸福再次降临"（1986）。

幸福再次降临

被文学、电影、心灵杂志和伤感歌曲理想化的真爱只是一种异化的形式，抑或是最糟糕的形式：西尔维·乔莉描绘了一个多愁善感的女人的世界，她陷入了爱情的束缚（《写给乔尼的信》）和寻找理想男人所带来的挫折（《西尔维·乔莉的美好生活》）之中。女孩们为肥皂剧的幸福结局和低俗杂志中的幸福秘方而陶醉。吉·贝多斯和索菲·多米耶尽情地相拥而舞，假装一见钟情，而他们内心的声音却让人听出了不和谐："——他：看上去若无其事，其实我正让她赞赏不已。——她：好一块狗皮膏药……真是没完没了……他喷了淡香水。"（《勾引》，1973）

不失时机地嘲笑男性的失误、伤痛或自命不凡，是女性胜利的一部分：这是一个不可抗拒的防御系统，用以击退讨厌的纠缠，并在冒犯他人之前迅速采取行动，控制局面。女人有时也有征服的自由：大胆的安妮·罗曼诺夫在离婚后，以调情者和"斗士"的身份出现。

引人发笑的爱情是与条件式和过去式相连的：如果……他们会相爱，他们爱过，但是……家务活缠身的女性除了饭菜、天气和家务管理外，没有其他话题可以与丈夫讨论：婚姻几乎总是她们愿望的终点。生育给女性带来了许多幻灭感和负罪感，日常生活被家务湮没，她们日复一日地穿梭在充斥着商品的超市货架间。

孩子的主题以失望为标志：有乱叫喊的、有贪得无厌的、有说谎的、有缠人的、有拖鼻涕的、有被虐待的，还有潜在的罪犯，他们的存在凝结成被夹在家庭义务和"真正"生活之间左右为难的母亲的永恒的内疚感。"唉，真让人担心啊，这些孩子！"母女关系及其在角色上的勃勃生机和可互换性，是妮可·德·毕隆作品中的亮点，也是西尔维·乔莉、瓦莱丽·勒梅西埃与布朗什·加丁节目中的精彩之处。

做一个儿子的母亲会不会带来更大的满足感？弗罗伦萨·福雷斯蒂这位"冷静的母亲"统治着一个大家庭；她生的都是男孩，凭借她"作为传宗接代者的优势"或"精英孵化器"的实力，她在家里发号施令，打发孩子们的父亲去广场，让闺蜜们羡慕不已。作为滑稽剧的典范，由英国广播公司二台（BBC2）于1992～1996年间播出的肥皂剧《荒唐阿姨》，简称《Ab Fab》，2001年推出了由约西亚·巴拉斯科和纳塔莉·贝伊主演的法国版本。该剧讲述了帕特西和埃迪纳这两个自由的、歇斯底里的、可笑的四十多岁女人的故事，使数百万观众捧腹不已。上有老下有小的她们，回想少女时代的梦想；她们构成了一个拥有不同父亲的"反家庭"景观，并在时尚和公共关系圈子里发展，该圈子被一种既快乐又咄咄逼人的无序统治着。[1]

那么，独身是否是拥有性自由和美貌，喊着"孤独比糟糕的陪伴更好"的后现代女性最舒适的处境呢？穆里尔·罗宾假装相信这一点，以便凸显"私生活……被剥夺了一切的生活"的厚重的孤独感："我不追求性，它很好地回报了我，应该说出事情的原委！""他说我被搞得很惨……我根本就没被搞过！"承认喜欢"大男子主义男人"的安妮·罗曼诺夫专门表现"从未为人妻"的情形。她扮演了一个第一次约会就失败的三十八岁女教师和所谓的"生活放荡"其实禁欲的女人，尽管她认为她了解男人——"我说男人都是些大娃娃"——但当一个小白脸温柔地叫着"小心肝"来勾引她时，她却从包里掏出了催泪弹。

两性之间的关系是由误解和未能相遇组成的：男人冷漠、自私、不负责任，女孩自恋、做作、无知或愚蠢。两个单身老女人——梵普斯夫妇似乎较好地摆脱了孤零零的处境。她们组成了一对替代型夫妻，并以自己的方式重组了传统模式：寡妇吉赛尔承担男性角色，她是保护者，专制而强硬。她有着搬运工的宽肩膀，坐下时像男孩那样叉开双腿，她欺负瘦弱的吕西安，后者爱幻想，总在寻找命中注定的那个人。孤独的痛苦会再现，或者在她们的旁白中，或者在墓地里，在同一天死去的同一家族成员的坟墓前，在对死亡进行的惹人大笑的冥想中。

自　嘲

在爱情的源头，魅力、美貌、苗条、年轻和优雅是女性最好的几张王牌，当它们缺乏时，就会成为不可改变的笑因。女性被不断地要求年轻、柔软和苗条，像明星那样优雅，并符合她们的经典尺寸（90cm×60cm×90cm），这一在女性喜剧小品中反复出现的主题让我们谴责一个建立在外表之上的世界，更何况那些"解放了"的超级女性本身也受制于相同的要求。变得漂亮就能神话般地变得幸福，这便是成功的染发、崭新的衣裙和瘦三公斤为何重要的原因。

美丽和魅力正是女性的象征，现代社会非但没有放弃这一价值，反而越来越加以重视。一个名叫瓦莱丽·勒梅西埃[1]的人，穿着紧身黑裙，在矗立着黑色墙壁的舞台上跳跃了几下，即使在最糟糕的情形和最令人震惊的话语中，也能娴熟地保持优雅，让观众敬畏。而从杂志上抄袭来的美，即使想尽办法进行打扮和设计，当它缺乏个性或内涵时，也可能比丑陋更滑稽。米歇尔·巴尔尼耶[2]最后给出了永恒的诱惑秘诀："穿上凸显胸脯的低领衣，闭上她的嘴。"

嘲笑针对的是不符合期望的身体，这个身体被迫进行疯狂的节食和暴虐的健身，被迫忍受整形手术带来的折磨，被迫赶时髦地穿短小或掐腰的衣服，听杂志的建议，因为它时刻担心自己变成一个无法取悦的怪物。当穿着花罩衫、身体僵硬变形、脖子上紧紧地系着一块小围巾、老态龙钟却依然爱俏的梵普斯夫妇，与她们的朋友

1　法国女演员，编剧，导演，歌手。
2　法国女演员，作家，导演（1956～　　）。

詹森夫人聊着天，并低声对她说着同样的话"您胖了"时，或者当穆里尔·罗宾的美发店用脱毛、染发、卷发器和紫外线疗程来折磨女病人时，观众们快乐地笑了。西尔维·乔莉毫不犹豫地用她的腿和臀部来引人发笑，尚塔尔·罗比则利用她的大牙和鬼脸。

德尚剧组（《水边故事》[1]）的女小丑演员约兰达·莫露用滑稽的身体来表演；她怪里怪气地套着一条软塌塌的超短裙，红棕色的头发凌乱不堪，她直接对着瓶嘴喝酒，还在上衣里捉跳蚤，并对着上衣喷射杀虫剂，这些都破坏了感伤的多情少女形象。相反，能干的弗罗伦萨·福雷斯蒂利用年龄，创作出了这位排斥青春少女的四十岁妇女："我不老，我只是过时了！"

当代文学与电影不断重复诱惑这个主题，并为其披上了心理动机的外衣。海伦·菲尔丁[2]的小说《布里吉特·琼斯的日记》以日常记事的形式，讲述了一个女孩想要减掉三公斤体重、戒烟、傍上一个丈夫的烦恼，逗乐了数百万读者和观众。女性喜剧演员的体形往往是非典型的，与有着无法抵御的诱惑力的女人形象相反，从而替所有看起来不像杂志模特的女性报了仇。

安妮·罗曼诺夫通过模仿一个戴着金色假发、化着性感妆容、尖着嗓子、姿态诱人的女人，重新占有了男性的嘲弄机制。搞笑的、成为媒体焦点的女喜剧演员再也没有放弃这一所得。她们都会将滑稽的身体作为笑的原材料，但有才华之人也必须懂得如何变丑为美。痛苦、累赘、无用、衰老的女性身体，用科莱特的话说是缓期执行的女性身体，已经拿了回程票，放弃了诱惑。与这一身体的关系更广泛地隐喻了所有注定会变老、生病和死亡之人的焦虑。

1　导演艾乐·阿吉·玛玛窦·尼昂的电影（2015）。

2　英国女作家，代表作是《布里吉特·琼斯的日记》，2003年被《观察家报》选为五十个最有趣的英国喜剧作家之一。

粗俗的举止？恶俗的趣味？

恶趣味不应过度。太过痛苦或暴力的禁忌情形，如性骚扰等，不会被正面讨论。女喜剧演员们以形象化多于粗俗的方式谈论她们的性能力。她们满足于在文字表面做游戏。梵普斯夫妇中那位天真的吕西安，对女性气质感到疑惑："我从未伺候过男人，还会有更年期吗？"

掩盖淫秽现实的语言上的天真，催生了有趣的口语表达，这是女性所擅长的，她知道自己的账户已经有支出，想知道"她何时能有收入"。米歇尔·巴尔尼耶讽刺了四十岁的"雄性人"的本能，他为一个年轻女孩抛弃了妻子。罗曼诺夫的一个小品有趣地谈及了性冷淡，其中两个女人说起了安全套："——有人告诉我说用了……在……时会不太舒服——哦不，恰恰相反：你没有任何感觉！"

强奸是瓦莱丽·勒梅西埃探索社会底层女性生活的小品的主题：用柠檬味去污剂自杀的女人、被多次强奸的女人或吸毒少女。祖克创造了一个既富隐喻又粗俗的失去童贞的女性形象，她大张着嘴吞咽时，喉咙口发出巨大的响声，而她的伴侣不等她回应，只顾喃喃自语地说着"行吗……行吗？"。站在舞台上，意味着与观众的直接接触，这使得女喜剧演员必须表现出一定的克制；她们决不能打破共识，或疏远以男性为主的观众，而必须懂得在必要时捏住柔情之弦。脏话是杜绝的。她们中的一些人无疑已临界。她们出界了吗？语言辛辣、极其有趣的布朗什·加丁假装天真，把自己说成"爱男人的女权主义者"；她穿得像个女学生，头发梳得整整齐齐，她以无辜的意图为借口，赋予自己说任何话的权利，她为自己的粗俗辩护，说她是在"与成年人交谈"，没有掩饰，也不回避生活的悲剧、神经质和"美丽的死亡焦虑"。

一个真正的女人？

"女喜剧演员是有权力的女人。"安妮·罗曼诺夫感叹道。但她还是真正的女人吗？如果说，在很长一段时间里，精神分析都致力于压抑女性气质，或用"缺失"来定义她，这个爱笑的女人却通过假装同意古老的男性方案，以内在的方式生活，来发明一个相反的世界，并利用几个世纪以来属于她的天赋——敏感、魅力、青春——来扭转局面。她的笑，一种不同于任何迷人的微笑的嘲弄式的或玩世不恭的笑，和她那不顾和谐自我解体的可笑的身体，都让男人害怕。

然而，女性的笑是令人振奋的，因为它肃清或纠正了爱情话语的过度使用，并打破了限制。女喜剧演员的成功在21世纪初得到确认，对其中一些特别有才华的来说，其成功甚至堪称辉煌；她们的小品引发了一种新的动力，能够取代社会讽刺和嘲笑的令人陶醉的谎言。但让人发笑也是一种平衡练习；她们的颠覆力量不仅仅是由于她们的批判性目光，同时也是由于一种狂欢式的逆转和身份问题，稍有不慎，其身份便会因令人厌恶的"歇斯底里"地位的恢复而变得暗淡。

男性观众不会为所有小品喝彩，而女性喜剧的合法性也需要随时重新确认。在解构等级制度和自我嘲讽的同时，女性喜剧演员有可能失去过去曾使她们强大的东西；因为她们的成功，无论多么完美，仍然是按照性别的逻辑和私生活的价值来判断的，很少有人愿意为了职业的成功而牺牲自己的情感和家庭生活。在平等主义的压力下，性别化的角色分工、社会编码和刻板印象并未消失，而女喜剧演员正是通过这种模糊性来质疑自己。

性别游戏

不管是象征意义的，还是真实的，乔装改扮或异性装扮都是利用角色的混乱来让人发笑，但也让人对价值观产生怀疑。这个主题并不新鲜，而且变得很尖锐：一个男人扮成女人总是让人发笑的，而一个穿着男式服装的男子气的女人，在引人发笑前已让人不安。17世纪，舒瓦西修士男扮女装，与夏尔·佩罗一起编写了一个诙谐的短篇故事，故事中，一个小男孩由在战斗中失去丈夫的母亲带大，并被扮成女孩，为的是他可以不上战场。当"年轻女士"被人求婚时，笑声出现了（《班尼维尔侯爵和侯爵夫人的故事》）。

性别游戏花样无限。穆里尔·罗宾留着漂亮的小胡子，身上肌肉发达；在《上衣》这出剧中，她试图在两件衣服中做出选择，一件是普通的、男性化的灰色夹克，另一件是颜色斑斓、花里胡哨的小丑服。喜剧效果来自于她试穿外套时面部表情的对比，先是放松，接着便越来越紧张，最后她挂到肩膀上的，是一个可以使她与众不同的小细节——一块瑞士奶酪，从而完成了可笑的外形设计。性的不确定性和神秘性？"在我小的时候，我是一个男孩。"格蕾丝·佩利[1]说。这明确表达了大多数女孩在童年时经历过的，后作为自己的一部分继续经历着的东西，因为"诗人有责任成为一个女人/有着男人的性别"……

异装癖提供了悬念和可靠的喜剧效果，电影早就懂得如何利用这些效果来模糊守旧的标记，探索他人的生活。在布莱克·爱德

1　美国短篇小说作家，诗人，教师，政治活动家（1922～2007）。

华兹[1]令人愉快的音乐剧《维克多·维多利亚》（1982）中，一个漂亮女人扮演一位年轻的同性恋喜剧演员，靠在歌舞厅里用女高音唱歌来谋生；身份被巧妙地更换，人物在持续的不确定性中漂浮，而异性装扮使她们突破了自己的限制。这部喜剧远没有为单一模式作证，而是强调了两种性别的差异和互补性，因为大团圆的结局为女主人公朱莉娅·安德鲁斯提供了按照自己的意愿作为男人或女人表演的权利。那么，什么是"真正的"女人，是老式的、诱人的女人，还是可以随心所欲地扮演男性角色的女人？这个男性又把自己活成了女人？未婚夫这样提出的问题不失中肯，但却需要另外一种答案。从假小子一代到酷儿思想，[2]对性别差异的认识已经变得越来越复杂，而认识上的不一致往往适合于滑稽的幻觉。

伪装成男人的女人，变成动物的女人，暂时的转变或永远的蜕变：没有人完全忠于自己，每个人都在寻求突破自己的内在界限和社会强加的框架。心理上的变化，当它们强大时，也会导致身体上的变化。在这方面毫无抵抗力的穆里尔·罗宾扮演了一个这样的女人，她对她的狗是那么迷恋，以至于都无法保持自己的人类身份；她抓挠地面，粗暴地命令她的女仆"去找"，并想在她朋友的脖子上挂一只小桶，以防她迷路。告诉我你爱谁，我就告诉你你是谁，穆里尔·罗宾如此建议道（"动物"）。

女小说家玛丽·达里厄塞克在她那令人眼花缭乱、充满乐趣的《母猪女郎》中，也深入探讨了卡夫卡以悲剧模式探讨过的"蜕变"和人格解体的经验，证明了文明和理性的外壳是多么脆弱和单薄。我们不可能摆脱由我们的本能、在他人注视下的我们的身体和形象，以及流逝的时间所构成的限制，因此，无论是对自己退化的

1　原名威廉·布莱克·克伦普，美国著名导演，剧作家，制片人（1922～2010）。

认识，还是男人的爱，都不能阻止把一个诱人的、香气袭人的、性感的、丰满的少女，慢慢变成一头胖嘟嘟的母猪的过程。

这个从内部以一种痉挛和谵妄的方式所体验的身体，正是"真正的"女人的身体，一个通过嗅觉、触觉、性、血液和情感与他人相连的身体。通过这个荒诞的肉体，小说家经历了女性历史上所有重要的，往往是痛苦的时刻：爱情、怀孕、分娩、为人母、孤独和老年。

女性之笑的本质让我们想起了作为或成为一个女人的困难，但它并不寻求通过报仇来强加于人，而是力图转移焦点。构建我们社会的男性统治的意识形态，正逐渐让位于一种更平衡的关系。通过对女性气质的理想化，男人也提升了他们的阳刚之气；但与女性的诱惑一样，"阳刚之气"也是一个表征系统，[3]一个神话，其象征已经逐渐平凡化，或至少被削弱：男人不再是无所不能的父亲或丈夫，也不是过去的英雄战士，更不是在每次竞争中都能获胜的成功领导者。他的优越地位受到了考验，"可能是历史上第一次宣布了混合社会的到来"，在这个社会中，每个人的角色都不那么分明。如果使用得当，作为团结因素[4]的笑仍然是诱惑的工具，能够创造共识和团结。

女权主义的胜利还是衰落？

女权主义的胜利还是衰落？这个问题值得提出：笑是对要求创造力、自由和权力的女权主义纲领的最终征服，还是两性之间必要的共处所强加的（对纲领）做下调式修改的标志，又或是一种能够遏制不可控制之物，并有节制地与男性对女性的笑的祖传式恐惧做斗争的游戏机制？

笑不为某一性别所独有。每个人都被邀请参与这一当代的幽默芭蕾舞。小品这类媒体上常见的、必然短小精悍的叙事，心甘情愿地把女性的反抗当作一种娱乐大众所必需的"趣味活动"。由于被用于所有调料中，玩笑之盐变得味道全无。女人更多的是随意、迁就而非介入；昨天的"歇斯底里患者"只是变成了劳累过度的女人，这一点堪称日常生活的小奇迹。

消费社会要求露出洁白牙齿的标准的笑，因此，在广告的破坏下，幽默小品，无论是男性的还是女性的，都失去了它们的冲击力，成为无害的小花招，在这里，认同与冷漠和因循守旧无异。在这面镜子里，每个人都应能认出自己的影像，几乎没怎么变形，重要的是变美了。

笑是否已经成为"我们的自然道德"？（《小说的艺术》）米兰·昆德拉质疑道。欢笑俱乐部应运而生，欢笑医生已经成功地治疗和治愈了："笑学"四十年来得到了发展，并且经验倍增。儿科医生兼心理学家卡特琳娜·多尔托在小丑的工作中看到，这些男人和女人承担着让人发笑的工作，他们裹着滑稽可笑的服装，肩负着能够带来真正的幸福源泉的"摆渡人"的使命。埃克哈特大师[1]的美丽句子是他们的座右铭："欢笑产生快乐，快乐产生喜悦，喜悦产生爱，爱产生人。"

但是，在一个受经济危机、流行病、道德危机或政治危机蹂躏的世界，我们怎么还能欢笑或打趣？弗洛伊德把笑与积蓄概念联系起来：幽默只是疏散了悲惨情形，或者说，通过一个分解的过程，把大部分痛苦情形转化为可以通过模仿或自我嘲弄来处理的小悲剧："是不摆脱困境，只摆脱尴尬的艺术。"为了起到治愈作用，笑

1　本名埃克哈特·冯·霍赫海姆，是一位德国神学家，哲学家，神秘主义者（1260～1328）。

必须是一种不可预测的无动机的游戏，一种娱乐，一种将不安转化为快乐的惊喜。正如米兰·昆德拉所正确指出的："真正的喜剧天才不是那些让我们笑得最多的人，而是那些揭示了一个未知的喜剧区域的人。"

这便是当女性的笑在发现一个未知区域时所发挥的突然的、快乐的功能，就像"在黑暗中突然擦亮的火柴"。弗吉尼亚·伍尔夫在最凄惨的情形下，发现了日常生活这个小奇迹，通过往悲剧的中心加入可笑的细节，来战胜考验和失败：老拉姆齐先生[1]在身体和精神上都非常痛苦，这时，他温柔的朋友莉莉来看望他，以缓解其时日的痛苦；不善言辞、不懂如何表达同情心的她，找不到别的话来帮助老人，只是说了这几个不太适宜的词："啊，你的鞋子很好看……"

莉莉为自己感到羞愧，为不能安慰这颗不安的心感到羞愧。但拉姆齐并没有受到打击，反而笑了，变得友好、开朗、擅长应酬，他从"丧礼帷幔"中解脱了。笑的奇特之处！如果不速之客没来敲门的话，一场欢乐的谈话终于可以开始了！（《到灯塔去》）

1　伍尔夫的小说《到灯塔去》中的人物。

原书注释

引言　笑的性别

［1］Laurent Joubert, *Traité du ris* [1579], Genève, Slatkine, 1973.

［2］Nathalie Sarraute, *Le Planétarium*, Paris, Gallimard, «Bibliothèque de la Pléiade », 1996, p.357.

眉开眼笑、恣意大笑,四个笑女形象

［1］Annie Leclerc, *Paroles de femmes*[1974], Paris, Gallimard, « Folio », 1985, p. 100.

［2］Pascal Picq, Yves Coppens (dir.), *Aux origines de l'humanité*, Paris, Fayard, 2001, pp. 397-421.

［3］Darwin, *De l'expression des émotions chez l'homme et les animaux,* 1872, cité in Nelly Feuerhahn, *Le Comique et l'Enfance*, Paris, Puf, 1993, p. 160.

［4］Donald Winnicott, *Le Bébé et sa mère*, Paris, Payot, 1992; Françoise Bariaud, « Les premiers pas », L' Humour, Paris, Autrement, 1992, n° 131.

［5］Victor Hugo, « La mère qui défend son petit », 29 avril 1871.

［6］Marcel Proust, La Fugitive, in *À la recherche du temps perdu*, t. IV, Paris, Gallimard, « Bibliothèque de la Pléiade », 1989, p. 625.

［7］Léon Tolstoï, *Enfance*, Paris, Éditions du Chêne, 1945, p. 25.

［8］Charles Mauron, *Psychocritique du genre comique*, Paris, José Corti, 1964, p. 122.

［9］在对这些文本的众多评论中有：Joe Friedmann, « La Genèse », *Humoresques*, 1998, n° 7, p. 20; Marc-Alain Ouaknin, *Lire aux éclats*, Paris, Seuil, 1994, p. 53; Georges Minois, *Histoire du rire et de la dérision*, Paris, Fayard, 2000, p. 97; Armand Abécassis, « Le rire des patriarches », *Lumière et vie*, 1996, n° 230, Le rire. *Thérapie du fanatisme*, p. 10; Michael Screech, *Le Rire au pied de la Croix*, de la Bible à Rabelais, Paris, Bayard, 2002, p. 23。

［10］J. Friedmann, « La Genèse », art. cité, pp. 15-28; B. Sarrazin, « Rire du diable », in Thérèse Bouché, Hélène Charpentier (dir.), *Le Rire au Moyen Âge dans la littérature et les arts*, Bordeaux, Presses Universitaires de Bordeaux, 1990, p. 29.

［11］*Épître des apôtres*, in *Écrits apocryphes chrétiens*, Paris, Gallimard, « Bibliothèque de la Pléiade », t. I, 1997, p. 372; Teodor Baconsky, *Le Rire des Pères*, Paris, Desclée de Brouwer, 1996, pp. 38-44; voir G. Minois, *Histoire du rire et de la dérision, op. cit.*, pp. 104-105.令人惊讶的是，在这本书中没有提到女性的笑声。

［12］Vie de Jésus en arabe, in *Écrits apocryphes..., op. cit.*, p. 235.

［13］Clément d'Alexandrie, *Protreptique*, II, 20; Eusèbe de Césarée, *Préparation évangélique*, II, 3; et Arnobe, *Adversus nationes*, V, 25.

［14］Voir Alain Roger, « *Vulva, vultus, phallus* », *Communications*, 1987, n° 46, p. 190.

［15］Voir la synthèse de Maurice Olender, « Aspects de Baubô », *Revue d'histoire des religions*, 1985, vol. 202, n° 1.

［16］这是玛丽·德尔库特的解析。现代艺术，尤其是超现实主义，以一种粗野的方式把玩这一形象，把包玻的性器官、脸变成了一个长着大胡子的女人或一个异装癖的人。

［17］潘神是欢乐之神，他在战争后吹出欢笑的笛声。

［18］Dominique Arnould, *Le Rire et les Larmes dans la littérature grecque d'Homère à Platon*, Paris, Les Belles Lettres, 1990, pp. 214-218.

［19］Salomon Reinach, *Cultes, mythes et origines,* Paris, Laffont, « Bouquins », 1996, pp. 152-153.

［20］Froma Zeitlin, « Cultic Models of the Femal Rites of Dionyus and Demeter », *Arethruse*, 1982, n° 15, pp. 129-157.

［21］Daniel Ménager, *La Renaissance et le Rire,* Paris, Puf, 1995, p. 118.

［22］《庞大固埃》第十五章和《第四部书》第十六章。拉封丹在他的一则题目为《教皇无花果的魔鬼》的故事中再次采用了这一主题。

［23］*Faust*, v. 3962 et sq, trad. G. de Nerval, Paris, Albin Michel, 1947, p. 197.

［24］Sigmund Freud, « Parallèles mythologiques à une représentation obsessionnelle plastique», in *Essais de psychanalyse appliquée*, Paris, 1975; Voir également Catherine Clément, *Miroirs du sujet*, Paris, 10/18, 1975; Catherine Péquignot-Desprats, « Baubô. Sexe et visages d'une femme », thèse soutenue à Paris VII, 1981; Georges Devereux, *Baubô, la vulve mythique*, Paris, J.-C. Godefroy, 1983; Monique Schneider, « Le mythe, fétiche ou matrice, la rencontre de Freud avec Œdipe », in *Art, mythe et création*, Paris, Le Hameau, 1988.

［25］Charles Mauron, *Psychocritique du genre comique*, Paris, José Corti, 1963, p. 67.

[26] 尼采,《快乐的科学》, 第二版序: "也许真理是女人, 有理由不让人看她的下部。也许她的名字是包玻。"

[27] *Le Conte populaire français*, catalogue raisonné par P. Delarue et M.-L. Tenèze, Paris, Maisonneuve et Larose, t. II, 1976, pp. 467-477. Voir l'analyse de Bernadette Bricoud, *Contes et récits du Livradois*, textes recueillis par H. Pourrat, Paris, Maisonneuve et Larose, 1989, p. 273.

[28] Albert Cohen, *Belle du Seigneur*, Paris, Gallimard, 1968, p. 778. Voir l'article de Muriel Carduner-Loosfelt, « Variationssur le grotesque », *Sociétés et représentations*, 2001, n° 10, Le Rire au corps.

[29] James Dauphiné, « Le rire de Béatrice », in Thérèse Bouché, Hélène Charpentier (dir.), *Le Rire au Moyen Âge..., op. cit.*

[30] Dante, *Le Banquet*, iii, 8, 11-12, Paris, Les Belles Lettres, 1968, p. 228.

[31] 许多关于教会与笑的作品已经出版, 其中包括 E.R. Curtius, *La Littérature européenne et le Moyen Âge latin*, Paris, Puf, 1956, t. II; Carla Casagrande et Silvana Vecchio, *Les Péchés de la langue*, Paris, Cerf, 1991; D. Ménager, *La Renaissance et le Rire, op. cit.*; Annales. *Histoire et sciences sociales*, 1997, vol. 52, n° 3, Le Rire; T. Baconsky, *Le Rire des Pères, op. cit*。

[32] Marguerite de Navarre, *Comédie de Mont de Marsan*, in *Théâtre profane*, éd. Verdun-Léon Saulnier, Genève, Droz, 1963, p. 274.

[33] Érasme, *Éloge de la folie*, chap. vii, Paris, Mille et une nuits, 1997.

笑和礼仪

[1] D'Aubigné, *Les Aventures du baron de Faeneste* [1620], Paris, Gallimard, « Bibliothèque de la Pléiade », 1969.

[2] Pierre Le Moyne, *Les Femmes, la Modestie et la Bienséance chrétienne*,

1667.

［3］Voir Jean-Marie Fritz, *Le Discours du fou au Moyen Âge*, Paris, Puf, 1992, p. 89.

［4］Grégoire de Nysse, *La Création de l'homme*, Paris, Les Belles Lettres, « Sources chrétiennes », 6, 1943, p. 128, cité par T. Baconsky, in Le *Rire des Pères, op. cit.*

［5］Laurence Moulinier, « Quand le malin fait de l'esprit », *Annales. Histoire et sciences sociales*, 1997, vol. 52, n° 3.

［6］Voir D. Ménager, *La Renaissance et le Rire, op. cit.*, pp. 20-26.

［7］L. Joubert, *Traité du ris, op. cit.*, pp. 263-264.

［8］Cabanis, *Rapports du physique et du moral*, Paris, Puf, 1956, t. 1, IV, p. 284.

［9］L. Joubert, *Traité du ris, op. cit.*, pp. 257-264.

［10］Pierre de Dampmartin, *De la connaissance*, f° 107v.

［11］Jean Liébault, *Thrésor des remèdes secrets pour les maladies des femmes*, Paris, 1585. Voir Yvonne Knibiehler, *La Femme et les Médecins*, Paris, Hachette, 1983.

［12］L. Joubert, *Traité du ris, op. cit.*, p. 272.

［13］Piccolomini, *Le Remède d'amour*, trad. Albin des Avenelles, 1515-1519.

［14］*Comme il vous plaira*, acte III, scène ii.

［15］Fénelon, *De l'éducation des filles*, 1687, chap. ix.

［16］Nicole, *Les Imaginaires*, Cologne, 1704, p. 454.

［17］Morvan de Bellegarde, *Réflexions sur le ridicule*, Paris, Amsterdam, 1717, p. 104.

［18］Cité par Bernard Magné, in *Le Féminisme de Poullain de la Barre*, Faculté des lettres de Toulouse, 1964, pp. 195-197.

［19］Mme de Pringy, *Les Différents Caractères des femmes du siècle*, Paris, 1699, p. 259.

［20］Mme Leprince de Beaumont, *Le Magasin des adolescentes*, 1802, t. II, p. 75.

［21］Princesse Palatine, lettre à Étienne Polier, 13 septembre 1693.

［22］Pierre Roussel, *Système physique et morale de la femme*, 1845, pp. 68-69.

［23］Ibid., p. 98.

［24］Edme Ferlet, *Discours sur le bien et le mal que le commerce des femmes a fait à la littérature*, 1772, p. 40.

［25］Caraccioli, *De la gaieté*, 1762, p. 29.

［26］Louis-Sébastien Mercier, *Du théâtre* [1797], Paris, Mercure de France, 1999, p. 1506.

［27］Roussel, 1782.

［28］Étudié par Sylviane Lazard, « Code de comportement de la jeune femme en Italie au début du xive siècle », *in* Alain Montandon (dir.), *Traités de savoir-vivre en Italie*, ClermontFerrand, Association des publications de la Faculté, 1993.

［29］Stefano Guazzo, *La Civile Conversation*, Lyon, 1579, p. 271.

［30］Jean-Louis Vivès, *Trois Livres de l'instruction de la femme chrétienne*, Paris, 1587, f° 16r.

［31］Cureau de la Chambre, *Charactère des passions*, Paris, 1640, p. 225.

［32］Jean de Meun, *Le Roman de la Rose*, v. 1360-1370, trad. A. Strubel, Paris, Livre de Poche, 1992, p. 711.

［33］L' Arétin, *L'Éducation de la Pipa*, Paris, Allia, 1997, p. 18.

［34］Mona Ozouf, *Les Mots des femmes,* Paris, Gallimard, 1995, p. 156.

［35］Mlle de Scudéry, *Clélie*, Genève, Slatkine, 1973, L. II, p. 1221.

［36］Saint-Simon, *Mémoires*, t. I, Paris, Éd. Boislile, 1879, p. 109.

［37］Jean-Jacques Courtine, Georges Vigarello, « La physionomie de l'homme impudique », *Communications*, 1987, n° 46.

［38］Mme de Genlis, *Souvenirs de Félicie*, in *Bibliothèque des Mémoires relatifs à l'histoire de France*, Firmin-Didot, 1857, p. 91.

把牙齿藏起来，别让我看到

［1］Eustorg de Beaulieu, *Blasons du corps féminin*, in *Poètes du xvi e siècle*, éd. Albert-Marie Schmidt, Paris, Gallimard, « Bibliothèque de la Pléiade », 1953, p. 321.

［2］Cornelius Agrippa, *De la supériorité des femmes* [1509], Paris, Dervy Livres, 1986, p. 42. On trouve une remarque semblable chez Barthélémy l'Anglais.

［3］Maurice Scève, *Microcosme*, t. I, p. 10.

［4］Mouffle d'Angerville, *Mémoires secrets pour servir à l'histoire de la république des Lettres,* Londres, 1789, t. XXXVI, p. 301, cité par Colin Jones, conférence au Collège de France, 26 mars 2003.

［5］Diderot, *Essais sur la peinture*, in *Œuvres complètes*, éd. H. Dieckmann et J. Varloot, Paris, Hermann, 1975, t. XIV, p. 400.

［6］Gisèle Freund, *Photographie et société*, Paris, Seuil, 1974, p. 66.

［7］Frères Goncourt, *Journal*, t. 6, 2 octobre 1881.

［8］Choderlos de Laclos, *Des femmes et de leur éducation*, in *Œuvres*, Paris, Gallimard, « Bibliothèque de la Pléiade », p. 431.

［9］Baronne d'Oberkirch, *Mémoires*, Paris, Mercure de France, 1970, p. 190.

［10］Boudier de Villemert, *L'Ami des femmes*, Hambourg, 1758, p. 105.

［11］Mme de Genlis, *Souvenirs de Félicie, op. cit.*, p. 60.

［12］*L'Encyclopédie*, art. Femme (morale).

［13］Boudier de Villemert, *L'Ami des femmes,* année, p. 109.

［14］Mme de Genlis, *Souvenirs de Félicie, op. cit.* p. 131.

［15］Mme de Staël, *Delphine,* in *Œuvres,* Paris, Gallimard, « Bibliothèque de la Pléiade », lettre III, p. 101.

［16］*La Nouvelle Héloïse,* Paris,Gallimard, « Folio», t. II, p. 22："这个善良的瑞士女人在开心的时候是多么快乐啊，没有想法，没有天真，没有诡计⋯⋯她并不知道，人的这种幽默感不是为了自己，而是为了别人，一个人不是为了笑而笑，而是为了得到掌声。"但卢梭并没有蔑视滑稽：《又丑又坏的故事》中那位古怪的王后，在使她的随从发出"放肆的笑声"时，自己因笑而突然分娩。

［17］Ibid., p. 18.

［18］Mme de Souza, *Charles et Marie,* in *Œuvres,* Paris, Garnier, 1865, pp. 188-189.

［19］Baronne Staffe, *Usages du monde,* 1899, p. 269.

［20］Cité par Colette Cosnier, *Le Silence des filles,* Paris, Fayard, 2000, p. 201.

［21］Cité par Colette Cosnier, *Le Silence des filles,* Paris, Fayard, 2000, p. 208.

［22］Anne-Marie Sohn, *Chrysalides,* Paris, Publications de la Sorbonne, 1996.

［23］Voir Colette Cosnier, *Le Silence des filles, op. cit.,* p. 205.

［24］卡罗琳娜·布雷姆的日记。Michelle Perrot, Georges Ribeill, Paris, Montalba, 1985, 13 mars 1865. Voir Michelle Perrot, *Les Femmes ou les Silences de l'histoire,* Paris, Flammarion, 1998, p. 61.

［25］Anna de Noailles, *Le Livre de ma vie,* Paris, Mercure de France, 1976, p. 109.

［26］Colette, *La Maison de Claudine,* in *Œuvres,* t. II, Paris, Gallimard, « Bibliothèque de la Pléiade », 1986, p. 978.

［27］Thyde Monnier, *Moi,* cité par Simone de Beauvoir, in *Le Deuxième Sexe,* Paris, Gallimard, 1976, t. II, p. 81.

［28］A. -M. Sohn, *Chrysalides, op. cit.,* p. 372.

［29］Catherine Pozzi, *Journal de jeunesse,* Ramsay, 1987, p. 281.

［30］Philip Roth, *Opération Sylock*, Paris, Gallimard, « Folio », 1993, p. 137.

爱之笑

［1］Marcel Proust, *À l'ombre des jeunes filles en fleur,* in *À la recherche du temps perdu,* I, Paris, Gallimard, « Bibliothèque de la Pléiade », 1987, p. 919.

［2］*Sodome et Gomorrhe,* in *À la recherche du temps perdu*, III, Paris, Gallimard, « Bibliothèque de la Pléiade », 1988, p. 795 et p. 796.

［3］Suzanne Saïd, « Sexe, amour et rire dans la comédie grecque », in *Le Rire des Anciens*, Paris, Presses de l' École normale supé- rieure, 1998, pp. 67-89.

［4］*Politique,* I, 1260.

［5］Antonio Lopez Eire, « À propos des mots pour exprimer l' idée de rire en grec ancien », *in* Marie-Laurence Desclos (dir.), *Le Rire des Grecs*, Paris, Jérôme Million, 2000, p. 32; *Iliade,* III, 424; IV, 10; V, 375; *Théogonie,* v. 200-206.

［6］A. Lopez Eire, « À propos des mots pour exprimer⋯ », art. cité.

［7］Béroul, *Le Roman de Tristan, Tristan et Iseult, les poèmes français,* Paris, Livre de poche, 1989, p. 197.

［8］*Roland furieux,* VII, 13.

［9］D. Ménager, *La Renaissance et le Rire, op. cit.,* p. 197.

［10］*Sonnets de l'honnête amour,* 5, cité par D. Ménager, ibid., p. 195.

［11］Érasme, *Éloge de la folie, op. cit.,* p. 20.

［12］Louise Labé, *Débat de Folie et d'Amour,* in *Œuvres complètes,* Paris, GF-Flammarion, 1986, Ve discours, p. 91.

[13] Jean Divry, « Les étrennes des filles de Paris »; « La rescription des dames de Millan à celles de Paris et de Rouen »; « Rescription des femmes de Paris aux femmes de Lyon »; « La réformation des dames de Paris faite par les Lyonnaises », etc. Ces textes ont été analysés par Richard Cooper, « Dames de Paris, de Rouen et de Lyon », lors du colloque international « Rire à la Renaissance », université Charles-de-Gaulle, Lille 3, 6-8 novembre 2003.

[14] D' Aubigné, *Les Aventures du Baron de Foeneste, op. cit.*, p. 823.

[15] D' Aubigné, *Les Tragiques*, L. III, v. 425, cité par D. Ménager, in *La Renaissance et le Rire, op. cit.*, p. 159.

[16] 1624年在巴黎出版的《法国的尤维纳利斯》一书中包含一小段完整的关于笑话的课程。这里的第11次和第4次演说，转引自Dominique Bertrand, *Dire le rire à l'âge classique*, Presses de l' université de Provence, 1995, p. 163。

[17] Sorel, *Histoire comique de Francion*, in *Les Romanciers du xviie siècle*, éd. Antoine Adam, Paris, Gallimard, « Bibliothèque de la Pléiade », 1958, p. 571.

[18] Scarron, *Le Roman comique*, in ibid., p. 707.

放纵的笑

[1] Anonyme, *Vénus en rut, ou Vie d'un célèbre libertine*, 1770, p. 16.

[2] Ibid., p. 88.

[3] Mathilde Cortey, *L'Invention de la courtisane au xviiie*, Paris, Arguments, 2002, p. 81 et p. 162.

[4] Sorel, *Histoire comique de Francion*, p. 151.

[5] Fougeret de Monbron, *Margot la Ravaudeuse*, 1750.

［6］Catherine Cusset, *Les Romanciers du plaisir*, Paris, Champion, 1998, pp. 75-78.

［7］Lesage, *Gil Blas de Santillane, in Romans du xviiie siècle*, I, Paris, Gallimard, « Bibliothèque de la Pléiade », 1960, p. 658.

［8］*La Célestine*, trad. Florence Delay, Arles, Actes Sud, 1989, p. 28.

［9］*Les Nouvelles Récréations et Joyeux Devis* [1537], 1re Nouvelle, Paris, Honoré Champion, 1980.

［10］*Le Moyen de parvenir*, Genève, Slatkine, 1970, p. 35 et p. 28.

［11］Per Nykrog, *Les Fabliaux*, Copenhague, Ejnar Munksgaard, 1957, p. 213; Philippe Ménard, *Le Rire et le Sourire dans le roman courtois au Moyen Âge*, Genève, Droz, pp. 684-701.

［12］Per Nykrog, *Les Fabliaux*, Copenhague, Ejnar Munksgaard, 1957, p. 218. 故事讲述人沃特里奎特在《科隆的三个修女》中，描绘了一场以淫秽愿望告终的小型私密狂欢酒席。详见Jean Scheidegger, « Gros mots gros rires », in Thérèse Bouché, Hélène Charpentier（dir.）, *Le Rire au Moyen Âge...*, *op. cit.*, p. 310。

［13］Le *Convivium fabulosum*, 1524. Voir Barbara C. Bowen, « Honneste » et sens de l'humour », in *La Catégorie de l'honnête dans la culture du xvie siècle*, Colloque international de Sommières Saint-Étienne, 1985, p. 105.

［14］Arrêt du Parlement de Paris, 1541, cité par Petit de Juleville, *Les Mystères*, Genève, Slatkine, 1968, t. I, p. 424.

欢笑或脸红

［1］*Dictionnaire historique et critique* [1695-1697], t. IV, Bâle, 1741, p. 645.

［2］Graillard de Graville, *L'Ami des filles*, 1761, p. 176.

［3］Louise d'Épinay, *Histoire de Mme de Monbrillant*, Paris, Gallimard,

1951, t. I, p. 15.

[4] *Menagiana*, Delaune, 1719, IV, p. 315, cité par D. Bertrand, in *Dire le rire à l'âge classique, op. cit.*, p. 165.

[5] *Essais*, III, 5 « Sur des vers de Virgile ».

[6] Sainte-Beuve, *Nouveaux lundis*, t. 8, Calmann-Lévy, 1885, p. 346.人们发现了一本印有玛丽–安托瓦内特纹章的合订本，名为《时间》，这实际上是里科博尼夫人的一部小说。

[7] Nerciat, Félicia ou mes Fredaines [1775], in *Romans libertins du xviiie siècle*, II, Paris, Gallimard, « Bibliothèque de la Pléiade », 2005, p. 1065.

[8] Louise Labé, *Débat de Folie et d'Amour, op. cit.*, p. 76.

[9] 法国文学研究者（1929~2005）。Jeanne Flore, *Comptes amoureux*, avec introduction, notes et variantes sous la direction de G.-A. Pérouse, Lyon, Éditions du CNRES, 1980.

[10] Sur l' identité de Jeanne Flore, *Actualité de Jeanne Flore*, Paris, Honoré Champion, 2004.

[11] *Mémoires de Marguerite de Valois*, suivis de lettres et autres écrits, Paris, Mercure de France, 1971, p. 173.这可能是一篇旨在通过夸大亨利四世的前妻的艳遇来讽刺她的文章。

[12] *Histoire de la marquise-marquis de Banneville*, Paris, Mercure de France, 1928, p. 543.

[13] *Lettre à d'Alembert,* Paris, Gallimard, « Folio », 1987, p. 269.

[14] Tallemant des Réaux, *Historiettes*, Paris, Gallimard, « Bibliothèque de la Pléiade », t. II, 1961, p. 901.

[15] *Jugement des sçavants*, 1685, t. IV, 5e partie, vol. IX, p. 450.

[16] Rapport de Voyer d' Argenson, cité par Jean-Christophe Abramovici, *Obscénité et classicisme*, Paris, Puf, 2003, p. 159.

[17] Mathilde Cortey, *L'invention de la courtisane au xviiie siècle, op. cit.*, p.78.她只分析了由一位女士撰写的四部交际花的自白。

[18] *Histoire d'Émilie*, Paris, 1732, p. 168 et p. 238.

[19] *La Grivoise du temps, in Anthologie érotique, xviiie siècle,* éd. Maurice Lever, Paris, Robert Laffont, 2003, p. 297.

[20] Marcel Proust, À l'ombre des jeunes filles en fleurs, *op. cit.*, p. 584.

精英之笑与大众之笑

[1] Voir *L'Histoire sans qualités*, Christiane Dufrancatel, Arlette Farge, Geneviève Fraisse, Michelle Perrot, Paris, Galilée, p. 142.

[2] Étienne Binet, *Consolation et réjouissance pour les malades et personnes affligées*, 1620.

[3] Poinsinet de Sivry, *Traité des causes physiques et morales du rire*, Amsterdam, 1768.这篇文章提到曾经有一个基于情绪的传统，对笑声进行了区分：抑郁质笑声"嗨，嗨，嗨"，黏液质笑声"哈，哈，哈"，以及多血质笑声"吼，吼，吼"。

[4] Cité par Robert Mauzi, *L'Idée du bonheur dans la littérature et la pensée françaises au 18e siècle*, Paris, Albin Michel, 1994, p. 311.

[5] Tissot, *Traité des nerfs*, t. 2, 1re partie, cité par Carmelina Imbroscio, in « La maladie, le rire, le risible », *Dix-Huitième Siècle*, 2000, n° 32, Le Rire, p. 248. 精神病学家现在正在对笑声疗法、笑理学及其神经激素性后果进行研究。

[6] Le Cat, *Traité des passions et des sensations en général, et des sens en particulier*, 1767, p. 247.

[7] Alain Lottin, *Pierre-Ignace Chavatte, ouvrier lillois, un contemporain de Louis XIV*, Paris, Flammarion, 1979.

［8］Mikhaïl Bakhtine, *L'Œuvre de François Rabelais et la culture populaire au Moyen Âge et à la Renaissance*, Paris, Gallimard, 1970.

［9］Voir par exemple les nouvelles 8, 59 et 69 de l' *Heptameron* de Marguerite de Navarre.

［10］Béat de Muralt, *Lettre sur les Anglais et les Français*, Paris, Honoré Champion, 1933, 5e lettre sur les Français, p. 247.

［11］Daniel Roche, « Le rire bleu », *Dix-Huitième siècle*, 2000, n° 32.

［12］P. Nykrog, *Les Fabliaux, op. cit.*, p. 220.

［13］Noël du Fail, *Propos rustiques de Maître Léon Ladulfi, champenois*, Lyon, 1548, cité par Roger Chartier, Lectures et lecteurs dans la France de l' Ancien Régime, Paris, Seuil, 1982, p. 98.

［14］Noël du Fail, *Propos rustiques de Maître Léon Ladulfi, champenois*, Lyon, 1548, cité par Roger Chartier, *Lectures et lecteurs dans la France de l'Ancien Régime*, Paris, Seuil, 1982, p. 98.

［15］Tabourot des Accords, *Les Escraignes dijonnaises*[1588], Rouen, 1640, p. 5 et p. 76.

［16］Bonaventure des Périers, *Nouvelles, op. cit.*, première nouvelle.

［17］Martine Grinberg, « Hommes sauvages, cornards et travestis: femmes absentes? », *Le Carnaval, la Fête et la Communication*, Nice, Serre Éditeur, 1985, pp. 275-285.

［18］Élie Konigson, Jean Jacquot (dir.), *Les Fêtes de la Renaissance*, t.3, CNRS, 1975, M. Grimberg, « Carnaval et société urbaine », art. cité.

［19］Marjoke de Roos, « Misogynie et matriarcat, le rôle de la femme dans les jeux de carnaval », in *Théâtre et spectacles hier et aujourd'hui*, Actes du 115e congrès national des sociétés savantes, Paris, Éditions du CTHS, 1991, p. 213.

女人的笑：一段征服的历史

［20］Natalie Z. Davis, *Les Cultures du peuple*, Paris, Aubier, 1979, chap. v, « La chevauchée des femmes ».

［21］M. Bakhtine, *L'Œuvre de François Rabelais...*, *op. cit.* pp. 240-241.女人，"是这个同时既降格的又复活的下部之体现……女人降格着、陆沉、肉体化着；但她首先是生育的基点。这就是肚子"。

［22］Maurice Lever, *Le Sceptre et la Marotte*, Paris, Fayard, 1983, pp. 243-254.

［23］Jean Emelina, *Les Valets et les Servantes dans le théâtre comique en France de 1610 à 1700*, Grenoble, Presses universitaires de Grenoble, 1975.

［24］Charles Mazouer, « Colombine ou l'esprit de l'ancien théâtre italien », in *L'Esthétique de la comédie*, Paris, Klincksieck, 1996; Nolant de Fatouville, *Arlequin Protée*, scène ii.

［25］Voir Huguette Gilbert, « La rieuse dans la comédie de Molière », in *Mélanges en l'honneur de Jacques Truchet*, Paris, Puf, 1992, p. 385.

［26］Jean-François Régnard, *La Coquette ou l'Académie des Dames*, III, ii.

［27］Nolant de Fatouville, *Colombine femme vengée*, II, iii.

［28］J.-Fr. Régnard, *La Coquette...*, I, ii.

［29］Dominique Quero, « Les éclats de rire du public du théâtre », *Dix-Huitième Siècle*, 2000, n° 32.

粗俗的笑

［1］Maurice Descotes, *Les Grands Rôles du théâtre de Beaumarchais*, Paris, Puf, 1960, p. 177.

［2］Daniel Roche, *Le Peuple de Paris, Paris*, Aubier, 1981, p. 45; Pierre Franz, « Travestis poissards », *Revue des sciences humaines*, 1983.

[3] *Harangue des dames de la Halle aux citoyens du Faubourg Saint-Antoine prononcée par Mme Engueule*, le 26 juillet 1789; *Les Trois Poissardes buvant à la santé du tiers-état au temps du Carnaval*; *Le Divorce, dialogue entre Mme Engueule et Mme Saumon, harengères*; *M. Mannequin, fort de la Halle; Chansons des dames de la place Maubert.*

[4] Colette Michael (éd.), *Les Tracts féministes au xviiie siècle*, Genève, Slatkine, 1982, pp. 98-108：《巴黎市场女商贩的抱怨和委屈》，于5月的第一个星期日在波切隆大教堂写成，以呈送给三级会议代表。

[5] *Le Roman comique*, 2e partie, chap. viii.

[6] Saint-Simon, cité par Jean-Claude Bologne, in *Histoire de la pudeur*, Paris, Hachette, 1986.

[7] Voir M. Lever, *Théâtre et lumières*, Paris, Fayard, 2001, p. 30.

[8] Pierre de La Porte, *Mémoires contenant plusieurs particularités des règnes de Louis XIII et Louis XIV* [1635], Paris, 1839, p. 19.

[9] Dominique Bertrand, « Le rire de Christine de Suède », in *Les Femmes au Grand Siècle*, Tübingen, Gunter Narr Verlag, 2003, pp. 77-86.

[10] Mme Palatine, *Lettres françaises*, publiées par Dick Van Der Cruysse, 1989, n° 97.

[11] Cité par Roger Duchêne, *Mme de Sévigné et la Lettre d'amour*, Paris, Klincksieck, 1992, p. 152.

[12] Mme de Genlis, *Mémoires*, 1857, pp. 60-62.

[13] Goncourt, *Journal*, Paris, Flammarion, 1878-1884, t. 2, p. 116-119.

[14] Arlette Farge, *La Vie fragile*, Paris, Hachette, 1986, p. 288, « Dire et mal dire ».

[15] L.-S. Mercier, *Tableau de Paris*, chap. 332, « Le carnaval ».

[16] Marivaux, *Le Cabinet du philosophe*, in *Journaux et œuvres diverses*,

女人的笑：一段征服的历史

Paris, Garnier, 1969, p. 372.

［17］Béat de Muralt, *Lettres sur les Anglais et les Français*, lettre IV, p. 229.

［18］Rétif de la Bretonne, *Les Nuits parisiennes,* 1788, 121e nuit.

［19］L.-S. Mercier, *Tableau de Paris*, chap. 335, « Où est passé Démocrite? ».

［20］引自梅西耶的《巴黎风景》，第331章。Restif de la Bretonne, *Les Parisiennes*, t. 1-2, Genève, Slatkine, 1988, p. 71.

［21］Voir Anne Richardot, *Le Rire des Lumières*, Paris, Champion, 2002.

机智的女人

［1］Mme de Pringy, *Les Différents Caractères des femmes de ce siècle*, 1699, p. 75 et Mme Guibert, *Pensées détachées*, Bruxelles, 1771, p. 87.

［2］Voir Anne Richardot, « La gaieté française », *Le Rire des Lumières, op. cit.*, pp. 129-147.

［3］Mme de Satël, *De la littérature* (1800), 1re partie, chap. xviii.

［4］Aeneas Piccolomini, *Orazione in lode della donna*, 1545.

［5］Boccace, *Le Décaméron*, 1re journée, 10e nouvelle et 6e journée 1re nouvelle.

［6］Gisèle Mathieu-Castellani, *La Conversation conteuse*, Paris, Puf, 1992.

［7］Voir l'étude de Y. Delègue, « La signification du rire dans l'*Heptaméron* », Actes de la journée d'études Marguerite de Navarre, Textuel, 1991, n° 10.

［8］Y. Loskoutoff, « Un étron dans la cornuscopie », *Revue d'histoire de la littérature française*, 1995, vol. 6, n° 95.

［9］Benedetta Craveri, *L'Âge de la conversation*, Paris, Gallimard, 2001.

［10］Rathery, Boutron, *Mademoiselle de Scudéry, sa vie, sa correspondance*, Genève, Slatkine, 1971, p. 161.

［11］Cité par Emmanuel Godo, *Histoire de la conversation*, Paris, Puf, 2003, p. 99.

［12］ Voir Bernard Bray, Christoph Strosetski (dir.), *Art de la lettre, art de la conversation*, Paris, Klincksieck, 1995.

［13］ Lettres, 30 septembre 1676.

［14］ Callières, *Des bons mots, de bons contes, de leur usage* [1692], Genève, Slatkine, 1972, p. 86.

［15］ R. Duchêne, *Les Précieuses, ou comment l'esprit vient aux femmes*, Paris, Fayard, 1999.

笑或嘲笑

［1］ Antoine Lilti, « La femme du monde est-elle une intellectuelle ? », in Nicole Racine, Michel Trebitsch (dir.), *Intellectuelles. Du genre en histoire des intellectuels*, Bruxelles, Complexe, 2004, p. 92.

［2］ 对于女才子的研究有时会持相反观点。见 *Présences féminines. Littérature et société*, Papers on French Seventeenth Century Literature, 1987 (Actes de London, Canada, 1985) Ph. Sellier parle de « nouvelle Pléiade » et de « coloration hystérique », « La Nouvelle précieuse: une nouvelle Pléiade », p. 119。

［3］ *Remarques ou Réflexions critiques, morales et historiques sur les plus belles et agréables pensées qui se trouvent dans les ouvrages des auteurs anciens et modernes*, Lyon, 1693, p. 189.

［4］ M. Albert, « Du paraître à l'être, les avatars de la conversation féminine dans La Prétieuse », in Bernard Bray, Christoph Strosetski (dir.), *Art de la lettre, art de la conversation, op. cit.*, pp. 231-244.

［5］ Dominique Bouhours, *Les Entretiens d'Ariste et d'Eugène* [1671], Paris, Champion, 2003, 4ᵉ entretien, p. 265.

［6］ Chevalier de Méré, *Œuvres complètes,* t. II, Paris 1930, 6e discours, « Du commerce du monde ».

[7] Somaize, *Dictionnaire des précieuses*, cité par G. Mongrédien, *Les Précieux et le Précieuses*, Paris, Mercure de France, 1963, p. 90.

[8] Madeleine de Scudery, *Artamène ou le Grand Cyrus*, 1649-1653, IX, p. 568. Le texte a été repris dans Conversations sur divers sujets.

[9] Mlle de Scudéry, *Conversations sur divers sujets*, Paris, Barbin, 1680, t. II, p. 554.

[10] Mlle de Scudery, *De l'air galant et autres conversations*, éd. établie et commentée par Delphine Denis, Paris, Honoré Champion, 1998.

[11] Ibid., p. 242.

[12] Ibid., p 70.

[13] Chevalier de Méré, *Œuvres complètes, op. cit.*, 6ᵉ Discours, « de la difficulté de la Raillerie », Paris, 1930, p. 171.

[14] Chevalier de Méré, *De l'esprit*, p. 132.

[15] D. Bertrand, *Dire le rire à l'âge classique…, op. cit.*, p. 265.

[16] Germaine Necker, *De la littérature* [1800], Slatkine, 2014, t. 1, IIᵉ partie, chap. ii.

[17] Philipon de la Madeleine, *Manuel épistolaire à l'usage de la jeunesse*, 1761, cité par Cécile Dauphin, *Prête-moi ta plume*, Paris, Kimé, 2000, p. 85.

[18] Ferlet, *Discours sur le bien et le mal que le commerce des femmes a fait à la littérature*, 1772.

[19] Montesquieu, *Œuvres complètes*, Paris, Seuil, 1964, *Pensées*, 1169.

[20] La Motte, cité par Jacqueline Hellegouarc'h, *L'Esprit de société. Cercles et salons parisiens au xviiiᵉ siècle*, Paris, Garnier, 2001, p. 56.

[21] Nicolas-Charles-Jospeh Trublet, *Essais sur divers sujets de littérature et de morale*, t. I, année, p. 43.

［22］Abbé Morellet, « Essai sur la Conversation », in *Éloges de Mme Geoffrin*, 1812, p. 96. Morellet fut exclu de son salon car sa fille n'aimait pas les philosophes.

［23］Sénac de Meilhan, *Considérations sur l'esprit et les mœurs*, Londres, 1787, pp. 29-30.

［24］J. Hellegouar'ch (dir.), *L'Esprit de société, op. cit.*, p. 414.

［25］Marquis de Ségur, *Le Royaume de la rue Saint-Honoré*, Paris, 1897, p. 129.

［26］Cité par Benedetta Craveri, *L'Âge de la conversation, op. cit.*, p. 318.

［27］Marquis de Ségur, *Le Royaume de la rue Saint-Honoré, op. cit.*, p. 148.

［28］Voir Arthur Dinaux, *Histoire des sociétés badines* [1867], vol. 2, Genève, Slatkine, 1968.

［29］Charles Collé, *Journal et mémoires*, Genève, Slatkine, 1968, t. I, p. 73.

［30］Lettre à la marquise du Deffand, 2 septembre 1779.

［31］*Souvenirs de Félicie, op. cit.*, 1857, p. 40.

法国人不再会笑了

［1］Rousseau, *Julie ou la Nouvelle Héloïse*, seconde partie, lettre XVII.

［2］Ibid., lettres XVII et XXI.

［3］Correspondance d'Anet, p. 89 et 92.

［4］Voir Élisabeth Bourguinat, *Le Siècle du persiflage*, Paris, Puf, 1998.

［5］Crébillon, *Les Égarements du cœur et de l'esprit*, 1736.

［6］Charles Pinot Duclos, *Les Confessions du comte de ****, Paris, Didier, 1969, p. 84.

［7］Edmé-Louis Billardon de Sauvigny, *Le Persifleur*, 1771, II, 3.

［8］Madeleine de Puisieux, *Réflexions et avis sur les défauts ou les ridicules à la mode*, 1761, p. 94.

［9］ *Mémoires de Mme de Genlis*, Paris, Firmin Didot, 1928, t. 1, p. 94.

［10］ Ibid., p. 61.

［11］ Duclos, *Les Confessions du Comte de ***, op. cit.*, p. 73.

［12］ *Mémoires de Mme de Chastenay*, Paris, Tallandier, 2009, p. 289.

［13］ Ibid., pp. 325-326.

［14］ Mme de Staël, *Delphine*, « Quelques réflexions », Genève, Droz, 1986, p. 1005.

［15］ Albertine de Staël, *Lettres*, Paris, Calmann-Lévy, 1896.

［16］ Anne Martin-Fugier, *La Vie élégante ou la formation du Tout-Paris (1815-1848)*, Paris, Fayard, 1990, pp. 175-176.

［17］ Cité par M. Ozouf, in *Les Mots des femmes, op. cit.*, p. 354.

［18］ Stendhal, *Racine et Shakespeare*, Paris, Honoré Champion, 1970, p. 223-225, et *Journal littéraire*, 1813.

［19］ Comtesse d'Agoult, *Mémoires, souvenirs et journaux*, Paris, Mercure de France, 1990, t. I, p. 181.

［20］ M. Proust, *Du côté de chez Swann*, in *À la recherche du temps perdu*, II, Paris, Gallimard, « Bibliothèque de la Pléiade », p. 330.

［21］ Ibid., p. 205.

纸上之笑

［1］ Geneviève Brisac, *La Marche du cavalier*, Paris, L'Olivier, 2002.

［2］ 哈拉尔德·韦因里希于1997年在法兰西学院开设了一门关于反讽文化史的课程。

［3］ V. Woolf, *Une chambre à soi* [1929], Paris, Garnier, 1965.

［4］ *Harengue faicte par Mademoiselle Charlotte de Brachart surnommée Aretuze qui s'addresse aux hommes qui veulent deffendre la science aux femmes*, Chalon-sur-Saône, 1604.

[5] *Le Livre des trois vertus*, Paris, Champion, 1989, p. 55.

[6] Thelma Fenster, « Did Christine Have a Sense of Humour ? The Evidence of the Epistre au Dieu d'Amours », in *Mélanges offerts à Charity C. Willard, Reinterpreting Christine de Pizan*, University of Georgia Press, 1992, cité par Didier Lechat, « Autoreprésentation et ironie chez Christine de Pizan », *Humoresques*, 2000, n° 11.

[7] *Le Livre de la Cité des Dames*, Paris, Stock, 1986, pp. 35-37.

[8] Colette H. Winn, « Les femmes et la rhétorique de combat », in *Femmes savantes, savoirs des femmes. Études réunies par Colette Nativel*, Genève, Droz, 1999.

[9] Françoise Lavocat, « L'humour d'une femme savante vénitienne au début du xviie siècle, Lucrezia Marinelli », *Humoresques*, 2000, n° 11, pp. 43-58.

[10] Moderata Fonte, *Le Mérite des femmes*, éd. Frédérique Verrier, Paris, ENS, 2002.

[11] Le texte a été publié dans un recueil de diverses pièces servant à l'*Histoire d'Henri III* en 1661, pp. 273-290.

[12] *Journal* de Pierre de l'Étoile, 3 février 1595.

[13] Philippe Hamon, *L'Ironie littéraire, essai sur les formes de l'écriture oblique*, Paris, Hachette, 1996.

[14] *Les Advis ou les Présens de la Demoiselle de Gournay*, 1641.

[15] *Historiettes*, éd. Antoine Adam, Paris, Gallimard, « Bibliothèque de la Pléiade », 1960, t. I, p. 380.

[16] Gisèle Mathieu-Castellani, « La quenouille ou la lyre », in *Montaigne et Marie de Gournay, Actes du colloque international de Duke* présentés par Marcel Tetel, Paris, Champion, 1997.

诙谐的与悲惨的

[1] D. Bertrand (éd.), *Poétique du burlesque*, Paris, Champion, 1998.

[2] Mme de Villedieu, *Les Mémoires de la vie de Henriette Sylvie de Molière*, éd. Micheline Cuénin, Tours, Université FrançoisRabelais, 1977. Voir l'étude de Micheline Cuénin, *Roman etsociété sous Louis XIV, Mme de Villedieu*, Lille, université Lille III, 1979.

[3] Voir Constant Venesoen, *Études sur la littérature féminine au xviie siècle*, Summa Publications, Birmingham Alabama, 1990, pp. 83-86.

[4] René Démoris, « Écriture féminine en je et subversion des savoirs chez Mme de Villedieu », *Femmes savantes et savoirs de femmes, op. cit.*

[5] Pierre de Villiers, *Entretiens sur les contes de fées et sur quelques ouvrages du temps, pour servir de préservatif contre le mauvais goût*, 1699, p. 71.

[6] C. Marin, « Une lecture des contes de fées », *Papers on French Seventeenth Century Literature*, 1996, vol. 23.

[7] Cité par Suzanna Van Dijk, *Traces de femmes. Présence féminine dans le journalisme français du 18e siècle*, APA Holland University Press.

[8] Mme de Murat, épître dédicatoire des *Histoires sublimes et allégoriques*, citée par L. C. Seifert, in « Création et réception des conteuses », Jean Perrot (dir.), *Tricentenaire Charles Perrault, Les grands contes du xvii e siècle et leur fortune littéraire,* Paris, In Press, 1998, p. 193.

[9] Voir J. Mainil, *Mme d'Aulnoy et le rire des fées*, Paris, Kimé, 2001, « L'île de félicité et l'écriture ironique », p. 100.

[10] Nadine Jasmin, « La représentation de l'amour dans les contes de fées féminins du Grand Siècle », in *Tricentenaire Charles Perrault, op. cit.*, p. 213.

[11] *Le Nouveau Gentilhomme Bourgeois*, t. 4, p. 222, cité par Anne Defrance,

« Écriture féminine et dénégation de l'autorité, les Contes de fées de Mme d'Aulnoy », *Revue des sciences humaines*, 1995, n° 238, p. 111. Du même auteur: *Les Contes de fées et les nouvelles de Mme d'Aulnoy*, Genève, Droz, 1998.

[12] Mme de Gomez, *Cent Nouvelles nouvelles*, 1732.

[13] Mme Le Prince de Beaumont, *Le Nouveau Magasin français*, 1751.

欢笑和情感

[1] Voir l'étude de Béatrice Didier, *L'Écriture-femme*, Paris, Puf, 1981.

[2] Colette Piau, « L'écriture de Mme Riccoboni », *18ᵉ Siècle*, 1984, n° 16, pp. 369-385.

[3] Mme Riccoboni, *Histoire du marquis de Cressy*, 1758, t. 1, p. 39 et p. 111.

[4] *Lettres neuchâteloises*, 1784.

[5] Voir J. Starobinski, « Les Lettres écrites de Lausanne, inhibition psychique et interdit social », in *Roman et Lumières au xviiiᵉ siècle*, Paris, Éditions sociales, 1970.

[6] 节选自简·奥斯汀的小说《诺桑觉寺》。L'Abbaye de Northanger, 1818.

[7] *Œuvres complètes*, Amsterdam, G. A. Van Orschot, 1981 t. 10, p. 37.

[8] P. de Dampmartin, *Essai sur les romans*, t. 1, p. 135 et Dussault, *Annales littéraires*, 1818, t. III, p. 77.

浪漫的情节剧

[1] *Mme de Custine d'après des documents inédits*, Paris, 1888, p. 81.

[2] Charles Baudelaire, *Œuvres complètes*, éd. Claude Pichois, Paris, Gallimard, « Bibliothèque de la Pléiade », t. II, 1876, p. 539.

〔3〕 L.-S. Mercier, *Tableau de Paris*, chap. 596 « Babil » et chap. 717, « Mélange des individus ».

〔4〕 M. Ozouf, *La Fête révolutionnaire*, Paris, Gallimard, 1976; Antoine de Baecque, *La Culture des rieurs au xviiie siècle*, Paris, Calmann-Lévy, 2000.

〔5〕 Pierre Frantz, « Rire et théâtre carnavalesque pendant la Révolution », *Dix-Huitième siècle*, 2000, n° 32.

〔6〕 Olivier Blanc, « Cercles politiques et salons du début de la Révolution (1789-1793) », *AHRF*, 2006, n° 344.

〔7〕 Christine Le Bozec, *Les Femmes et la Révolution, 1770-1830*, Paris, Passés composés, 2019.

〔8〕 Edmond et Jules de Goncourt, *Histoire de la société française pendant le Directoire*, 1864.

〔9〕 Mme de Staël, *De la littérature*, chap. 14. Voir aussi *Dix années d'exil*, Paris, Fayard, 1996, p. 186.

〔10〕 Johann Friedrich Reichardt, *Un hiver à Paris sous le Consulat*, Paris, Tallandier, 2003.

〔11〕 Ch. Baudelaire, « Quelques caricaturistes français », in *Œuvres complètes*, t. II, *op. cit.*, p. 558.

〔12〕 Marie-Véronique Gauthier, « Sociétés chantantes et grivoiserie au xixe siècle », *Romantisme*, 1990, n° 68.

〔13〕 Ph. Hamon, « Ironies dix-neuvièmistes », in *L'Ironie litté- raire, op. cit.*, p. 127.

〔14〕 Ch. Baudelaire, Lettre à Jules Janin, in Œuvres complètes, t. II, *op. cit.*, p. 237.

〔15〕 Gavarni, *Les Gens de Paris*, Préface, 1857.

［16］ *L'Homme qui rit*, 1869, I, VI.

［17］ G. Minois, *Histoire du rire et de la dérision, op. cit.*, p. 500.

［18］ Ch. Baudelaire, « Sur mes contemporains », in *Œuvres complètes*, t. II, *op. cit.*, p. 146.

［19］ George Sand, *Lelia*, Paris, Garnier, 1960, p. 276.

［20］ Maurice Ménard, *Balzac et le comique dans la Comédie humaine*, Paris, Puf, 1983.

［21］ Frères Goncourt, *Manette Salomon*, 1867, chap. vii, cité par Ph. Hamon, in *L'Ironie littéraire, op. cit.*

歇斯底里患者和青年女工

［1］ Gustave Le Bon, *L'Homme et les Sociétés*, 1881, t. I, p. 496.

［2］ Pierre Pomme, *Traité des affections vaporeuses*, 1760, pp. 14-15.

［3］ Nicole Edelman, *Les Métamorphoses de l'hystérique*, Paris, La Découverte, 2003, p. 131.

［4］ Ibid., p. 149.

［5］ Balzac, *La Peau de chagrin*, in *Œuvres complètes*, t. 18, p. 276.

［6］ Voir Marc Angelot, « La fin d'un sexe », *Romantisme*, 1989, n° 63, p. 15.

［7］ Marie-Anne Couderc, *Bécassine inconnue*, Paris, CNRS Éditions, 2000.

［8］ Voir Yannick Ripa, *La Ronde des folles*, Paris, Aubier, 1986, p. 25.

［9］ Voir Marc Angenot, *Le Cru et le Faisandé*, Paris, Labor, 1986, p. 114 et sq.

［10］ Cité par Mireille Dottin-Orsini, in *Cette femme qu'ils disent fatale, textes et images de la misogynie fin de siècle,* Paris, Grasset, 1993, p. 263.

［11］ Barbey d'Aurevilly, *La Vengeance d'une femme*, in *Œuvres complètes*, Paris, Gallimard, « Bibliothèque de la Pléiade », t. II, 1966, p. 260.

［12］ *La Glu*, drame lyrique, 1883, Maurice Magre, *La Haine*, voir M. Dottin-

Orsini, *Cette femme qu'ils disent fatale...*, op. cit., p. 263.

[13] É. Zola, *Nana*, Paris, Gallimard, « Folio », 1977, p. 47.

[14] É. Zola, *Nana*, Paris, Gallimard, « Folio », 1977, p. 47.

[15] Pierre Louÿs, *La Femme et le Pantin*, in *Œuvres complètes*, Genève, Slatkine, 1973, t. V, p. 148.

[16] Félicien Champsaur, *Lulu*, in Sophie Basch, *Romans de cirque*, Paris, Robert Laffont, « Bouquins », préface, 2002, p. 635.

[17] Sourya, « Petits théâtres et grandes baraques », *Le Bambou*, 1893, n° 2, cité par Sophie Basch, in *Romans de cirque, op. cit.*, p. 598.

[18] Voir M. Dottin-Oisini, *Cette femme qu'ils disent fatale...*, op. cit.

[19] Henri de Régnier, *Les Rencontres de M. de Bréot,* Paris, Mercure de France, 1904, et Jean-Paul Sartre, *La Nausée*, Paris, Gallimard, 1938.

演出舞台上的女人

[1] Concetta Condemi, *Les Cafés-Concerts. Histoire d'un divertissement*, Paris, Edima, 1992, p. 87.

[2] Frères Goncourt, *Journal*, 1865, t. II, pp. 202-203.

[3] Jean Richepin, *Braves gens, roman parisien*, 1886, cité par Rae Beth Gordon, *in* « Le Caf' conc et l'hystérie », Romantisme, 1989, n° 64, II.

[4] Georges Didi-Huberman, *L'Invention de l'hystérie*, Paris, Macula, 1982, p. 167.

[5] Lautréamont, *Œuvres complètes*, p. 136, cité par G. DidiHuberman, ibid., p. 69.

[6] Élisabeth Pillet, « Rires de femmes, du caf' conc au Onewoman-shows », *Lunes*, 1999, n° 7, p. 61.

[7] Yvette Guilbert, *La Chanson de ma vie*, 1927, p. 45 et p. 51.

[8] Colette, *La Jumelle noire*, in *Œuvres*, Paris, Robert Laffont, t. iii, « La Revue de l'ABC », 28 juin 1938.

［9］Colette, « La revue des *Folies bergère* », in ibid., p. 1210.

［10］« Le sabbat », *Les Poètes du Chat Noir*, Paris, Gallimard, 1996, p. 238.

［11］G. Minois, *Histoire du rire et de la dérision, op. cit.*

［12］Ibid., pp. 500-505.

童年精神

［1］一项估计表明，女作家的数量从1860年的约20人增加到1908年的700多人。Voir Nathalie Heinich, « Femmes écrivains : écriture et indépendance », in *Intellectuelles, du genre en histoire des intellectuels, op. cit.*, p. 154.

［2］S. de Beauvoir, *Le Deuxième Sexe, op. cit.*, p. 520.

［3］Delphine Launier, « La reconnaissance sociale et littéraire des femmes écrivains », in *Intellectuelles, du genre en histoire, op. cit.*, p. 191.

［4］Christine Reynier, « Virginia Stephen et le rire comme horizon », *Études britanniques contemporaines*, 2011.

［5］Titre d'une communication de Robert Harvey, in *Marguerite Duras*, Actes du colloque de Cerisy-la-Salle (23 au 30 juillet 1993), éd. Alain Vircondelet, Paris, Éditions Écriture, 1994, pp. 197-216.

［6］Robert Favre, *Le Rire dans tous ses éclats*, Lyon, Presses universitaires de Lyon, 1995, « Arlequin, ou le rire de libération ».

［7］关于用女童的心理发展来解释女性笑声的尝试，voir Jerry Palmer, « Le rire: différence sexuelle et position énonciatrice », *Cahiers de recherche de CORHUM*, 1995, n° 3。

［8］Catherine Pozzi, *Journal de jeunesse, op. cit.*, pp. 209-210.

［9］Ibid., p. 21.

［10］Julia Kristeva, *Colette*, Paris, Fayard, 2002, p. 20.

［11］Colette, *Paysages et portraits*, in *Romans, récits, souvenirs*, t. III, Paris,

Robert Laffont, « Bouquins », 1989.

[12] Colette, *La Maison de Claudine*, in *Romans, récits, souvenirs*, t. II, Paris, Robert Laffont, 1989, p. 270.

[13] Colette, *La Naissance du jour*, in ibid., p. 585.

欢笑与暴力

[1] Colette, *La Seconde, in Romans, récits, souvenirs, op. cit.*, t. II, p. 738.

[2] Marguerite Duras, *Les Parleuses*, Paris, Minuit, 1974, p. 153.

[3] Marcelle Marini, *Territoires du féminin avec Marguerite Duras*, Paris, Minuit, 1976, p. 69.

[4] Janine Ricouart, *Écriture féminine et violence*, Birmingham, Summa Publications, 1991.

[5] M. Duras, *Un barrage contre le Pacifique*, Paris, Minuit, pp. 167-169.

[6] M. Duras, *La Maladie de la mort*, Paris, Minuit, 1982, p. 52.

[7] M. Duras, *Yeux bleus cheveux noirs*, Paris, Minuit, 1986, p. 69, p. 82, p. 99.

[8] N. Sarraute, *Le Planétarium, op. cit.*, pp. 350-359.

[9] N. Sarraute, *Martereau*, in *Œuvres complètes, op. cit.*, p. 320.

[10] N. Sarraute, *Tropisme XI*, in *Œuvres complètes, op. cit.*, p. 16.

[11] N. Sarraute, *Le Planétarium, op. cit.*, p. 373.

[12] Pascale Foutrier, « Enfance. Généalogie d'une écriture », *Critique*, janvier-février 2002, p. 36-50.

[13] N. Sarraute, *Enfance*, p. 1044.

[14] M. Bakhtine, *Esthétique et théorie du roman*, Paris, Gallimard, 1978, p. 306.

[15] N. Sarraute, *Le Planétarium, op. cit.*, p. 378.

好笑的、美丽的、丑陋的、愚蠢的或凶恶的

［ 1 ］ Gilles Lipovetsky, *La Troisième Femme, permanence et révolution du féminin*, Paris, Gallimard, « Folio », 1997, p. 106.

［ 2 ］ Judith Stora-Sandor, *L'Humour*, Paris, Autrement, 1991.

［ 3 ］ M. Ozouf, *Les Mots des femmes, op. cit.*, pp. 391-394.

［ 4 ］ G. Lipovetsky, « La société humoristique », *Le Débat*, 1981, n° 10.

［ 5 ］ G. Lipovetsky, *La Troisième Femme, op. cit.*, p. 295.

［ 6 ］ Voir la revue *Humoresque* et ses nombreux travaux sur l'humour féminin, en particulier le n° 11.

［ 7 ］ Luce Iriguaray, citée par Brigitte Rollet, « Rire et cinéma, les réalisatrices françaises contemporaines », in *Deux mille ans de rire* (colloque international Grekis-Laseldi/Corhum, 2000), Paris, Presses universitaires franccomtoises/Les Belles Lettres, 2002, p. 393.

［ 8 ］ *Mersonne ne m'aime* [1978], rééd. Paris, Joëlle Losfeld, « Arcanes », 2003.

［ 9 ］ G. Lipovetsky, « La société humoristique », art. cité.

［ 10 ］ J. Stora-Sandor, « Le rire minoritaire », in *L'Humour, op. cit.*

［ 11 ］ S. Freud, *Le Mot d'esprit et sa relation a l'inconscient*, « Les variétés du comique ».

［ 12 ］ Voir Jean Sareil, *L'Écriture comique*, Paris, Puf, 1985, p. 124.

［ 13 ］ Macha Makeïeff, *Poétique du désastre et inventaire d'un spectacle*, Paris, Actes Sud, 2001 et 2000.

［ 14 ］ Voir *Le Rire au corps, Sociétés et représentations*, 2000, vol. 3, n° 10. La pièce a été créée en 1979 et elle a fait l'objet d'une série télévisée en 1993.

［ 15 ］ Yasmina Reza, *Une désolation*, Paris, Albin Michel, 1999, p. 24.

［ 16 ］ Y. Reza, *Adam Haberberg*, Paris, Albin Michel, 2003.

[17] CinéAction, n° 82, cité par Olivier Mongin, in *Éclats de rire*, Paris, Seuil, 2002, p. 295.

[18] Stanley Cavell, *À la recherche du bonheur. Hollywood et la comédie du remariage (1936-1949)*, Paris, Éditions de l' Étoile/Cahiers du cinéma, 1993.

[19] Voir Noël Burch, Geneviève Sellier, *La Drôle de guerre des sexes du cinéma français*, Paris, Nathan, 1996.

[20] Ibid., p. 391. Voir aussi Noël Burch, Geneviève Sellier, « Le cinéma, critique et création », in *Le Siècle des féministes*, Paris, Éditions de l' Atelier, 2004, p. 303.

[21] Brigitte Rollet, « Rire et cinéma: les réalisatrices françaises contemporaines », in *Deux mille ans de rire, permanence et modernité, op. cit.*

[22] « Les drôlesses », France Cuture, 23 mars 1992, émission de Pierre Merle.

她们嘲笑什么?

[1] J. Stora-Sandor, « La liberté absolument fabuleuse d' un rire féminin », in *Deux mille ans de rire, op. cit.*

[2] François Cusset, *Queer critics*, Paris, Puf, 2002.

[3] Selon le titre du livre d' André Rauch, *Histoire du premier sexe*, Paris, Pluriel, 2000.

[4] G. Lipovetsky, « La société humoristique », art. cité, p. 64.